Ja!

**Chris Watson
Roy Dexter**

Editor: **Alasdair McKeane**
Member of the SCAA Modern Foreign
Languages Advisory Group

Native Speaker Advisor: **Alex Reich**

LONGMAN

Addison Wesley Longman Limited

Edinburgh Gate, Harlow, Essex, CM20 2JE, England
and Associated Companies throughout the world.

© Addison Wesley Longman Limited 1996

All rights reserved. No part of this publication may be reproduced, stored in a retrieval system, or transmitted in any form or by any means, electronic, mechanical, photocopying, recording, or otherwise, without either the prior written permisssion of the Publishers or a licence permitting restricted copying issued by the Copyright Licensing Agency Ltd, 90 Tottenham Court Road, W1P 9HE.

First published 1996

ISBN 0 582 27483 4

Printed in Great Britain by Scotprint Limited, Musselburgh, Scotland

Designed by Ken Vail Graphic Design

Illustrated by Ilsa Capper, Jane Couldrey, Karen Donnelly, Caroline Della Porta, Simon Girling + Associates (Alex Pang), Jo Makin, Martin Sanders, Judy Stevens, Curtis Tappenden, Ken Vail Graphic Design

Picture research by Hilary Fletcher

Set in 11pt Stone Serif

The Publisher's policy is to use paper manufactured from sustainable forests.

Acknowledgements

We are grateful to the following for their permission to reproduce copyright material and photographs:

Action Plus/Glyn Kirk for page 70 (right), /Tony Henshaw for page 70 (left). © Angelwoche for page 58 (top left). Bernd Arnold:Text: Redaktion JUMA/TIP for page 92, 98. Bastei-Verlag for page 58 (middle right, bottom right). BRITSTOCK-IFA/Diaf for page 22 (middle), /Ostarhild for page 2 (bottom right), /IPP for page 67, 72 (middle right). Bubbles/J.Woodcock for page 30 (middle). Bundesministerium Für Post Und Telekommunikation/Atelier Haase & Knels Grafik-Design for page 74. BILD for page 58 (top right). J.Allan Cash Ltd for page 2 (middle), 12 (middle), 20 (left), 84 (bottom right). Deutschland.Frankfurter Societats-Druckerei GmbH for page 60. Edifice/Lewis for page 38 (right). The Robert Harding Picture Library for page 8 (bottom), 20 (right), /Bildagentur Schuster/IBB for page 120, /Bildagentur Schuster/Waldkirch for page 14 (bottom right), /K.Gillham for page 116 (bottom left), / Liaison International for page 47 (top), / J.Messerschmidt for page 8 (top left), /Pascal for page 86 (right), /Nicolas Thibaut for page 126 (bottom left), / Adam Woolfitt for page 22 (left). The Image Bank/Steve Allen for page 126 (bottom right), /Marc Brimberg for page 4 (top left), 6 (bottom right), /Per Eriksson for page 12 (left), /G&M.David De Lossy for page 4 (top middle right), 22 (right), /Regine.M. for page 84 (top left), /Hans Wolf for page 8 (top right), 12 (right). Kobal Collection for page 91. Based on illustraion:D.Geisler, aus MÜCKE 09/1993, Universum Verlag, D-65175 Wiesbaden page 34 (top). Text: J.Filzek; aus MÜCKE 10/1993, Universum Verlag, D-65175 Wiesbaden page 34 (bottom). Artwork based on photo:B.Glaser, for MÜCKE 09/1994, Universum Verlag, D-65175 Wiesbaden page 114. Text: B.Ebert; aus MÜCKE 10/1993, Universum Verlag, D-65175 Wiesbaden page 118 (left). Text: B.Ebert; aus MÜCKE 10/1993, Universum Verlag, D-65175 Wiesbaden page 119 (top left).Text: H.Verworn; aus MÜCKE 11/1994, Universum Verlag, D-65175 Wiesbaden page 123. Pictor International for page 48 (top left, top right). © PTT for page 74. John Scott for page 32, 44, 96, 97, 118. Sharp Electronics for page 109 (top right, bottom right). SOA/Joker for page 85, /Martin Langer/GARP for page 87, /Rainer Jahns for page 38 (left), 86 (left), 116 (top left). Tony Stone Images for page 126 (top middle), /Peter Correz for page 6 (top right), /Robert Evertes for page 48 (bottom), Andy Sacks for page 84 (top right). Telegraph Colour Library/Bavaria Bildagentur for page 116 (top left), 126 (top left, top right), 126 (bottom middle), /Color Stock for page 2 (left), /S.Benbow for page 47 (bottom), /FPG/B.Stoddard for page 72 (left), /A Tilley for page 84 (bottom left), / Karin Slade for page 6 (top left), /VCL for page 47 (middle). John Walmsley for page 6 (bottom left), 72 (right). Zefa Pictures Ltd for page 16, 55, /K&H Benser for page 14 (top right), /Eckstein for page 14 (left), / Enzinger for page 30 (left), /Norman for page 4 (bottom), /Rettinghaus for page 72 (middle left), / C.Voigt for page 30 (right).

The following photographs were taken for Addison Wesley Longman on commission:
Miroslav Imbrisevic/Brighteye Productions for page 2 (top right), 4 (top middle left and top right), 40, 116 (bottom right), 124.

We have been unable to trace Umwelt or Bravo Girl! for page 58 and the copyright holder of the image on page 63 and we have had no response from the Austrian Postal Service for page 74. We would be grateful for any information that would enable us to trace them.

Contents

	WIE SAGT MAN?	
1	REISEN OHNE GRENZEN	2
2	ALLES ÜBER MICH	16
3	DIE SCHULE	30
4	MEIN ZUHAUSE	44
5	LESEN, FERNSEHEN UND MUSIK	58
6	PLÄNE UND PROBLEME	72
7	AUS DEM ALLTAG	86
8	WERBESPOTS	100
9	UNSERE WELT	114
	GRAMMAR	128–158
	IRREGULAR VERB TABLE	159–160
	STUDY SKILLS FOR THE EXAM	161–178
	GLOSSARY GERMAN – ENGLISH	179–183
	GLOSSARY ENGLISH – GERMAN	184–188

WIE SAGT MAN?

Der Lehrer sagt:	**The teacher says:**
Zu Beginn der Stunde	**The start of the lesson**
Ruhe!	Quiet!
Setzt euch!	Sit down!
Nehmt eure Bücher/Hausaufgaben!	Take out your books/homework
Schaut auf die Tafel!	Look at the blackboard/whiteboard
Hören	**Listening**
Hört euch die Kassette an!	Listen to the cassette
Wiederholt!	Repeat
Beantwortet die Fragen!	Answer the questions
Kreuzt das richtige Kästchen an!	Tick the correct box
Wählt die richtige Antwort aus!	Choose the correct answer
Lesen	**Reading**
Nehmt euer Deutschbuch heraus!	Take your German book
Schlagt Seite 15 auf!	Turn to page 15
Lest laut vor!	Read the text aloud
Beantwortet die Fragen!	Answer the questions
Kreuzt das richtige Kästchen an!	Tick the correct box
Wählt die richtige Antwort aus!	Choose the correct answer
Sprechen	**Speaking**
Wähle eine Karte!	Choose a card
Suche einen Partner!	Find a partner
Arbeitet mit eurem Partner!	Work with your partner
Arbeitet in einer Gruppe mit vier Personen!	Work in groups of four
Erfindet einen Dialog!	Prepare a dialogue
Schreiben	**Writing**
Schreibt das Datum!	Write the date
Schreibt und unterstreicht den Titel!	Write and underline the title
Numeriert von 1 bis 6!	Number from 1 to 6
Macht Übung Nummer 5!	Complete exercise 5
Schreibt die Sätze auf!	Write sentences
Macht eure Hefte zu!	Close your exercise book
Gebt Chris die Hefte, bitte!	Pass your books to Chris, please
Hausaufgaben	**Homework**
Schreibt die Hausaufgaben auf!	Copy the homework
Das ist für Montag	It's for Monday
Lernt die Vokabeln!	Learn the vocabulary
Das ist für einen Test, am nächsten Freitag	It's for a test next Friday
Am Ende der Stunde	**The end of the lesson**
Packt eure Sachen weg!	Pack your things away
Steht auf!	Stand up
Stellt die Stühle auf/unter die Tische!	Put the chairs under/on the tables

WIE SAGT MAN?

Bemerkungen des Lehrers	*Teacher's comments:*
ausgezeichnet	*excellent*
sehr gut	*very good*
gut	*good*
ziemlich gut	*quite good*
guter Versuch	*good effort*
ungenügend	*weak*
Sprich mir nach der Stunde!	*See me after the lesson*

Der Schüler sagt:	*The student says:*
Ich mag Deutsch	*I love German*
Kann ich Ihnen helfen?	*Can I help you?*
Danke	*Thank you*

Man hat Probleme	*Problems*
Ich verstehe nicht	*I don't understand*
Können Sie „sofort" erklären	*Explain 'sofort' please*
Was bedeutet „sofort" auf englisch?	*What does 'sofort' mean in English?*
Wie schreibt man „Karotte"?	*How do you spell 'Karotte'?*
Wie sagt man „fish" auf deutsch?	*How do you say 'fish' in German?*
Wie spricht man das aus?	*How do you pronounce it?*
Ich weiß nicht	*I don't know*
Welche Seite/welche Aufgabe ist das bitte?	*Which page/exercise, sir/miss?*
In welches Heft schreiben wir das?	*Which exercise book?*

Entschuldigungen	*Excuses*
Ich habe mein Heft/mein Mäppchen/ meine Hausaufgaben vergessen	*I have forgotten my exercise book/pencil case/ homework*
Ich habe meine Hausaufgaben nicht gemacht	*I haven't done my homework*
Ich habe keinen Kuli/Füller/Bleistift	*I haven't got a biro/pen/pencil*
Ich habe das nicht verstanden	*I didn't understand*

Fragen	*Requests*
Ich möchte ein neues Heft, bitte	*I'd like a new exercise book, please*
Entschuldigung	*Excuse me*
Darf ich das Fenster öffnen/austreten?	*May I open a window/leave the room?*
Darf ich meinen Pulli ausziehen?	*May I take my pullover off?*

1 REISEN OHNE GRENZEN

Die Ferien sind vorbei

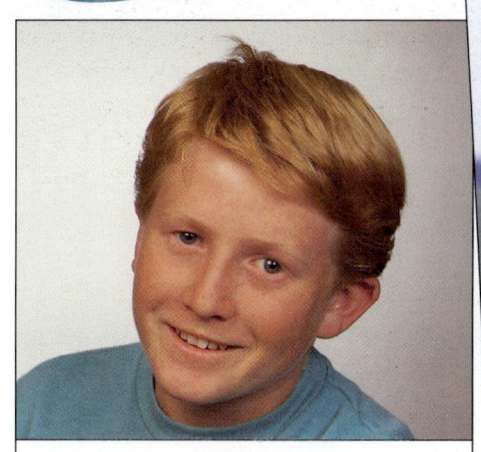

Max Ich bin zu Hause geblieben.

Eva Ich bin nach Frankreich gefahren.

Gerd Ich bin nach Spanien gefahren.

Karin Ich bin nach Deutschland gefahren.

1 Wir waren auf Urlaub!

Hör zu! Lies die Texte. Wer spricht?
Listen. Read the texts. Who is speaking?

Beispiel: Gerd, ...

2 Partnerarbeit

Wohin bist du gefahren?
Where did you go to?

Grammatik			
Ich bin	nach	Deutschland Frankreich Spanien England	gefahren
Ich bin		ins Kino in die Stadt	gegangen
Ich bin		zu Hause	geblieben

3

Mach eine Umfrage. Wohin sind deine Freunde in den Ferien gefahren?
Do a survey. Where did your friends go in the holidays?

1 England
2 Deutschland
3 Frankreich
4 Österreich
5 Italien
6 Portugal
7 Spanien

2 zwei

REISEN OHNE GRENZEN 1

Grammatik					
Ich habe	ein Buch	gelesen	Ich habe	Fußball	gespielt
	Hähnchen	gegessen		Musik	gehört
	ein Bier	getrunken		einen Pullover	gekauft
	meiner Mutter	geholfen		nichts	gemacht
	Chris	angerufen		in der Disco	getanzt
Ich habe		ferngesehen		für meine Mutter	gearbeitet

4 Zu Hause ist auch schön

Hör zu! Was haben diese jungen Leute zu Hause gemacht?
Listen. What did these teenagers do at home?

Name	Was gemacht?

5 Gruppenarbeit

Was hast du in den Ferien gemacht? Wiederhole und erfinde weitere Sätze!
What did you do in the holidays? Repeat and think up some more sentences!

Beispiel:

Ich habe Tennis gespielt.

Ich habe Tennis gespielt und Obst gegessen.

Ich habe Tennis gespielt, Obst gegessen und bin schwimmen gegangen.

6

Heute oder gestern? Mach zwei Listen!
Today or yesterday? Make two lists.

Ich spiele Fußball.
Ich bin zu Hause geblieben.
Ich esse Hähnchen.
Ich habe ein Bier getrunken.
Ich sehe fern.
Ich bin in die Stadt gegangen.
Ich habe einen Pullover gekauft.
Ich gehe ins Kino.

7

Was hast du in den Ferien gemacht? Wohin bist du gefahren? Schreib fünf Sätze!
What did you do in the holidays? Where did you go to? Write five sentences.

Ich habe gerungen.

drei 3

Wir waren im Ausland

Jutta

Dieter

Barbara

Mehmet

Jörg

13. August
2. Februar
15. Juli
23. Juni
19. Januar

1 Und die Reise?

Hör zu! Wer ist wohin gefahren, wann und wie?
Listen. Who went where, when and how?

	Name?	Wohin?	Wann?	Wie?
1				
2				
3				
4				
5				

2 Partnerarbeit

Frag deinen Partner/deine Partnerin: Wann bist du gefahren?
Ask your partner. When did you travel?

Beispiel: – Wann bist du gefahren?
– Ich bin am ersten August gefahren.

1 2. Januar   6 15. Dezember
2 6. Februar   7 12. Oktober
3 7. März   8 30. Juli
4 18. Mai   9 3. April
5 21. Juni   10 1. Mai

4 vier

REISEN OHNE GRENZEN

3 Partnerarbeit

Wie bist du gefahren?
How did you travel?

Beispiel: – Wie bist du gefahren?
– Ich bin mit dem Bus gefahren.

1 2 3 4 5

Grammatik

Ich bin	Wann?	Wie?	Wohin?	gefahren
	am ersten August	mit dem Zug	nach Deutschland	gefahren
	am dritten Juli	mit dem Bus	nach Frankreich	
	am vierten Mai	mit dem Auto	nach London	
		mit der Fähre	nach Spanien	
		mit dem Flugzeug		

4 Ein Brief von Anna

Wie sagt man das auf deutsch?
Find the German for the following.

1 Thanks for your last letter.
2 I went to Spain on holiday.
3 every day
4 in the evenings
5 until 11 o'clock
6 Write back soon.

5

Richtig oder falsch?
True or false?

1 Anna ist nach Spanien gefahren.
2 Sie ist im Sommer gefahren.
3 Sie ist mit ihrer Familie gefahren.
4 Sie hat im Hotel gewohnt.
5 Sie ist abends schwimmen gegangen.
6 Das Wetter war gut.

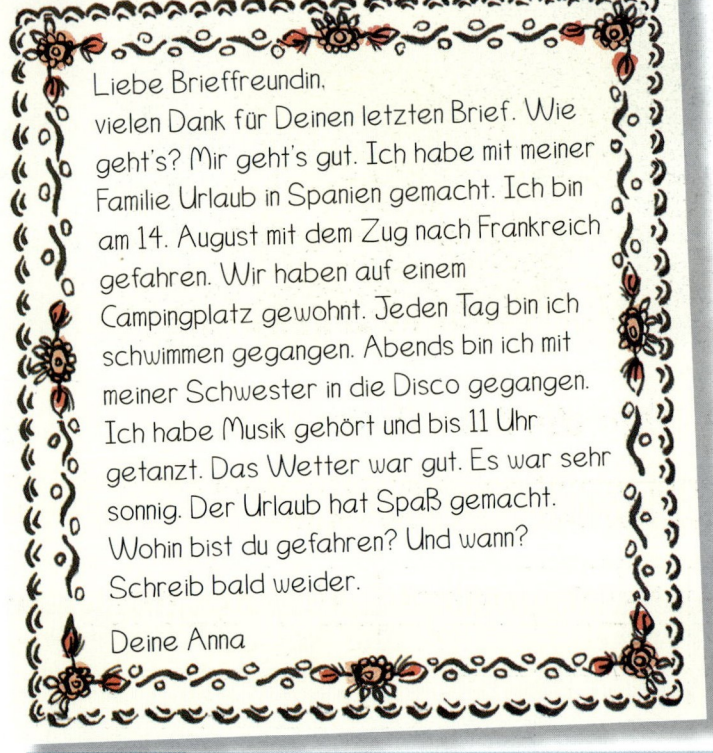

Liebe Brieffreundin,
vielen Dank für Deinen letzten Brief. Wie geht's? Mir geht's gut. Ich habe mit meiner Familie Urlaub in Spanien gemacht. Ich bin am 14. August mit dem Zug nach Frankreich gefahren. Wir haben auf einem Campingplatz gewohnt. Jeden Tag bin ich schwimmen gegangen. Abends bin ich mit meiner Schwester in die Disco gegangen. Ich habe Musik gehört und bis 11 Uhr getanzt. Das Wetter war gut. Es war sehr sonnig. Der Urlaub hat Spaß gemacht. Wohin bist du gefahren? Und wann? Schreib bald weider.

Deine Anna

Tip! *Ich bin **in die Schweiz** gefahren.*
*Ich bin **zu Fuß** gegangen.*

fünf 5

Der Austausch

1 Tag. Ich heiße Anke, wohne in Hannover und habe zwei Schwestern. Ich spiele gern Klavier, gehe gern ins Kino. Ich bin fünfzehn.

2 Mein Name ist Aydin. Ich wohne in Stöcken, in Hannover. Ich bin sechzehn, und mein Bruder ist vierzehn. Ich interessiere mich für Sport.

3 Hallo, ich bin Fatima. Ich komme aus Hannover und bin Einzelkind. Ich bin fünfzehn. Meine Interessen sind Lesen und Radfahren. In der Schule lerne ich gern Englisch.

4 Ich heiße Jürgen. Meine Schwester ist achtzehn und sieht gern fern. Wir haben einen Hund und zwei Katzen. Ich lerne gern Englisch und höre gern Musik.

1

Trag diese Tabelle in dein Heft ein. Was weißt du über diese Schüler/Schülerinnen?
Copy this table into your exercise book. What do you know about these pupils?

	Name	Alter	Geschwister	Interessen	Andere Informationen
1					
2					
3					
4					

6 sechs

REISEN OHNE GRENZEN 1

2 Mehr über uns

Hör zu! Wer spricht? Kannst du weitere Informationen aufschreiben?
Listen. Who is speaking? Can you add any other information?

3

Schreib fünf Sätze über dich.
Write five sentences about yourself.

4

Lies den Brief von John. Wie sagt man das auf deutsch?
Read John's letter. Find the German for the following.

1 Our exchange group is coming to Germany.
2 I am looking forward to it.
3 I'll introduce myself and my family.
4 last year
5 a semi-detached house
6 Please send a photo.

5

Schreib einen Brief an deinen neuen Austauschpartner/deine neue Austauschpartnerin, in dem du sagst:
Write a letter to your new penfriend in which you say:

1 wann du nach Deutschland kommst.
2 etwas über dich and deine Familie.
3 was du in deiner Freizeit machst.
4 wo du wohnst.
5 daß du ein Foto haben möchtest.

Vokabeln

das Klavier (-e)	piano
ich interessiere mich für ...	I'm interested in ...
ich komme aus ...	I come from ...
das Einzelkind (die Einzelkinder)	only child
die Geschwister (*pl*)	brothers and sisters

Ein Brief von John

Lieber Aydin,

wie geht's? Ich bin Dein neuer Partner. Unsere Austauschgruppe kommt im Oktober mit dem Zug nach Deutschland. Ich freue mich darauf.
Ich stelle mich und meine Familie vor. Ich bin sechzehn Jahre alt. Mein Bruder ist vierzehn Jahre alt. Ich bin groß und habe schwarze Haare. Ich spiele gern Fußball und Tennis. Letztes Jahr habe ich für die Schule gespielt. Ich wohne in einem großen Zweifamilienhaus.
Bitte schick ein Foto von Dir.
Schreib bald wieder.

Dein John

Grammatik

im	Oktober Sommer Winter Herbst Frühling
am	Montag Wochenende
nächstes Jahr nächste Woche	

sieben 7

Im Reisebüro

MÜNCHEN

- Münchener Verkehrsamt, Hauptbahnhof, 80335 München
- Weltberühmtes Oktoberfest
- Wenn Sie Bier trinken, müssen Sie nach München kommen.
- Viele Sportmöglichkeiten: Olympia-Stadion, Olympia-Turm mit schöner Aussicht über München und die Alpen
- Das Hofbräuhaus: Eine der größten Bierhallen der Welt
- Ausflüge in die Berge, Skifahren, Wandern

BERLIN

- Verkehrsamt Berlin, Fasanenstraße 7/8, 10623 Berlin
- Hauptstadt Deutschlands
- Kurfürstendamm, moderne Einkaufsstraße
- Brandenburger Tor
- Olympia-Stadion, 1936 von Hitler gebaut
- Zoologischer Garten, einer der größten der Welt

HAMBURG

- Informationsbüro, Hochstraße 2, 22047 Hamburg
- Besuchen Sie die zweitgrößte Stadt Deutschlands
- Große Hafenstadt: Hafenrundfahrt – Abfahrt alle 30 Minuten von St-Pauli-Landungsbrücken
- Viele Wassersportmöglichkeiten
- Die Reeperbahn: Über 300 Lokale und Kneipen
- Ausflugsmöglichkeiten: 100 km von der Nordseeküste

1 München, Berlin oder Hamburg?

Hör zu. Welche Stadt würdest du empfehlen?
Listen. Which city would you recommend?

Vokabeln

das Verkehrsamt (die Verkehrsämter)	tourist information office
weltberühmt	world-famous
die Möglichkeit (-en)	opportunity, possibility
die Aussicht (-en)	view
der Ausflug (die Ausflüge)	trip
wandern	to hike
das Tor (-e)	gate
der Hafen (–)	port, harbour
die Hafenrundfahrt (-en)	boat trip round the harbour
die Abfahrt (-en)	departure
alle 30 Minuten	every 30 minutes
die Kneipe (-n)	pub

Tip!
einen Ausflug machen
to go on a trip

eine Stadtrundfahrt machen
to go on a trip around the town

REISEN OHNE GRENZEN 1

2
Was würdest du diesen Leuten empfehlen?
What would you recommend for these people?

1 Ich kann nur im Herbst fahren. Wo könnte ich Bier trinken und in den Bergen wandern?

2 Wir sind vier Jungen, die gerne ein Glas Bier trinken. Wir möchten gern Wasserski fahren und in der See schwimmen.

3 Tiere und Sport interessieren mich. Meine Mutter will einkaufen gehen.

3 Finde fünf Fehler

Das Münchener Verkehrsamt braucht deine Hilfe. Kannst du diese englische Anzeige korrigieren? Finde fünf Fehler.
The Munich tourist office needs your help. Can you correct this English advert? Find five mistakes.

MUNICH

Munich
World-famous festival in Oktober.
If you are a wine drinker, come to Munich.
Sport: Olympic stadium and tower.
Beautiful views of Munich and the Alps.
Hofbräuhaus: one of Poland's biggest wine bars.
Excursions into the mountains: skiing, hiking.
For further information write to the
Munich Tourist Office, Am Marktplatz, Munich.

Vokabeln

vorhaben	to intend
die Sehenswürdigkeiten (*pl*)	sights
tun	to do
empfehlen	to recommend
geben	to give
schicken	to send
preiswert	good value
die Erwachsene (*pl*)	adults
die Antwort (-en)	reply
dankbar	grateful
beilegen (*sep*)	to enclose
der Umschlag (die Umschläge)	envelope

Ein Brief

Sehr geehrte Damen und Herren,

ich habe vor, im Oktober mit dem Auto nach München zu kommen. Können Sie mir einige Informationen über die Stadt geben?

Was für Sehenswürdigkeiten gibt es in München und in der Nähe? Was kann man in München tun?

Ich schwimme gern. Gibt es ein gutes Schwimmbad? Kann man in der Nähe von München skilaufen gehen?

Können Sie mir auch Informationen über Hotels schicken? Wir suchen ein preiswertes Hotel. Wir sind zwei Erwachsene und zwei Kinder.

Für eine baldige Antwort wäre ich Ihnen dankbar.

Ich lege einen adressierten Umschlag bei.

Mit freundlichen Grüßen,
Ihre

Sheena Graham

4

Richtig oder falsch?
True or false?

1 Sheena fährt im Herbst nach Deutschland.
2 Sie fährt mit dem Auto nach München.
3 Sie geht gern schwimmen.
4 Sie sucht ein billiges Hotel.
5 Es gibt fünf Personen in ihrer Familie.

5

Welche Stadt möchtest du besuchen? Schreib einen Brief an das Verkehrsamt.
Which town would you like to visit? Write a letter to the tourist office.

neun 9

Die Sommerferien: Wo wollen wir hin?

Königsdorfer Jugendherberge

- 5 Minuten vom Bahnhof, Bus: Linie 5
- Übernachtung 20,– DM
- Übernachtung mit Frühstück 24,– DM
- von Oktober bis April geschlossen

Telefon: 0765/56329

HOTEL LÖWE

23 Doppelzimmer mit Bad
15 Einzelzimmer mit Dusche
Alle mit WC und Fernseher
Restaurant, Schwimmbad

Telefon: 0765/94537

Campingplatz „Der große Bär"

Preise pro Nacht:
- Erwachsene 5,– DM
- Jugendliche 14–17 Jahre 3,– DM
- Jugendliche 6–13 Jahre 2,50 DM
- Zelt 6,50 DM
- Wohnwagen 8,– DM

Duschen, Spielplatz, Strom, gemütliches Restaurant, Waschmaschinen, ganzjährig geöffnet

Telefon: 0765/45738

1 Wer übernachtet wo?

Diese Leute wollen alle nach Königsdorf. Aber wer übernachtet wo?
These people all want to go to Königsdorf. But who will stay where?

1. Ich habe ein Zelt. Ich mache gern Camping.
2. Mein Mann sieht gern fern und schwimmt.
3. Wir möchten im Hotel essen.
4. Wir kommen mit dem Zug. Wir bringen unsere Schlafsäcke mit.

Vokabeln

die Jugendherberge (-n)	youth hostel
die Übernachtung (-en)	overnight accommodation
das Frühstück	breakfast
geschlossen	closed
das Doppelzimmer (–)	double room
das Bad (die Bäder)	bath
das Einzelzimmer (–)	single room
die Dusche (-n)	shower
der/die Jugendliche (-n)	young person
das Zelt (-e)	tent
der Wohnwagen (–)	caravan
der Strom	electricity
gemütlich	cosy, snug
ganzjährig	all year round

REISEN OHNE GRENZEN 1

2 Wir brauchen eine Unterkunft

Hör zu. Wo wollen diese Leute übernachten?
Was möchten sie?
Listen. Where do these people want to stay? What do they want?

	Name	Unterkunft	Wie viele Personen?	Wie lange?
1				
2				
3				
4				

3 Ist alles in Ordnung?

Hör zu. Kannst du diese Unterhaltung in die richtige Reihenfolge bringen?
Listen. Can you put this conversation in the correct order?

Beispiel: 3, 6, ...

1 Mit Bad?
2 Für wie viele Personen?
3 Kann ich Ihnen helfen?
4 Für wie lange?
5 Doppelzimmer oder Einzelzimmer?
6 Haben Sie Zimmer frei?
7 Wir möchten zwei Doppelzimmer.
8 Zwei Erwachsene und zwei Kinder.
9 Nein, mit Dusche.
10 Für eine Woche.

Ein Brief von Frau Murphy

Nottingham, den 5. März

Sehr geehrte Damen und Herren,
ich werde im August mit meiner Familie nach Deutschland fahren. Wir kommen am 5. August in Königsdorf an und wollen zwei Wochen dort verbringen. Wir sind zwei Erwachsene und zwei Kinder. Haben Sie ein Doppelzimmer und zwei Einzelzimmer frei? Wir möchten die Einzelzimmer mit Duschen und das Doppelzimmer mit Bad, wenn möglich. Geht das? Was kosten die Zimmer? Gibt es ein Restaurant in Ihrem Hotel? Was kann man in Königsdorf machen? Gibt es ein Schwimmbad in der Nähe vom Hotel? Wir fahren mit dem Auto. Hat Ihr Hotel einen Parkplatz?
Ich freue mich auf eine baldige Antwort.
Hochachtungsvoll,

Ihre Joanne Murphy

4

Lies den Brief von Frau Murphy.
Wie sagt man das auf deutsch?
Read Mrs Murphy's letter. Find the German for the following.

1 in August
2 we arrive
3 to spend (time)
4 adults
5 double room
6 single room
7 we would like
8 if possible
9 is there ...?
10 in your hotel
11 near your hotel
12 has your hotel ...?

5

Schreib einen Brief an ein Hotel, in dem du sagst:
Write a letter to a hotel in which you say:

1 wann du nach Deutschland fährst
2 was du für Zimmer brauchst
3 wie viele Personen fahren

und in dem du fragst:
and in which you ask:

4 nach dem Preis
5 was es dort zu tun gibt.

elf 11

Wetter schön, Gruß und Kuß!

a *Hallo Ute,*
Grüße aus den Alpen. Wetter schön, viel Schnee. Jeden Tag fahren wir Ski. Abends gehen wir in die Disco. Wie war Dein Urlaub? Unser Hotel ist prima.
— Paul

b *Lieber Jürgen,*
wir sind auf einem Campingplatz. Wir zelten. Es hat gestern geregnet. Am Montag sind wir in den Zoo gegangen. Ich bin auch schwimmen gegangen. Wir fahren morgen nach Hause.
— Dirk

c *Tag Jutta!*
Wir sind an der Küste. Es war gestern sonnig, aber heute regnet es. Ich habe jeden Tag Fußball gespielt. Das Essen ist gut. Hast Du Urlaub gemacht? Wie war das Wetter?
— Ali

1
Hast du verstanden?
Did you understand?

1. Wie ist das Wetter in den Alpen?
2. Was macht Paul abends?
3. Was hat Dirk am Montag gemacht?
4. Was hat er auch gemacht?
5. Wie war das Wetter gestern an der Küste?
6. Was hat Ali jeden Tag gemacht?

Vokabeln

Grüße aus …	greetings from …	zelten	to camp
abends	in the evenings	gestern	yesterday
jeden Tag	every day	morgen	tomorrow
der Urlaub (-e)	holiday	an der Küste	at the coast

2 Übers Wetter sprechen

Hör zu. Wie war das Wetter?
Listen. What was the weather like?

Beispiel: 1 Es war kalt aber sonnig.

Grammatik

Es war	sonnig	schlecht	schön	nebelig	warm	kalt	heiß
Es hat	geregnet	geschneit	gedonnert	geblitzt	gehagelt		
Es gab	ein Gewitter	Schnee	einen Sturm	Frost			

12 zwölf

REISEN OHNE GRENZEN 1

3

Was kommt in den Koffer? Schreib eine Liste.
What's going into the suitcase? Write a list.

Beispiel: Ein Buch, eine Hose, ...

4 Habe ich etwas vergessen?

Hör zu. Was hat er gepackt? Was fehlt?
Listen. What has he packed? What's missing?

5

Du gehst in den Urlaub. Was nimmst du mit? Schreib eine Liste.
You're going on holiday. What are you taking with you? Write a list.

Vokabeln	
das Hemd (-en)	shirt
der Mantel (die Mäntel)	coat
die Sonnenbrille (-n)	pair of sunglasses
das Geld	money, currency
der Reisepaß (die Reisepässe)	passport
der Schuh (-e)	shoe
die Badehose (-n)	swimming trunks
das Badetuch (die Badetücher)	bath towel
die Zahnbürste (-n)	toothbrush
die Zahnpasta	toothpaste
der Fotoapparat (-e)	camera
der Kugelschreiber (–)	pen

6

Du bist im Urlaub. Ergänze die Postkarte. Benutze die Wörter im Kasten unten.
You're on holiday. Finish the postcard. Use the words in the box below.

Lieber Hakan,

Grüße aus _____. Wir sind in einem _____. Gestern war es _____. Es hat _____. Ich _____ jeden Tag schwimmen _____, und ich _____ mit meinem Bruder Fußball _____. Wir fahren _____ nach _____.

Dein(e) _____

Hotel   Hause   Österreich   kalt
gegangen   morgen   geregnet
habe   bin   gespielt

7

Du bist auf Urlaub. Schreib eine Postkarte.
You're on holiday. Write a postcard.

dreizehn 13

Wann feiern wir?

Weihnachten
24.12. Heiligabend
25.12. der erste Weihnachtstag
26.12. der zweite Weihnachtstag
31.12. Silvester

Fastnacht*
14.2. Rosenmontag
15.2. Faschingsdienstag
16.2. Aschermittwoch

Ostern*
12.4. Karfreitag
14.4. Ostersonntag
15.4. Ostermontag

jedes Jahr anders

1 Feste und Feiertage
Hör zu. Welches Fest feiern wir?
Listen. Which festival is being celebrated?

Beispiel: 1 Silvester

2 Partnerarbeit
Frag deinen Partner/deine Partnerin: Wann ist …?
Ask your partner: When is …?

Beispiel:
– Wann ist Silvester?
– Am 31. Dezember.

3
Welches Fest ist es?
Which festival is it?

Beispiel: 1 Weihnachten

1. Wir feiern die Geburt Jesu. Wir geben und bekommen Geschenke. Viele Leute gehen in die Kirche.
2. Wir freuen uns auf das neue Jahr. Viele Feten finden statt, und zu Mitternacht wird richtig gefeiert.
3. Wir essen viel Schokolade. Man versteckt Schokoladeneier, die die Kinder suchen müssen.
4. Kurz vor Aschermittwoch finden überall Maskenbälle statt. Es wird getanzt und gesungen. Wir tragen alle bunte Kostüme.

Vokabeln
Neujahr	New Year's Day
Heilige Drei Könige	Twelfth night
Ramadan	Ramadan
Eid ul Fitr	Eid
Yom Kippur	Yom Kippur
Hanukkah	Hanukkah
Diwali	Divali
feiern	to celebrate
die Geburt (-en)	birth
die Karte	card
das Geschenk (-e)	present
die Leute	people
die Fete (-n)	party
stattfinden (sep)	to take place
verstecken	to hide
überall	everywhere
tragen	to wear

REISEN OHNE GRENZEN 1

4

Ergänze diesen Brief. Benutze die Wörter im Kasten unten.
Complete this letter. Use the words in the box below.

Weihnachten	Kirche
Ostersonntag	Schreib
Schokolade	Familie
Geschenke	

Nottingham, den 13. April

Lieber Brieffreund/Liebe Brieffreundin,

wie geht's? Heute habe ich Geburtstag. Hoffentlich bekomme ich viele _____ von meiner _____. Morgen ist _____. Dann kann ich _____ essen. Was für Feste feierst Du? Bei uns gibt es _____ im Dezember. Ich gehe immer in die _____. _____ bald wieder,

Dein(e) _____

Infobox: Briefe schreiben

Informal letters	Formal letters
Beginnings:	
Liebe Brieffreundin	Sehr geehrter Herr ...
Lieber Brieffreund	Sehr geehrte Frau ...
Vielen Dank für Deinen Brief	Sehr geehrte Damen und Herren
Wie geht's Dir und Deiner Familie?	
Mir geht's gut	
Endings:	
Schreib bald wieder	Hochachtungsvoll
Mit freundlichen Grüßen	Mit freundlichen Grüßen
Dein(e)	Ihr(e)

5

Ein Freund will einen Brief auf deutsch über seinen Urlaub schreiben, und er braucht deine Hilfe. Er hat dir diese Notizen gegeben.
A friend wants to write a letter in German about his holiday and he needs your help. He has given you these notes.

> Went to Spain in July.
> Went with family by plane.
> Weather great.
> Had a great time.
> Went swimming every day, played tennis.

6

Schreib einen Brief an deinen Brieffreund/deine Brieffreundin. Du sollst folgendes erwähnen:
Write a letter to your penfriend. You should mention the following:

1. wohin du gefahren bist
2. wie und mit wem du gefahren bist
3. wie das Wetter war
4. was du dort gemacht hast
5. wie Dir der Urlaub gefallen hat

Jetzt kann ich

I can:

- talk about events in the past
- write a postcard
- write an informal letter
- write a formal letter
- ask questions using **wohin?**, **was?**, **wann?** and **wie?**
- use the correct word order when talking about when, how and where I did something

fünfzehn 15

2 ALLES ÜBER MICH

Ich, meine Familie und Freunde

Mein Vater, meine Mutter, Torsten, Katrin und Willi.

Grüß dich. Ich heiße Sabine Maier, und ich bin 15 Jahre alt. Ich habe am 13. März Geburtstag. Ich komme aus Österreich, und ich wohne in Salzburg. In meiner Familie sind wir zu fünft. Ich habe einen Bruder. Er heißt Torsten. Meine Schwester ist jünger als ich, und sie heißt Katrin. Torsten ist älter. Er ist 19. Meine Eltern sind schon seit 20 Jahren verheiratet. Sie heißen Norbert und Dorothea. Mein Vater ist Ingenieur, und meine Mutter ist Hausfrau.

Ich bin in Salzburg geboren, aber Torsten ist in Wien geboren. Meine Eltern sind umgezogen. Ach ja! Wir haben auch einen Hund namens Willi.

1 Alles über mich

Hör zu! Schau das Foto an und lies den Text.
Listen. Look at the photo and read the text.

Richtig oder falsch?
True or false?

1 Sabine ist 15 Jahre alt und kommt aus Deutschland.
2 Sie ist in Österreich geboren.
3 Sabine hat einen jüngeren Bruder und eine ältere Schwester.
4 Sabines Mutter ist Hausfrau.
5 Die Familie wohnt in Wien.
6 Sabine hat ein Haustier, eine Katze.

2

Wie antwortet Sabine auf diese Fragen? Die Antworten findest du im Text oben.
How would Sabine answer these questions? The answers are in the text above.

1 Wie heißt du?
2 Wie alt bist du?
3 Wann hast du Geburtstag?
4 Wo wohnst du?
5 Hast du Geschwister?
6 Wie heißt dein Bruder/deine Schwester?
7 Was sind dein Vater und deine Mutter von Beruf?
8 Wo bist du geboren?

16 sechzehn

ALLES ÜBER MICH

3

Füll das Formular soweit wie möglich für Sabine aus. Dann kopiere das Formular und füll es für dich aus.
Fill in the form for Sabine as far as possible. Then copy the form out and fill it in for yourself.

Vokabeln	
das Geschlecht (-er)	gender
weiblich	female
männlich	male
ledig	single
verheiratet	married
geschieden	divorced
verwitwet	widowed
der Geburtsort (-e)	place of birth
die Staatsangehörigkeit	nationality
die Postleitzahl (-en)	postcode

Anmeldeformular

Bitte folgendes ausfüllen oder zutreffendes ankreuzen.

Nachname: _____

Vorname: _____

Geschlecht: weiblich ☐ männlich ☐

Familienstand: ledig ☐ verheiratet ☐
geschieden ☐ verwitwet ☐

Alter: _____

Geburtsdatum: _____

Geburtsort: _____

Staatsangehörigkeit: _____

Wohnort: _____

Anschrift: Hausnummer: _____ Straße: _____

Ort/Stadt: _____ Land: _____

Postleitzahl: _____

Telefon: _____ / _____

4

Sieh dir die Fragen in Aufgabe 2 an. Welche Fragen passen zum Anmeldeformular?
Look at the questions in Exercise 2. Which questions match the application form?

Beispiel: Wie heißt du? = Vorname/Nachname

Grammatik: Das Präsens		
Ich wohne	Ich komme	Ich bin
Du wohnst	Du kommst	Du bist
Er/sie wohnt	Er/sie kommt	Er/sie ist
Wir wohnen	Wir kommen	Wir sind

5 Partnerarbeit

Jetzt stell deinem Partner/deiner Partnerin Fragen wie in Aufgabe 2, um ein Formular für ihn/sie auszufüllen.
Now ask your partner questions as in Exercise 2 in order to fill in a form for him/her.

6 Wir stellen uns vor

Hör zu! Kopiere die Tabelle und füll sie aus!
Listen. Copy the table and fill it in.

Name	Alter	Geburtstag	Wohnort	Staatsangehörigkeit	Geschwister	Haustiere
Birgit						
Peter						
Imran						
Madelaine						

siebzehn 17

Und wie sieht die Familie aus?

1 Das Fotoalbum

Hör zu! Schau die Bilder an. Welche Beschreibung paßt zu welchem Foto? Wie heißen die Personen?
Listen. Look at the pictures. Which description matches which photo? What are the people called?

2

Füll die Lücken aus. Benutze die Wörter im Kasten rechts.
Fill in the gaps. Use the words in the box on the right.

1 Heike hat _____ Haare und trägt eine _____.

2 Heinz ist _____ und trägt einen _____ Pullover.

3 Robert trägt ein _____ Hemd und hat _____ Haare.

4 Großvater hat einen _____ und trägt einen _____.

5 Großmutter trägt ein _____ Kleid und einen _____.

6 Onkel Peter hat einen _____ Schnurrbart und trägt eine _____ Jacke.

7 Hans hat _____ Ohren und eine _____ Nase.

große	buntes	komischen	Bart
blauen	gutaussehend	Brille	blonde
Anzug	weißes	kurze	
braune	Hut	alte	

Vokabeln

gutaussehend	good-looking
der Anzug (die Anzüge)	suit
der Schnurrbart	moustache

18 achtzehn

GESUCHT!

HERMANN PLOTZ
wegen Bankraubs
DM 30 000 Belohnung!

3 Gesucht!

Kannst du Hermann beschreiben? Die Sätze in Aufgabe 2 können dir helfen.
Jetzt mach dein eigenes Poster. Beschreib deinen Verbrecher/deine Verbrecherin.
Can you describe Hermann? The sentences in Exercise 2 will help you.
Now make your own poster. Describe your criminal.

4 Personenbeschreibungen

Hör zu! Wie sah der Dieb aus? Füll die Tabelle aus.
Listen. What was the thief like? Fill in the table.

5 Partnerarbeit

Beschreib einen Klassenkameraden/eine Klassenkameradin oder einen Lehrer/eine Lehrerin. Dein Partner/deine Partnerin muß raten, wer das ist.
Describe a classmate or a teacher. Your partner must guess who it is.

Beispiel: Sie ist sehr klein, hat kurze, schwarze Haare, grüne Augen und ein rundes Gesicht.

	Geschlecht	Alter	Größe	Haare	Augen	Gesicht	Kleider
1							
2							
3							

neunzehn 19

Wie kommst du mit der Familie aus?

Tag! Ich heiße Aneesa. Ich habe einen jüngeren Bruder. Er geht mir auf die Nerven! Er ist immer launisch und ganz doof! Ich habe ein schlechtes Verhältnis zu meinem Bruder. Mit meiner Mutter komme ich besser aus. Sie ist meistens geduldig und nett. Wir verstehen uns gut. Meine Mutter ist nie schlecht gelaunt, sie ist immer munter.

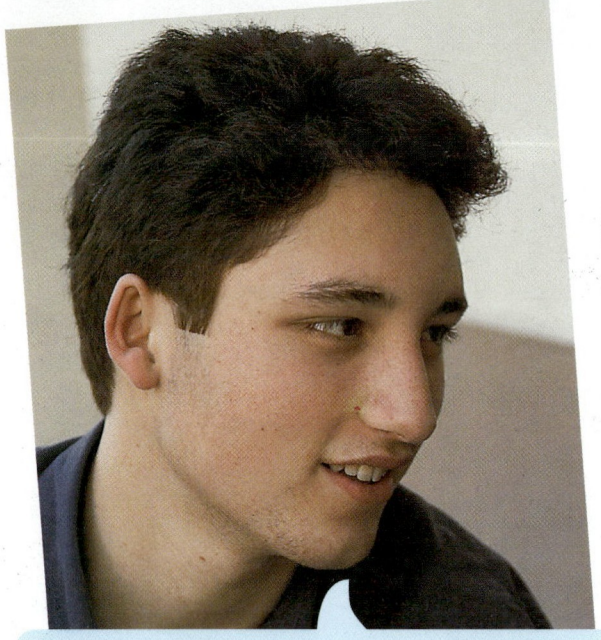

Hallo! Ich heiße Amin. Ich habe eine ältere Schwester. Wir streiten nicht oft. Sie ist meistens gut gelaunt, aber sie ist ein bißchen ungeduldig, wenn sie müde ist. Ich komme mit meiner Schwester gut aus. Wir haben ein gutes Verhältnis. Das Verhältnis zu meinem Vater ist nicht so locker. Er ist oft zornig, besonders wenn wir laut sind. Wir verstehen uns überhaupt nicht gut.

1 So komme ich mit der Familie aus

Hör zu! Schau die Bilder an und lies die Texte. Wie sagt man das auf deutsch?
Listen. Look at the pictures and read the texts. Find the German for the following.

1. He gets on my nerves.
2. He's always moody.
3. She's mostly patient.
4. We get on well with each other.
5. We don't argue often.
6. I get on well with my sister.
7. We have a good relationship.
8. He's often angry, especially when we're noisy.

2

Richtig oder falsch? Korrigiere die falschen Sätze.
True or false? Correct the false sentences.

Beispiel: 1 Falsch. Ich habe ein schlechtes Verhältnis zu meinem Bruder.

Aneesa sagt:
1. Ich habe ein gutes Verhältnis zu meinem Bruder.
2. Mein Bruder geht mir auf die Nerven.
3. Meine Mutter ist meistens geduldig und nett.

Amin sagt:
4. Wir streiten oft, meine Schwester und ich.
5. Ich komme überhaupt nicht gut mit meiner Schwester aus.
6. Mein Vater ist oft zornig.

Vokabeln

launisch	moody	streiten	to argue
das Verhältnis	relationship	locker	relaxed
(un)geduldig	(im)patient	zornig	angry
schlecht gelaunt	in a bad mood	nie	never

20 zwanzig

ALLES ÜBER MICH 2

3
Was sagen sie?
What are they saying?

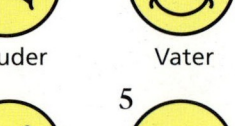

1 Bruder
2 Vater
3 Mutter
4 Schwester
5 Stiefmutter
6 Stiefvater

Beispiel: Bruder

Ich habe ein schlechtes Verhältnis zu meinem Bruder.

Wie kann man das mit anderen Wörtern sagen? Schau die Texte auf Seite 20 an.
How can you say it another way? Look at the texts on page 20.

Beispiel: Bruder

Ich habe kein gutes Verhältnis zu meinem Bruder. Ich komme mit meinem Bruder nicht gut aus.

4
Mach Sätze vom Kasten unten.
Make up sentences from the box below.

5 *Ein Brief von Erik*
Lies den Brief und schreib eine Antwort.
Read the letter and write a reply.

> Dissen, den 24.9.
>
> Hallo!
> Wie geht's? Mir geht's gut. Du willst etwas über meine Familie wissen? Also, los geht's.
> Ich wohne bei meinen Eltern. Ich habe einen jüngeren Bruder namens Adam und eine Stiefschwester namens Maria. Sie ist älter, 22 Jahre alt. Mein Bruder ist klein und hat blonde Haare und blaue Augen. Er ist sehr frech und laut. Ich komme nicht gut mit meinem Bruder aus. Zu meiner Stiefschwester habe ich ein besseres Verhältnis. Sie ist immer lieb. Meine Mutter ist mittelgroß und hat schwarze Haare. Sie ist meistens nett, wird aber zornig, wenn ich laute Musik spiele. Mein Vater ist groß und hat blonde Haare. Er ist Lehrer und ist meistens ganz streng, strenger als meine Mutter. Ich habe ein ganz gutes Verhältnis zu meinem Vater.
>
> Schreib bald,
> Dein Erik

Infobox

Ich habe ein gutes/schlechtes Verhältnis	zu meinem Bruder/Vater zu meiner Schwester/Mutter
Ich komme gut	mit … aus

Ich bin glücklich, Ich bin immer gut gelaunt, Ich bin meistens zornig, Ich bin immer ungeduldig, Ich bin schlecht gelaunt,	wenn	ich habe viele Hausaufgaben ich habe viel Taschengeld ich bin nicht in der Schule ich warte auf den Bus nach Hause ich muß mein Zimmer aufräumen

Vokabeln
das Taschengeld *pocket money*

aufräumen *(sep) to tidy up*

Beispiel: Ich bin glücklich, + wenn + ich bin nicht in der Schule.
= Ich bin glücklich, wenn ich nicht in der Schule bin.

Freunde und Unterhaltung

Anna
Abends nach der Schule gehe ich oft fort. Ich treffe mich mit meinen Freunden, und wir gehen zusammen in die Stadt oder zum Jugendklub. Man kann dort quatschen und Musik hören. Ich gehe gern ins Kino und auch in die Disco, meistens freitagabends. Ich liebe auch Partys und bin gern mit meinen Freunden zusammen.

Martin
Ich schwärme fürs Wochenende! Das kommt nie bald genug. Samstagabends gehe ich immer mit meinen Freunden in die Kneipe und dann später in die Disco. Da gibt's immer nette Mädchen. Ich gehe sonntagnachmittags zum Training. Ich spiele für eine Fußballmannschaft.

Angelika
Ich habe viele Freunde. Wir treffen uns abends zwei- oder dreimal in der Woche. Wir gehen manchmal ins Kino aber oft zur Kegelbahn. Das macht Spaß. Ich gehe selten zu Partys. Ich kann überhaupt nicht gut tanzen. Ich gehe lieber mit Freunden ins Restaurant. Ich liebe chinesisches Essen. Wir machen das einmal im Monat.

1

Richtig oder falsch?
True or false?

1 Anna geht abends nach der Schule nicht oft fort.
2 Sie geht samstagabends meistens in die Disco.
3 Martin geht oft mit Freunden ins Kino.
4 Er spielt gern Fußball.
5 Angelika geht lieber zur Kegelbahn als ins Kino.
6 Sie geht oft zu Partys.

2

Füll die Lücken aus.
Fill in the gaps.

Anna sagt:
1 Ich gehe _____ fort.
2 Ich gehe _____ in die Disco.

Martin sagt:
3 Ich gehe _____ in die Kneipe.
4 Ich mache _____ Training.

Angelika sagt:
5 Ich gehe _____ zu Partys.
6 Wir gehen _____ ins Restaurant.

Vokabeln

ich treffe mich mit meinen Freunden	I meet my friends
quatschen	to chat
ich schwärme fürs Wochenende	I really love the weekend
die Kneipe (-n)	pub
die Kegelbahn	skittles alley

Infobox: Wie oft?

oft	often
selten	occasionally
einmal im Monat	once a month
einmal in der Woche	once a week
sonntagnachmittags	on Sunday afternoons
freitagabends	on Friday evenings
samstagabends	on Saturday evenings

ALLES ÜBER MICH 2

3 Am Telefon: Einladungen

Hör zu! Lies die Dialoge. Wie sagt man das auf deutsch?
Listen. Read the dialogues. Find the German for the following.

1 I don't know.
2 I can't.
3 I've got to do my homework.
4 Do you want to go to the open-air pool?
5 When are you going?
6 Not if it's raining.

> Hallo Rolf. Hier Jürgen. Willst du am Dienstag zu Peters Party kommen?

> Na ja. Ich weiß nicht. Wer kommt mit?

> Hans, Rudi natürlich, und auch die Birgit.

> Ach! Nein danke. Wenn die Birgit kommt, komme ich nicht. Ich kann sowieso nicht. Ich muß meine Hausaufgaben machen.

> Hallo Liesl. Hier Anke. Sag mal, willst du ins Freibad gehen?

> Ich weiß nicht. Wann gehst du?

> Am Donnerstagnachmittag.

> Gut. Ich komme mit, aber nicht wenn es regnet!

4 Partnerarbeit

Jetzt mach Dialoge.
Now make up conversations.

Beispiel: A: Ask if your partner wants to go to the pictures.
B: Say you don't know and ask when.
A: Say on Friday evening.
B: Say yes thanks, you can go.

Infobox	
Wo?	ins Kino/in die Disco/ins Schwimmbad/zu Martins Party
Wann?	am Freitag/heute nachmittag/am Samstagabend/morgen abend
Ja	Ich kann gehen/kommen
Nein	Ich kann nicht/ich muß .../ich gehe nicht, wenn ...

5 Willst du mitkommen?

Hör zu! Beantworte die Fragen, indem du die richtige Antwort unterstreichst.
Listen. Answer the questions by underlining the correct answer.

Dialog A
1 Michael will ins Kino/zu Rolfs Party/zur Disco gehen.
2 Das ist am Dienstagabend/Samstagabend.
3 Anna will gehen/will nicht gehen.

Dialog B
1 Katrin will in die Kegelbahn/in die Disco/ins Schwimmbad gehen.
2 Das ist am Sonntag/am Samstag.
3 Stefan kann gehen/kann nicht gehen.

dreiundzwanzig 23

Gesundheit

Was ißt du, um fit zu bleiben?

Kalorienzähler

Getränke
eine Tasse Schokolade	100
eine Tasse Kaffee (schwarz)	5
eine Tasse Kaffee (mit Milch)	30
ein Glas Tee (schwarz)	2
ein Glas Tee (mit Milch)	27
mit Zucker	25
ein Glas Saft	45
ein Glas Milch	200

zum Frühstück
Flakes mit Milch	250
Müsli mit Milch	250
ein gekochtes Ei	100
Brotstäbchen	80
Toast mit Marmelade	120
Butter (eine Portion)	50
Margarine (eine Portion)	50

Obst
ein Apfel	50
eine Banane	65
eine Orange	40

Gemüse
Salat	5
eine Portion Erbsen	50
eine Portion Bohnen	50

Fleisch
ein Hamburger	300
eine Bratwurst	220
Gulasch (ein Teller)	300

Sonstiges
Nudeln	120
Käse (100 g)	75
Omelett	170
Fisch	90

Kuchen, usw.
Ein Stück Apfeltorte	250
Schokoladenpudding	200
Sahne	100
Bonbons 125 g	190
eine Tafel Schokolade	250
ein Päckchen Chips	250
eine Portion Pomme Frites	250

1 Partnerarbeit

Schau den Kalorienzähler an. Frag deinen Partner/deine Partnerin, was er/sie gern ißt. Füll die Tabelle aus und zähl die Kalorien zusammen.
Look at the calorie counter. Ask your partner what he/she likes to eat. Fill in the table and count the calories.

Beispiel: – Was ißt du/trinkst du gern zum Frühstück/Mittagessen/Abendessen?
– Ich esse/trinke gern ...

	Frühstück	Mittagessen	Abendessen	Kalorien
Partner(in) 1				
Partner(in) 2				
Partner(in) 3				

2 Wer ißt gesünder, Willi oder Sabine?

Hör zu! Was essen Willi und Sabine? Mach eine Liste und schreib die Kalorien auf!
Listen. What do Willi and Sabine eat? Make a list and write down the calories.

Willi		Sabine	
Flakes mit Milch	250	Müsli mit Milch	250

ALLES ÜBER MICH

In der Klasse 9b essen 7 Schüler nichts zum Frühstück. 10 Schüler essen Wurst zum Mittagessen, usw.

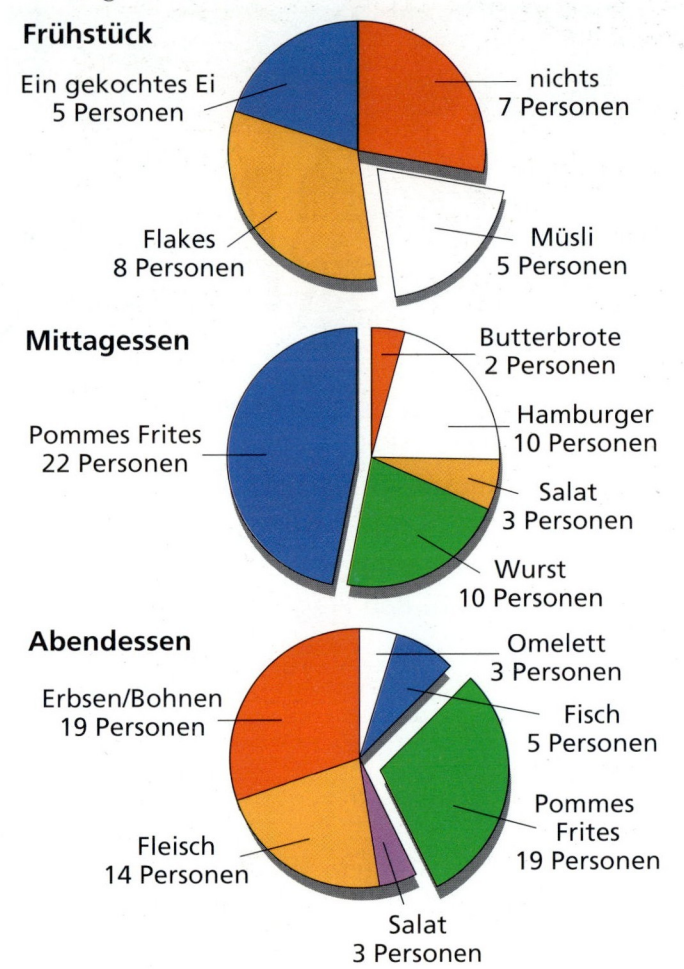

Frühstück
- Ein gekochtes Ei — 5 Personen
- nichts — 7 Personen
- Flakes — 8 Personen
- Müsli — 5 Personen

Mittagessen
- Butterbrote — 2 Personen
- Hamburger — 10 Personen
- Pommes Frites — 22 Personen
- Salat — 3 Personen
- Wurst — 10 Personen

Abendessen
- Omelett — 3 Personen
- Erbsen/Bohnen — 19 Personen
- Fisch — 5 Personen
- Pommes Frites — 19 Personen
- Fleisch — 14 Personen
- Salat — 3 Personen

3

Mach eine Umfrage. Was essen deine Klassenkameraden/Klassenkameradinnen? Mach Kreisdiagramme wie oben.
Do a survey. What do your classmates eat? Draw pie charts like those above.

Deine Fragen: Was ißt du zum Frühstück?
Wie viele Schüler essen hier … zum Frühstück/Mittagessen/Abendessen?

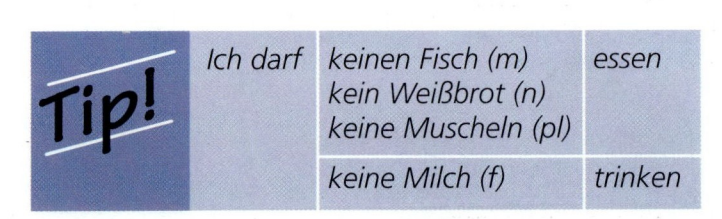

Tip!

Ich darf	keinen Fisch (m)	essen
	kein Weißbrot (n)	
	keine Muscheln (pl)	
	keine Milch (f)	trinken

4 Partnerarbeit

Frag deinen Partner/deine Partnerin: Bist du allergisch gegen etwas?
Ask your partner: are you allergic to anything?

Fisch   Muscheln   Kaffee
Weißbrot
ein gekochtes Ei   Milch

Beispiel: – Bist du allergisch gegen etwas?
– Ja. Ich darf keinen/keine/kein … essen/trinken.
Ich bin allergisch gegen …

5 Was haben sie gegessen und getrunken?

Hör zu! Was haben sie gegessen und getrunken?
Listen. What have they had to eat or drink?

Name	hat gegessen	hat getrunken
1 Niels		
2 Susi		
3 Horst		
4 Barbara		
5 Jutta		
6 Peter		

6

Schreib 50 Wörter über „Was ich esse".
Write 50 words on "What I eat".

fünfundzwanzig 25

Krankheiten und Verletzungen

1 Ich habe fürchterliche Ohrenschmerzen.
2 Ich habe Heuschnupfen.
3 Ich habe schlimme Halsschmerzen.
4 Ich habe mir das Bein gebrochen.
5 Ich habe Durchfall und schlimme Magenschmerzen.
6 Ich habe Kopfschmerzen. Es ist zum Weinen!
7 Ich bin schwer erkältet.
8 Ich habe Rückenschmerzen.
9 Ich habe Zahnschmerzen. Das kann ich nicht mehr ertragen.
10 Ich habe mir in den Finger geschnitten.

1 Das tut mir weh!

Welcher Text paßt zu welcher Person?
Which caption matches which person?

Beispiel: 1 c

2 Aua!

Hör zu! Kopiere die Tabelle und füll sie aus.
Listen. Copy the table and fill it in.

Name	Problem
1 Franz	
2 Corinne	
3 Boris	
4 Katrin	
5 Mustafa	
6 Herr Schneider	

3 Beim Arzt

Übe den Dialog.
Practise the dialogue.

Arzt: Guten Morgen. Was ist denn nicht in Ordnung?
Patient: Guten Tag, Herr Doktor. Ich habe schwere Halsschmerzen.
Arzt: Lassen Sie mich mal sehen. Ja, ja. Seit wann sind Sie krank?
Patient: Seit vier Tagen.
Arzt: Also, ich verschreibe Ihnen Tabletten.
Patient: Wann muß ich sie nehmen?
Arzt: Dreimal täglich nach dem Essen.
Patient: Danke. Auf Wiedersehen.
Arzt: Auf Wiedersehen. Gute Besserung.

Wie sagt man das auf deutsch?
Find the German for the following.

1 Three times a day.
2 Get well soon.
3 For four days.
4 How long have you been ill?
5 I've got a sore throat.
6 What's the problem?

ALLES ÜBER MICH 2

4 Warum sind sie nicht in der Schule?

Lies diese Entschuldigungsbriefe.
Read these absence notes.

> Sehr geehrter Herr Direktor!
> Bitte entschuldigen Sie, daß Boris diese Woche nicht in die Schule kommt. Er hat sich nämlich am Wochenende beim Radfahren das linke Bein gebrochen. Er hat einen Gips und kann noch nicht darauf gehen.
> Hochachtungsvoll,
> Frau Brühl

> Lieber Herr Malnitz,
> meine Tochter Bärbel war am letzten Donnerstag und Freitag wegen einer schweren Erkältung nicht in der Schule.
> Ihr Peter Hahn

> Liebe Frau Harold,
> der Johann kommt diese Woche wegen einer schweren Magenverstimmung nicht in die Schule.
> Ihre Irmgard Mayer

> Sehr geehrter Herr Direktor!
> Die Monika kann heute wegen eines verletzten Arms nicht in die Schule kommen. Sie hat sich nämlich bei der Vorbereitung des Abendessens gestern Abend geschnitten.
> Hochachtungsvoll,
> Ihre Ilse Heidemeyer

5

Jetzt füll die Lücken aus.
Now fill in the gaps.

1. Boris hat sich _____ _____ gebrochen und hat einen _____.
2. Bärbel war am _____ _____ und Freitag nicht in der Schule. Das war wegen _____ _____ _____.
3. Johann ist wegen _____ _____ nicht in der Schule.
4. Monika ist wegen _____ _____ nicht in der Schule.

Grammatik: wegen (because of)

wegen eines verletzten Arms
wegen einer schweren Erkältung
wegen eines gebrochenen Beins
wegen Magenschmerzen

6

Schreib einen Entschuldigungsbrief für dich.
Write an excuse note for yourself.

Apotheken, Allergien und Termine

In der Apotheke

Apotheker:	Guten Tag. Kann ich Ihnen helfen?
Kunde:	Ja, haben Sie etwas gegen Sonnenbrand?
Apotheker:	Sicher. Wir haben diese Salbe.
Kunde:	Was kostet sie?
Apotheker:	DM 3,70.
Kunde:	Ich nehme sie. Was muß ich machen?
Apotheker:	Zweimal täglich einreiben.
Kunde:	Danke. Auf Wiedersehen.
Apotheker:	Auf Wiedersehen.

1. PRONTOSTOP gegen MAGENSCHMERZEN DM 6,70
2. MÜLLERS TABLETTEN gegen KOPFSCHMERZEN DM 4,20
3. HUSTENBONBONS DM 2,50
4. SALBE gegen SONNENBRAND DM 3,70
5. TROPFEN DM 3,90
6. HUSTENSAFT DM 3,80

1 Partnerarbeit

Hör zu! Lies den text. Mach Dialoge.
Listen! Read the text. Make up conversations.

Du hast:	Der Apotheker hat:
Magenschmerzen	dieses Medikament
Kopfschmerzen	diese Tabletten
einen Sonnenbrand	diese Salbe
einen Husten	diesen Saft

2

Was paßt zusammen?
What matches up?

1 Ich darf nicht in der Sonne liegen.
2 Ich darf diese Tabletten nicht nehmen.
3 Ich muß Mücken und Wespen vermeiden.
4 Ich darf bei diesem heißen Wetter nicht draußen im Garten spielen.

a Ich bin allergisch gegen Insektenstiche.
b Ich bin allergisch gegen Sonnenöl.
c Ich bin allergisch gegen Aspirin.
d Ich habe furchtbaren Heuschnupfen.

3 Allergien

Hör zu! Ordne die Bilder den Leuten auf der Kassette zu.
Listen. Match the pictures to the people on the cassette.

a Martina    b Isabel    c Heiner    d Robert

Vokabeln

die Mücke (-n)	*mosquito*
die Wespe (-n)	*wasp*
vermeiden	*to avoid*
der Insektenstich (-e)	*insect bite*
Sonnenbrand	*sunburn*
Tropfen (*pl*)	*drops*
der Saft	*syrup*

28 achtundzwanzig

ALLES ÜBER MICH 2

Dr. med. Gerhardt Schmidt
Arzt für Allgemeinmedizin

Sprechstunden

Mo	8–10,	15–18
Di	8–10	
Mi	8–10,	13–18
Do	8–10,	15–18
Fr	8–10,	13–18

Telefon: 62 83 45
Im Notfall: 85 86 43

Dr. med. Hildegard Medtner
Frauenärztin

Sprechstunden

Mo, Di, Do, Fr 9–11, 15–18
Mi 8–11, 16–18

Telefon: 25 87 62
Im Notfall außerhalb der Sprechstunden: 58 75 21

Vokabeln

der Arzt für Allgemeinmedizin	General Practitioner (GP)
der Frauenärztin	gynaecologist (female)
die Sprechstunde (-n)	surgery time

4 Einen Termin ausmachen

Hör zu!
Listen.

Arzthelferin: Hallo. Herr Doktor Schmidts Praxis.
Patient: Guten Morgen. Hier Herr Braun. Ich möchte einen Termin ausmachen.
Arzthelferin: Sicher. Wie wäre es mit Dienstag um 9.15 Uhr?
Patient: Nein. Ich muß früher kommen. Ich bin seit 4 Tagen krank.
Arzthelferin: Ach so. Sie können also natürlich heute um 16.30 Uhr kommen. Das ist heute, Freitag, um 16.30 Uhr.
Patient: Danke. Auf Wiederhören.
Arzthelferin: Auf Wiederhören, Herr Braun.

Jetzt mach Dialoge wie oben mit deinem Partner/deiner Partnerin.
Now make conversations like the one above with your partner.

Beispiel: Du bist krank und hast: Kopfschmerzen seit einer Woche/Ohrenschmerzen seit drei Tagen, usw.

5 Termine

Hör zu! Füll die Tabelle aus!
Listen. Fill in the table.

	Name	Praxis	Tag	Uhrzeit
1				
2				

Jetzt kann ich

I can:
- describe myself and others
- fill in official forms
- say how I get on with other people
- talk about friends and entertainment
- make arrangements
- discuss healthy eating
- talk about allergies
- get help for minor illnesses and injuries
- deal with chemists
- make medical appointments

3 DIE SCHULE

Meine Fächer

Klaus
Ich gehe auf eine Realschule. Ich gehe eigentlich ganz gern in die Schule. Ich mag die praktischen Fächer wie Werken und Informatik, weil ich sie nützlich finde. Was ich überhaupt nicht mag, ist Mathe. Es ist stinklangweilig. Französisch mag ich nicht, weil der Lehrer so streng ist. Im großen und ganzen komme ich gut mit den Lehrern aus.

Maria
Ich besuche ein Gymnasium in München. Wir müssen viele Naturwissenschaften – Chemie, Physik und Biologie – lernen, etwa zwei Stunden pro Tag. Ich mag Biologie sehr. Es ist mein Lieblingsfach, weil ich die Stunden interessant finde, und weil die Lehrerin sympathisch ist. Sport kann ich nicht leiden, weil ich keine gute Sportlerin bin.

Holger
Ich gehe noch zur Grundschule, aber nächstes Jahr gehe ich auf die Gesamtschule. Ich liebe die Schule. Meine Lieblingsfächer sind Geschichte, Erdkunde und Religion, weil ich gern lese. Wir lernen auch seit einem Jahr Englisch. Das gefällt mir nicht so sehr, weil ich schlechte Noten bekomme. Ich finde es schwierig. Meine Klassenlehrerin ist sehr nett und freundlich. Das ist wichtig für mich.

Vokabeln

das Fach (die Fächer)	subject	ich besuche ein Gymnasium	I go to grammar school
Werken (n)	CDT	Naturwissenschaften (pl)	science
nützlich	useful	die Stunde (-n)	lesson
(stink)langweilig	(really) boring	ich gehe zur Grundschule	I go to primary school
streng	strict	die Note (-n)	mark

1 Was ich mag und was ich nicht mag

Hör zu! Wer spricht? Klaus, Maria oder Holger?
Listen. Who is speaking? Klaus, Maria or Holger?

1 Ich bekomme schlechte Noten in Englisch.
2 Mathe ist immer stinklangweilig.
3 Ich komme gut mit den Lehrern aus.
4 Ich mag praktische Fächer wie Werken.
5 Ich lerne gern Erdkunde und Geschichte.
6 Wir müssen viele Naturwissenschaften lernen.

2

Wie sagt man das auf deutsch?
How do you say the following in German?

1 Sport
2 Science
3 Art 
4 CDT 
5 IT 
6 Geography 
7 French 
8 Religion 
9 History 
10 Music

30 dreißig

DIE SCHULE 3

3
Wie findest du deine Fächer? Warum? Wie viele Sätze kannst du bilden?
What do you think of your subjects? Why? How many sentences can you make?

Vokabeln

weil	because	nett	nice
schwer	hard	sympathisch	friendly, nice
einfach	easy	im Freien	in the open air
Kunst (f)	art	allein	alone
interessant	interesting	mit anderen	with others

Infobox

Ich finde	Deutsch	schwer	, weil ich es schwer finde
	Kunst	einfach	, weil ich es einfach finde
		interessant	, weil die Stunden interessant/langweilig sind
	Englisch	nützlich	, weil der Lehrer/die Lehrerin streng ist
			, weil der Lehrer/die Lehrerin nett/sympathisch ist
Ich mag	Physik		, weil ich gern im Freien bin
Ich hasse			, weil ich gern alleine arbeite
	Sport		, weil ich gern mit anderen arbeite
Ich kann	Biologie	nicht/gut leiden	

Lieber Christopher,
Du willst etwas über meine Schule wissen? Also, ich gehe auf eine _____.
Die Schule ist mittelgroß: Wir haben 650 _____ und etwa 50 _____. Mein _____ ist Englisch natürlich, weil ich gute _____ bekomme. Sport _____ mir nicht, weil die Stunden _____ sind. Ich gehe gern in die Schule. Im großen und ganzen _____ ich gut mit den Lehrern aus. Schreib mir bald alles über Deine Schule und Deine Fächer.
Tschüß,
Deine Eva

Grammatik

Deutsch gefällt mir. + Der Lehrer ist super!
= Deutsch gefällt mir, **weil** der Lehrer super **ist**!

4 Ein Brief von Eva

Lies den Brief. Füll die Lücken aus. Benutze die Wörter unten.
Read the letter. Fill in the gaps. Use the words below.

Lieblingsfach Noten gefällt Gesamtschule Lehrer stinklangweilig komme Schüler

5

Schreib eine Antwort an Eva.
Write a reply to Eva.

Liebe Eva,
vielen Dank für Deinen Brief.
Ich gehe auf ...

einunddreißig 31

Stundenpläne

GYMNASIUM HAGENBECK
Maria Liebemeyer   STUNDENPLAN   KLASSE: 8

ZEIT	MONTAG	DIENSTAG	MITTWOCH	DONNERSTAG	FREITAG	SAMSTAG
7.45–8.30	Religion	Latein	Französisch	Englisch	Deutsch	Kunst
8.35–9.20	Biologie	Deutsch	Mathe	Musik	Physik	Kunst
9.25–10.10	Physik	Erdkunde	Sport	Biologie	Mathe	Geschichte
10.25–11.10	Deutsch	Französisch	Chemie	Religion	Erdkunde	Geschichte
11.15–12.00	Musik	Mathe	Chemie	Englisch	Latein	—
12.05–12.50	Mathe	Englisch	—	Deutsch	Englisch	—
14.05–14.50	—	Sport	—	Erdkunde	—	—
14.55–15.40	—	—	—	—	—	—

GESAMTSCHULE LAMPERTHEIM
HASAN SCHEERER   KLASSE: 7B

ZEIT	MONTAG	DIENSTAG	MITTWOCH	DONNERSTAG	FREITAG	SAMSTAG
8.10–8.55	Sozialkunde	Naturw.	Werken	Erdkunde	Deutsch	—
9.00–9.45	Musik	Naturw.	Werken	Englisch	Deutsch	—
10.05–10.50	Geschichte	Religion	Englisch	Geschichte	Naturw.	—
10.55–11.40	Englisch	Mathe	Englisch	Kunst	Naturw.	—
11.45–12.30	Deutsch	Mathe	Mathe	Kunst	Musik	—
12.35–13.20	—	Franz.	Deutsch	—	Politik	—
13.25–14.10	Erdkunde	Sport	—	Chor	—	—
14.15–15.00	Franz.	Sport	—	Chor	—	—

1
Ich habe einen ganz schön vollen Stundenplan, 34 Stunden in der Woche, 45 Minuten pro Stunde. Wir haben eine Pause um 9.45 Uhr und von 6 bis 8 Stunden am Tag. Das hängt davon ab, welcher Tag es ist. Dienstags, zum Beispiel, habe ich 8 Stunden, und freitags nur 6. Samstags gehe ich nicht in die Schule, Gott sei Dank!

2
Meine Lieblingsfächer sind Deutsch und Englisch. Leider müssen wir samstagmorgens auch in die Schule. Samstags haben wir eine Doppelstunde Kunst und danach Geschichte. Ich kann Französisch nicht leiden. Französisch gibt's am Dienstag in der vierten Stunde und am Mittwoch in der ersten.

1 Stundenpläne

Hör zu! Schau die Stundenpläne an und lies die Texte. Wer spricht?
Listen. Look at the timetables and read the texts. Who's speaking?

Vokabeln

der Stundenplan (die Stundenpläne)	timetable
die Pause (-n)	break
das hängt davon ab	it depends
Gott sei Dank!	Thank God!
die Doppelstunde (-n)	double period

32 zweiunddreißig

DIE SCHULE 3

2

Füll die Lücken aus.
Fill in the gaps.

Beispiel: 1 Maria hat Englisch am <u>Dienstag</u> in der sechsten Stunde.

1 Maria hat Englisch am _____ in der sechsten Stunde.
2 Hasan geht _____ nicht in die Schule.
3 Am Mittwoch in der vierten und fünften Stunde hat Maria eine Doppelstunde _____.
4 Hasan hat Musik am _____ in der fünften Stunde.
5 Maria hat zwei Stunden _____ pro Woche, am Dienstag und am Freitag.
6 Hasan hat nur eine Stunde _____ die Woche, am Freitag.

3 Partnerarbeit

Beschreib deinen eigenen Stundenplan deinem Partner/deiner Partnerin.
Describe your own timetable to your partner.

Beispiel: Am Montag habe ich Mathe, dann habe ich zwei Stunden Physik ...

4

Jetzt schreib deinen Stundenplan auf deutsch.
Now write out your timetable in German.

5 Ein Brief von Bernd

Lieber Michael,

danke für Deinen letzten Brief. Ich gehe auf eine große Gesamtschule. Es gibt etwa 1000 Schüler und Schülerinnen. Ich mag die Schule. Mein Lieblingsfach ist Mathe. Kunst gefällt mir auch, weil ich gern alleine arbeite. Ich hasse Geschichte, weil es stinklangweilig ist. Am Tag haben wir normalerweise 7 oder 8 Stunden, aber mittwochs und freitags haben wir nur 6. Jede Stunde dauert 45 Minuten. Ich muß auch samstagmorgens in die Schule gehen. Ich komme meistens um 14.50 Uhr wieder nach Hause.

Tschüß
Dein Bernd

Richtig oder falsch?
True or false?

1 Bernd besucht ein Gymnasium.
2 Er geht samstags nicht in die Schule.
3 Es gibt normalerweise 7 oder 8 Stunden am Tag.
4 Bernds Lieblingsfach ist Erdkunde.
5 Geschichte gefällt ihm nicht.

6

Schreib einen Brief an Bernd. Beschreib deinen Stundenplan.
Write a letter to Bernd. Describe your timetable.

dreiunddreißig 33

Wenn der Schultag mit Streß beginnt ...

1

Welcher Text paßt zu welchem Bild?
Match the text to the pictures.

Beispiel: 1 a

1. Dann frühstücke ich. Nur Brot mit Marmelade, sonst komme ich zu spät.
2. Bei mir klingelt der Wecker um zehn vor sieben. Meistens aber höre ich ihn nicht, und meine Mutter weckt mich um sieben Uhr.
3. Der Schulbus kommt um fünfundzwanzig vor acht, also verlasse ich das Haus um halb acht. Die Zeit ist immer knapp.
4. Um sieben Uhr zwanzig packe ich meine Schulmappe. Das geht schnell.
5. Ich schlafe weiter und stehe um sieben Uhr fünfzehn auf.
6. Ich wasche mich, putze mir die Zähne, ziehe mich an, und dann schaue ich in meinen Stundenplan. Manchmal kämme ich mir sogar die Haare. Und das alles in fünf Minuten!

Vokabeln

frühstücken	to have breakfast	verlassen	to leave
zu spät kommen	to be late	knapp	tight (time)
klingeln	to ring	die Schulmappe (-n)	school bag
der Wecker (–)	alarm clock	sich die Zähne putzen	to clean one's teeth
wecken	to wake someone	auf etwas schauen	to take a look at something

34 vierunddreißig

DIE SCHULE 3

2 Frühmorgens bei Fritzchen

Hör zu! Füll die Lücken für Fritzchen aus.
Listen. Fill in the gaps for Fritzchen.

Beispiel: 1 Meine Mutter **weckt** mich um …

1. Meine Mutter _____ mich um _____ _____, aber ich _____ weiter.
2. Ich _____ um 7.15 Uhr auf, und dann _____ ich mich und _____ mich an.
3. Ich _____ in meinen Stundenplan und _____ meine Schulmappe.
4. Ich _____ schnell und _____ das Haus um 7.30 Uhr.
5. Der Schulbus _____ um 7.35 Uhr.

3 Khadijas Morgenroutine

Hör zu! Wie war Khadijas Schulmorgen? Schreib die Aktivitäten im Kasten neben der richtigen Uhrzeit auf.
Listen. How was Khadija's school morning? Write down the activities in the box next to the correct times.

Beispiel: 7.00 Wecker geklingelt

Wann?	Was hat Khadija gemacht?
7.00	Wecker geklingelt
7.15	
7.20	
7.25	
7.30	
7.33	
7.35	
7.50	

Schule beginnt   Wecker geklingelt   Zähne geputzt   Bus erreicht   aufgestanden   Haus verlassen   angezogen   Brot gegessen

4

Präsens oder Perfekt? Mach zwei Listen.
Present or perfect? Make two lists.

Der Wecker hat um 6.50 Uhr geklingelt.
Ich habe mich zunächst gewaschen.
Ich bin um 7.00 Uhr aufgestanden.
Ich schlafe normalerweise weiter.
Ich stehe um 7.00 Uhr auf.
Der Wecker klingelt um 6.50 Uhr.
Ich habe gestern 10 Minuten weitergeschlafen.
Ich wasche mich zunächst.

Infobox

Präsens (heute, jeden Tag, usw.)

Ich stehe auf …
Ich wasche mich …
Ich ziehe mich an …
Ich frühstücke …
Ich putze mir die Zähne …
Ich verlasse das Haus …

Perfekt (gestern, letzte Woche)

Ich bin aufgestanden
Ich habe mich gewaschen
Ich habe mich angezogen
Ich habe gefrühstückt
Ich habe mir die Zähne geputzt
Ich habe das Haus verlassen

5

Beschreib deine Morgenroutine. Was hast du heute morgen gemacht? Sag es deinem Partner/deiner Partnerin und dann schreib es auf.
Describe your morning routine. What did you do this morning? Tell your partner and then write it down.

funfunddreißig 35

Schulzeugnisse und Noten

a

```
LANDESHAUPTSTADT HAMBURG
SOPHIE-SCHOLL-GYMNASIUM
HAMBURG –
KARLA-THEODOR-STRASSE
                                            Schuljahr 19......
ZWISCHENZEUGNIS
Für den Schüler/die Schülerin der 12. Klasse, Abt. C
           Jutta Meyer
Religionslehre ............... —     Gemeinschaftskunde
Deutsch ........................ 4   Geschichte .............. 5
Latein .......................... —  Erdkunde ................. 3
Englisch ....................... 4   Sozialkunde .............. 3
Französisch .................. —     Kunsterziehung ........ —
Mathematik ................. 2       Musik ....................... 1
Naturwissenschaften                  Leibeserziehung ....... 3
   Physik ..................... 4    Handarbeiten ........... —
   Chemie .................... 3     Haushaltslehre ......... —
   Biologie .................... 1   Erziehungslehre ........ 5

Bemerkungen: Versetzung gefährdet
Hamburg, den 5. Februar 1996
Schulleiter/Klassenlehrer
   F.V. Flügel                 A. Kernow
Kenntnis genommen
   Hamburg         , den 17.2 19 96.  Norbert Meyer
                                  Unterschrift eines Erziehungsberechtigten
```

1

Ich habe mein Zeugnis gestern nach Hause gebracht. Meine Mutter ist aus allen Wolken gefallen! Mensch war das schlimm! Ich habe aber so fleißig gearbeitet wie möglich, aber ich habe eine 4 in Deutsch gekriegt. Mutti sagt, ich habe dem Lehrer nicht zugehört und auch nicht genug gelesen, aber der Herr Dinkelmann ist so langweilig. Ich kann in seiner Stunde kaum die Augen offenhalten. Und Geschichte, eine 5. Ich habe es einfach zu schwer gefunden, was wir dieses Jahr gemacht haben.

b

```
LANDESHAUPTSTADT HAMBURG
SOPHIE-SCHOLL-GYMNASIUM
HAMBURG –
KARLA-THEODOR-STRASSE
                                            Schuljahr 19......
ZWISCHENZEUGNIS
Für den Schüler/die Schülerin der 12. Klasse, Abt. C
           Wolfgang Schnickels
Religionslehre ............... —     Gemeinschaftskunde
Deutsch ........................ 2   Geschichte .............. 2
Latein .......................... —  Erdkunde ................. 3
Englisch ....................... 1   Sozialkunde .............. 3
Französisch .................. —     Kunsterziehung ........ —
Mathematik ................. 2       Musik ....................... 1
Naturwissenschaften                  Leibeserziehung ....... 3
   Physik ..................... —    Handarbeiten ........... —
   Chemie .................... 3     Haushaltslehre ......... —
   Biologie .................... 3   Erziehungslehre ........ 5

Bemerkungen: Versetzung empfohlen
Hamburg, den 5. Februar 1996
Schulleiter/Klassenlehrer
   F.V. Flügel                 A. Kernow
Kenntnis genommen
   Hamburg         , den 17.2 19 96.  Margret Schnickels
                                  Unterschrift eines Erziehungsberechtigten
```

2

Wir haben heute unsere Zeugnisse bekommen. Ich bin mit meinem ganz zufrieden. Ich habe sogar eine 1 in Englisch bekommen. Das kann ich kaum glauben. In Biologie war ich nicht ganz so gut. Ich habe nur eine 3 bekommen, aber ich bin dieses Jahr gar nicht gut mit der Lehrerin ausgekommen, weil sie so streng und unfreundlich ist.

1 Das Schulzeugnis

Hör zu! Wer spricht? Welches Schulzeugnis paßt zu welcher Person?

Listen. Who's speaking? Which school report matches which person?

Vokabeln

das Zeugnis (-se)	school report
aus allen Wolken fallen	to hit the roof
fleißig	hard working
kriegen	to get
zufrieden	content

Infobox: Die Schulnoten

1	sehr gut	excellent
2	gut	good
3	befriedigend	satisfactory
4	ausreichend	adequate
5	mangelhaft	some inadequacies
6	ungenügend	unsatisfactory

1–4 = OK   5–6 = nicht OK!

DIE SCHULE 3

2

Falsch oder richtig?
True or false?

1 Wolfgang hat ein gutes Zeugnis bekommen.
2 Jutta hat eine 2 in Deutsch bekommen.
3 Jutta ist besser in Englisch als in Chemie.
4 Jutta hat dieses Jahr Erdkunde schwer gefunden.
5 Wolfgang hat seine Biologielehrerin sehr gern.
6 Wolfgang ist genau so gut wie Jutta in Chemie.

Grammatik	
Präsens	**Perfekt**
Ich bekomme	Ich habe bekommen
Ich kriege	Ich habe gekriegt
Ich arbeite	Ich habe gearbeitet

3 *Sonjas Zeugnis*

Hör zu! Beantworte die Fragen auf englisch.
Listen. Answer the questions in English.

1 What did Sonja get in maths?
2 What is her excuse for this?
3 Which subject did she do best in?
4 What is her father's reaction to her best result?
5 How does she describe most of the teachers?
6 What does her father expect Sonja to do now?

4

Schau die Zeugnisse auf Seite 36 an.
Mach Vergleiche.
Look at the reports on page 36.
Make comparisons.

Beispiel: Jutta ist **schwächer** in Deutsch **als** Wolfgang.
Jutta ist **nicht so** gut **wie** Wolfgang in Deutsch.
Wolfgang ist genau **so** gut **wie** Jutta in Chemie.

5 *Partnerarbeit*

Wie gut bist du in deinen Schulfächern? Sag es deinem Partner/deiner Partnerin.
How good are you at your school subjects? Tell your partner.

Beispiel: Ich bin gut in Deutsch und schlecht in Englisch, aber in Französisch bin ich schlechter. Ich bin nicht so gut wie du in Physik. In Chemie bin ich besser.

6 *Partnerarbeit*

Schreib ein Zeugnis für deinen Partner/deine Partnerin. Vergleicht, was ihr geschrieben habt.
Write a report for your partner. Compare what you have written.

Religionslehre	☐	Gemeinschaftskunde	☐
Deutsch	☐	Geschichte	☐
Latein	☐	Erdkunde	☐
Englisch	☐	Soziallehre	☐
Französisch	☐	Kunsterziehung	☐
Mathematik	☐	Musik	☐
Naturwissenschaften		Sport	☐
Physik	☐	Handarbeiten	☐
Chemie	☐	Haushaltslehre	☐
Biologie	☐	Erziehungslehre	☐

Bemerkungen: ....

Grammatik	
gut	besser
schlecht	schlechter
stark	stärker
schwach	schwächer
interessant	interessanter
langweilig	langweiliger

Wie ist deine Schule?

1 Hermann

Unsere Schule wurde 1972 gebaut. Sie ist mittelgroß mit etwa 80 Klassenzimmern. Wir haben keine Aula, weil es keine Versammlungen gibt, aber wir haben ein kleines Theater, wo die Dramastunden stattfinden. Im Erdgeschoß sind auch die Labors für Biologie, Chemie und Physik, und die Klassenzimmer für Werken und Hauswirtschaft. Im ersten Stock haben wir auch das Sprachlabor. Wir haben oben im dritten Stock ein Klassenzimmer für Kunst und das Lehrerzimmer. In der Pause kaufen wir Snacks und Getränke vom Hausmeister. Sein Büro ist auf der anderen Seite des Schulhofs.

2 Angelika

Ich bin Assistentin in einer Gesamtschule in Südengland. Sie ist ganz schön alt. Es gibt ungefähr 70 Klassenzimmer. Wir haben hier kein Sprachlabor. Oben im zweiten Stock sind Klassenzimmer und die Labors. Es gibt Lehrräume für Hauswirtschaft, Informatik und Werken. Der Mittelpunkt der Schule ist die Aula, wo jeden Morgen eine Versammlung stattfindet. Es gibt auch ein Hallenbad, und viele Sportplätze, wo man Fußball, Hockey und Cricket spielen kann. Es gibt natürlich auch eine Kantine, weil hier Ganztagsschule ist. Das Essen schmeckt aber furchtbar.

1 Zwei Schulen

Hör zu! Füll die Lücken aus.
Listen. Fill in the gaps.

Beispiel: 1 keine Aula, weil es ...

Die deutsche Schule hat:
1. keine _____, weil es keine _____ gibt.
2. ein kleines _____, wo Dramastunden _____,
3. ein _____, wo man _____ lernen kann.
4. einen _____, von dem man Snacks kaufen kann.

Die englische Schule hat:
5. eine _____ – die der _____ der Schule ist.
6. Lehrräume für _____, _____ und _____,
7. viele _____, wo man _____, _____ und _____ spielen kann,
8. eine _____, wo das Essen _____ schmeckt.

Vokabeln

das Klassenzimmer (–)	classroom
die Aula (die Aulen)	school hall
die Versammlung (-en)	assembly
das Labor (-s)	laboratory
die Hauswirtschaft	home economics
das Sprachlabor (-s)	language laboratory
die Fremdsprache (-n)	foreign language
der Hausmeister (–)	caretaker
der Schulhof (die Schulhöfe)	school playground
das Hallenbad (die Hallenbäder)	indoor swimming pool
der Sportplatz (die Sportplätze)	sports field

38 achtunddreißig

DIE SCHULE 3

Grammatik

Das Lehrerzimmer Das Sprachlabor Der Musikraum	ist	gegenüber dem Labor hinter der Aula neben dem Lehrerzimmer
Die Toiletten	sind	links vom Labor rechts von der Aula auf der anderen Seite des Hofs

Prepositionen

gegenüber	opposite
neben	next to
durch	through
um	around

2 Wo ist das bitte?

Hör zu! Wo ist das? Ist die Anweisung richtig oder falsch?
Listen. Where is it? Is the instruction right or wrong?

3 Partnerarbeit

1 – Entschuldigung. Wie komme ich zur Turnhalle?
– Du gehst hier rechts den Gang entlang, rechts durch die Aula und dann wieder rechts. Die Turnhalle ist am Ende des Gangs.

2 – Entschuldigung. Wie komme ich zum Kunstraum?
– Du gehst hier um die Ecke den Gang entlang. Dann links die Treppe hinauf. Der Kunstraum ist geradeaus rechts am Ende des Gangs.

Jetzt mach weitere Dialoge mit deinem Partner/deiner Partnerin.
Now make up more dialogues with your partner.

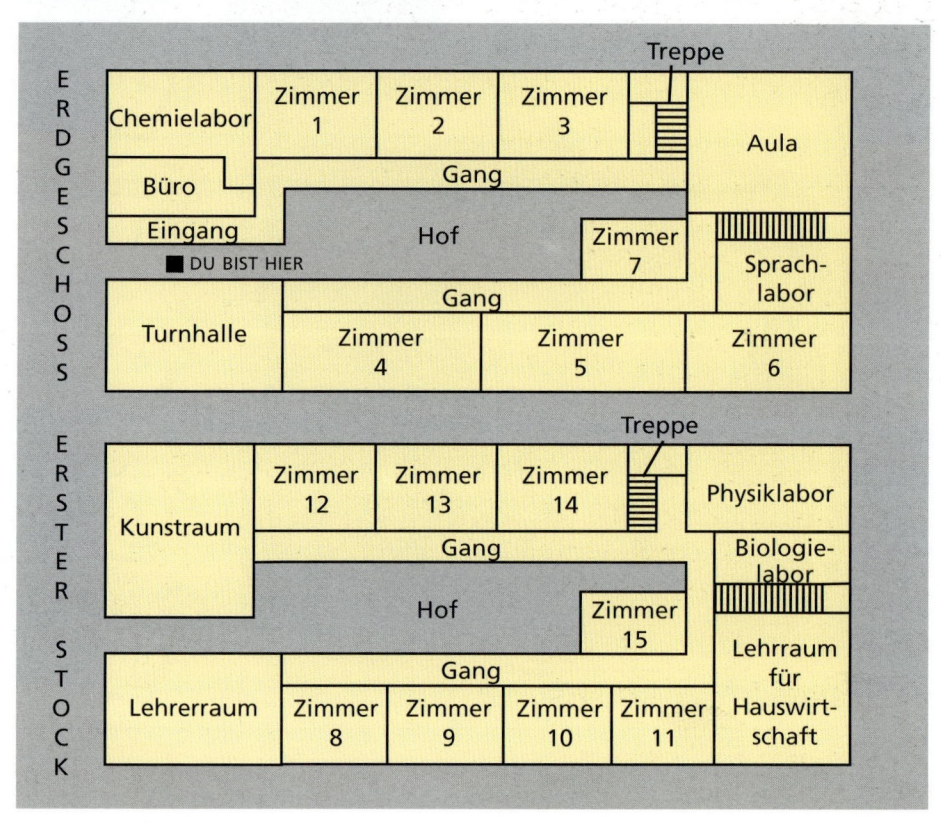

ERDGESCHOSS: Chemielabor, Zimmer 1, Zimmer 2, Zimmer 3, Aula, Treppe, Büro, Gang, Eingang, Hof, Zimmer 7, Sprachlabor, DU BIST HIER, Gang, Turnhalle, Zimmer 4, Zimmer 5, Zimmer 6

ERSTER STOCK: Kunstraum, Zimmer 12, Zimmer 13, Zimmer 14, Treppe, Physiklabor, Gang, Biologielabor, Hof, Zimmer 15, Lehrraum für Hauswirtschaft, Gang, Lehrerraum, Zimmer 8, Zimmer 9, Zimmer 10, Zimmer 11

4

Zeichne einen Plan deiner Schule und beschrifte ihn auf deutsch.
Draw a plan of your school and label it in German.

Vokabeln

die Turnhalle	gym
der Gang (die Gänge)	corridor
wieder	again
die Aula	hall
das Büro	office

5

Meine ideale Schule. Wie ist sie? Was für Räume gibt es? Wo?
My ideal school. What's it like? What rooms are there? Where?

Grammatik

Du gehst	links um die Ecke rechts den Gang entlang durch die Aula die Treppe hinauf/hinunter geradeaus	*left around the corner right along the corridor through the hall up/down the stairs straight on*

neununddreißig 39

Udo im Krankenhaus

Ich stehe auf. Ich hasse das frühe Aufstehen, besonders im Winter. Nach dem Frühstück geht es schon besser. Ich fahre mit dem Mofa zum Krankenhaus.

Ich beginne meinen Frühdienst. Ich helfe einigen Patienten beim Waschen und Anziehen.

Jetzt gibt es Frühstück. Ich teile Kaffee aus. Dann habe ich selbst eine Frühstückspause.

Ich spreche mit den älteren Patienten und lese manchmal auch die Zeitung vor.

Mein Dienst ist nach dem Mittagessen zu Ende.

Ich fahre meistens gleich zu meiner Freundin Barbara. Wir kennen uns schon seit zwei Jahren. Sie arbeitet in einem Kindergarten.

Ich übe täglich eine Stunde Gitarre. Das ist für mich eine gute Entspannung.

1

Welche Uhrzeiten und Sätze passen zusammen? Schreib sie in der richtigen Reihenfolge auf.
Which times and sentences match up? Write them down in the correct order.

Beispiel: 6.15 Uhr – Udo steht auf.

6.15 Uhr   9.00 Uhr   7.45 Uhr   14.00 Uhr
11.30 Uhr   14.30 Uhr   16.30 Uhr

Er besucht seine Freundin.
Udo steht auf.
Er übt Gitarre.
Er teilt Kaffee aus.
Er spricht mit den Patienten.
Die Arbeit ist zu Ende.
Er beginnt den Frühdienst.

Vokabeln

der Zivildienst	community service
der Frühdienst	early shift
gleich	straight away
sich kennen	to know each other
üben	to practise

2

Wie ist dein Tagesablauf? Schreib ihn wie Udo auf.
What's your daily routine like? Write it up like Udo.

40 vierzig

DIE SCHULE

3 Gerd ist Zivi

Hör zu! Gerd macht Zivildienst im Kindergarten. Er ist Zivildienstleistender, kurz „Zivi" genannt. Alle Jugendlichen in Deutschland müssen 12 Monate bei der Bundeswehr machen, oder 16 Monate Sozialdienst. Füll die Tabelle aus.

Listen. Gerd does community service in a nursery school. He is a community service volunteer. In Germany all young men must either serve in the army for 12 months, or they must do 16 months of community service. Fill in the table.

Beispiel: 6.30 aufstehen

Wann?	Was?
6.30	
7.15	
8.10	
8.30	
9.00	
11.00	
15.30	
17.15	

den Dienst beginnen
zur Aerobicklasse gehen
aufstehen
singen und Spiele spielen
das Haus verlassen
frühstücken
eine Kaffeepause machen
Dienstschluß

Grammatik: Reflexive Verben

*The reflexive pronoun (**mich**, **dich**, **sich**, etc.) matches the person doing the action (**ich**, **du**, **er/sie**, etc.)*

Ich wasche **mich**	I wash myself
Du wäschst **dich**	You wash yourself
Er/sie wäscht **sich**	He/she washes him/herself
Wir waschen **uns**	We wash ourselves
Ihr wascht **euch**	You wash yourselves
Sie waschen **sich**	They wash themselves

*If a part of the body is mentioned, use these reflexive pronouns for the **ich** and **du** forms:*

Ich wasche **mir** die Haare	I wash my hair
Du wäschst **dir** die Haare	You wash your hair

4

Kopiere diese Sätze und füll die Lücken mit den Wörtern unten aus.
Copy these sentences and fill in the gaps with the words below.

1 Morgens um halb acht wasche ich _____ die Haare.
2 Wir putzen _____ abends immer die Zähne, bevor wir ins Bett gehen.
3 Ich bürste _____ die Haare, nachdem ich _____ angezogen habe.
4 Wann hast du _____ heute morgen gewaschen?
5 Sie zieht _____ im Badezimmer an, weil es dort wärmer ist.
6 Sie kämmen _____ morgens gar nicht gerne die Haare.

mir   mir   sich   mich   sich   uns   dich

5 Partnerarbeit

Erzähl deinem Partner/deiner Partnerin deine Tagesroutine. Dann schreib sie auf.
Tell your partner your daily routine. Then write it down.

Vokabeln

der Zivildienstleistende (Zivi)	community service volunteer
der Wehrdienst	military conscription
die Bundeswehr	German Army

Grammatik

Merke diese Verbformen:

Ich **le**se	Er/sie **lie**st
Ich **e**sse	Er/sie **i**ßt

einundvierzig 41

Schulregeln und Probleme

1

Welches Bild paßt zu welcher Aussage?
Which picture matches which statement?

1. Wir dürfen die meisten Lehrer mit Vornamen anreden.
2. Wir dürfen in der Mittagspause nicht nach Hause gehen.
3. Es gibt ein Zimmer speziell für Raucher.
4. Wir müssen eine Uniform tragen.
5. Man muß während der Pause draußen sein.
6. Man darf nicht rauchen.

Vokabeln

der Vorname (-n)	first name
der Raucher (–)	smoker
tragen	to wear
draußen	outside
rauchen	to smoke

2 Schulregeln

Hör zu! Diese Schüler beschreiben die Bilder oben. Ist das eine Schule in Deutschland oder Großbritannien?
Listen. These pupils are describing the pictures above. Are they talking about a school in Germany or in Great Britain?

Beispiel: 1 a Eine Schule in Großbritannien.

3 Partnerarbeit

Frag deinen Partner/deine Partnerin. Was hältst du von den Schulregeln in Aufgabe 1?
Ask your partner. What do you think about the school rules in Exercise 1?

Infobox

Man darf nicht rauchen. Was hältst du davon?

Ich finde es	gut	, daß man nicht rauchen darf
Ich halte es für	nicht gut	
	schon recht	
	unsinnig	

4 Partnerarbeit

Schau die Regeln in Aufgabe 1 noch einmal an. Welche sind wichtig und welche sind unwichtig, deiner Meinung nach?
Look at the rules in Exercise 1 again. Which are important and which are not important in your opinion?

Beispiel: – Ich finde es unwichtig, daß wir eine Uniform tragen müssen. Und du?

– Ich finde es wichtiger, daß wir die Lehrer mit Vornamen nennen dürfen.

Vokabeln

wichtig	important
doof	stupid
unsinnig	pointless

42 zweiundvierzig

DIE SCHULE 3

5 Probleme

Lies diese Briefe. Welcher Brief paßt zu welchem Bild?
Read these letters. Which letter matches which picture?

1 Härtetest
Seit meine Tochter in die Schule kam, unterstütze ich die Lehrkräfte darin, die Kinder auch zur Ordnung zu erziehen; was aber jetzt der Lehrer in der 4. Klasse macht, scheint mir dann doch etwas zu weit zu gehen. Er läßt nämlich die Schülerinnen und Schüler für jede vergessene Hausaufgabe eine Stunde nachsitzen. Ist das nicht etwas zu hart?

Christiane M.

3 Bringschuld
Am Dienstag letzter Woche versäumte ich wegen einer Erkältung den Unterricht im Fach Englisch. In dieser Stunde erhielt die Klasse eine Hausaufgabe. Tags darauf konnte ich wieder in die Schule gehen. In unserer nächsten Englischstunde am Donnerstag verlangte die Lehrerin von mir die Hausaufgabe, die ich natürlich nicht gemacht hatte. Ist das fair? Ich habe dafür eine zweite Aufgabe bekommen.

Martin N.

2 Saubere Sache
Vom Rektor unserer Realschule wurden wir, fünf Schüler der 8c, neulich dazu verpflichtet, unser Klassenzimmer selbst zu putzen. Es stimmt, wir waren an diesem Tag nicht sehr sauber, aber kann man uns deshalb zum Putzdienst zwingen?

Rudolf K.

Jetzt kann ich

I can:
- talk about school subjects, likes and dislikes, and the reasons for them
- discuss timetables
- talk about routines
- understand German school reports
- make comparisons
- describe school buildings
- use reflexive verbs
- discuss school rules

dreiundvierzig 43

4 MEIN ZUHAUSE

Wo wohnen wir?

1 Ich wohne in einem Einfamilienhaus.
2 Ich wohne in einem Reihenhaus.
3 Ich wohne in einer Wohnung.
4 Ich wohne in einem Bungalow.
5 Ich wohne in einem Doppelhaus.
6 Ich wohne auf einem Bauernhof.

1

Wer wohnt wo? Welche Aussage paßt zu welchem Haus?
Who lives where? Which statement matches which house?

Beispiel: 1 a

2 Wohnorte

Hör zu! Wer wohnt wo? Vervollständige die Sätze.
Listen. Who lives where? Complete the sentences.

1 Karin wohnt …
2 Peter wohnt …
3 Hans wohnt …
4 Thomas und Dieter wohnen …
5 Michael und Sabine wohnen …
6 Bärbel und Uwe wohnen …

3 Partnerarbeit

Bring dieses Interview in die richtige Reihenfolge. Schreib das Interview auf. Jetzt mach ein Interview mit deinem Partner/deiner Partnerin.
Put this interview in the correct order. Write the interview down. Now interview your partner.

a Hamburg ist in Norddeutschland.
b Wo ist das genau?
c Wo wohnst du?
d Ich wohne in Hamburg.
e In was für einem Haus wohnst du?
f Was für Zimmer hat dein Haus?
g Mein Haus hat vier Schlafzimmer, ein Wohnzimmer, ein Eßzimmer, eine Küche, ein Badezimmer und eine Toilette.
h Ich wohne in einem Einfamilienhaus.

MEIN ZUHAUSE 4

4 Gruppenarbeit

Mach eine Umfrage in der Klasse. Frag deine Klassenkameraden: In was für einem Haus wohnst du? Was für Zimmer hat dein Haus?
Do a class survey. Ask your classmates: what sort of house do you live in? What rooms does your house have?

5 Mein Traumhaus

Hör zu! Wo möchten sie wohnen? Füll die Tabelle aus.
Listen. Where would they like to live? Fill in the table.

	Name	Haus	Zimmer
1			
2			
3			
4			
5			

6 Wenn ich viel Geld hätte, …

Zeichne und beschrifte dein Traumhaus.
Draw and label your dream house.

7

Ergänze diese Sätze.
Complete these sentences.

Wenn ich viel Geld hätte, möchte ich in … wohnen.
Mein Haus hätte …

8 Suchspiel

Wie viele Häuser und Zimmer kannst du finden? Schreib sie auf.
How many houses and rooms can you find? Write them down.

Wenn ich viel Geld hätte, möchte ich mir mein Traumhaus kaufen.

R	E	I	H	E	N	H	A	U	S
A	T	N	S	B	B	L	R	D	C
A	O	N	Z	I	A	P	E	O	H
M	I	K	Ü	F	U	Ü	M	P	L
B	L	N	S	O	E	J	M	P	A
U	E	R	O	T	R	G	I	E	F
N	T	Ö	Z	H	N	E	Z	L	Z
G	T	C	C	U	H	Ü	E	H	I
A	E	S	N	C	O	E	D	A	M
L	W	H	Ü	E	F	Ö	A	U	M
O	O	K	Ä	R	I	Z	B	S	E
W	O	H	N	Z	I	M	M	E	R

fünfundvierzig 45

Mein Zimmer

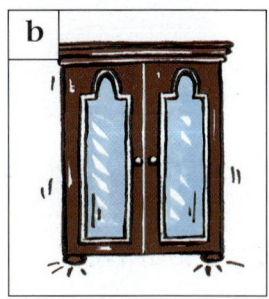

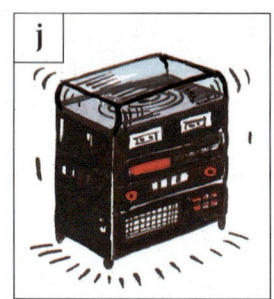

1

Kannst du die Bilder beschriften?
Can you label the pictures?

1 der Computer
2 die Kommode
3 der Wecker
4 das Bett
5 der Stuhl
6 der Schreibtisch
7 die Lampe
8 der Kleiderschrank
9 der Fernseher
10 die Stereoanlage

Beispiel: a 4 das Bett

2 In meinem Zimmer

Hör zu! Was gibt es in jedem Schlafzimmer?
Füll die Tabelle aus.
Listen. What is in each bedroom? Fill in the table.

	1 Tanja	2 Mehmet	3 Paul	4 Yasmin	5 Stefanie
Computer					
Kommode					
Wecker					
Bett					
Stuhl					
Schreibtisch					
Lampe					
Kleiderschrank					
Fernseher					
Stereoanlage					

MEIN ZUHAUSE 4

3 Was machst du in deinem Zimmer?

Hör zu! Was machen sie in ihren Zimmern?
Listen. What do they do in their rooms?

Beispiel: 1 Tanja macht ihre Hausaufgaben und ...

Ich mache meine Hausaufgaben.

Ich höre Musik.

Ich spiele mit meinem Computer.

Ich sehe fern.

Ich lese.

Ich faulenze, ich mache nichts.

Ich schlafe.

4 Partnerarbeit

Mach ein Interview mit deinem Partner/deiner Partnerin. Dann schreib die Antworten auf.
Interview your partner. Then write down the answers.

Fragen: Was gibt's in deinem Zimmer?
Was machst du in deinem Zimmer?

5 Gruppenarbeit

Jetzt mach eine Umfrage in der Klasse. Stell deinen Klassenkameraden dieselbe Fragen. Mach ein Kreisdiagramm.
Now do a class survey. Ask your classmates the same questions. Make a pie chart.

6 Mein Traumzimmer

Zeichne und beschrifte dein Traumzimmer.
Draw and label your dream room.

7

Was hättest du gern in deinem Traumzimmer? Ergänze diesen Satz:
What would you like to have in your dream room? Complete this sentence:

Wenn ich viel Geld hätte, hätte ich ... in meinem Zimmer.

Tip!

Ich habe mein eigenes Zimmer.

Ich muß mein Zimmer mit meiner Schwester teilen.

Ich muß mein Zimmer mit meinem Bruder teilen.

siebenundvierzig 47

Meine Stadt

Besuchen Sie Hennef!

Was gibt es dort?

- In der Stadtmitte finden Sie die Geschäfte, das Hallenbad und den Park.
- In Hennef kann man schwimmen, spazierengehen, oder einen schönen Stadtbummel machen.

Sehen Sie sich gern einen Film an?

Wir haben ein modernes Kino.

Besuchen Sie Oberstdorf!
Ein bildschönes Dorf in den Alpen.

Es gibt schöne Hotels, kleine nette Geschäfte, gemütliche Gasthäuser.

Hier kann man Ski fahren, einkaufen gehen, gut essen.

Besichtigen Sie den alten Marktplatz und die historische Kirche!

BESUCHEN SIE MICHELSTADT!
Eine wunderschöne alte Stadt im Odenwald.

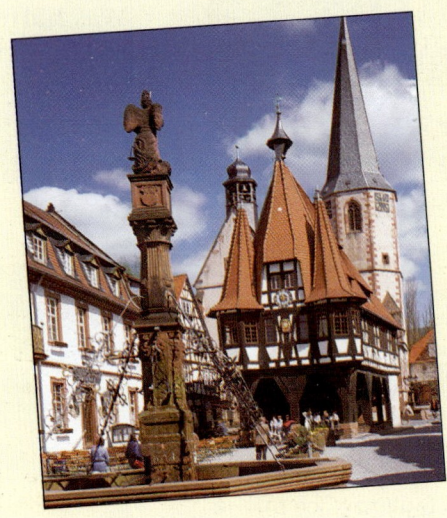

Es gibt viele Sehenswürdigkeiten. In der Fußgängerzone finden Sie das alte Rathaus, die alte Post und die Kirche.

Fahren Sie mit dem Zug? Der Bahnhof befindet sich direkt im Stadtzentrum.

Gehen Sie gern ins Theater? Michelstadt hat ein berühmtes Theater.

1 Wohin fahren sie?

Hör zu! Lies die Texte. Welche Stadt besuchen sie?
Listen. Read the texts. Which town are they visiting?

Beispiel: 1 Michelstadt

2 Partnerarbeit

Mach ein Interview. Frag deinen Partner/deine Partnerin: Wo wohnst du? Was gibt es in deiner Stadt/deinem Dorf? Schreib die Antworten auf.
Do an interview. Ask your partner: where do you live? What is there in your town/village? Write down the answers.

Grammatik	
Man kann	spazierengehen
	ins Kino gehen
	ins Theater gehen
	schwimmen gehen
	einkaufen gehen
	einen Stadtbummel machen
	den Dom besichtigen
	gut essen

48 achtundvierzig

MEIN ZUHAUSE 4

3 Wohnst du gern in Hennef?

Hör zu! Wohnen diese Leute gern in Hennef? Füll die Tabelle aus.
Listen. Do these people like living in Hennef? Fill in the table.

	Gern	Nicht gern	Warum?
1			
2			
3			
4			
5			
6			

Infobox

Ich wohne gern in Hennef.

Ich wohne nicht gern in Hennef.

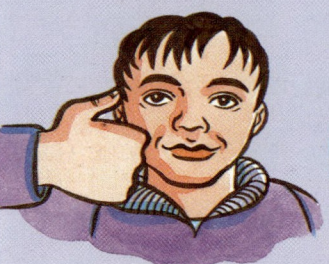

Ich habe viele Freunde hier.
Es gibt viel zu tun.
Man kann gut einkaufen gehen.

Es ist zu ruhig.
Es gibt nichts zu tun.
Es ist langweilig.

4

Wohnst du gern in deiner Stadt/deinem Dorf? Warum? Schreib deine Antwort auf.
Do you like living in your town/village? Why? Write down your answer.

5 Die Touristen kommen …

Zeichne und beschrifte ein Poster für deutsche Touristen, die deine Stadt/dein Dorf besuchen.
Draw and label a poster for German tourists visiting your town/village.

Hallo!

Vielen Dank für Deinen letzten Brief. Wie geht's Dir und Deiner Familie? Mir geht's gut. Ich wohne in <u>einem Einfamilienhaus</u> in <u>Hamburg</u>. Mein Haus hat <u>sieben</u> Zimmer; <u>drei</u> Schlafzimmer, <u>ein</u> <u>Badezimmer, ein Wohnzimmer, ein</u> <u>Eßzimmer und eine Küche</u>. Mein Haus ist <u>ziemlich groß</u>.

<u>Hamburg</u> ist <u>eine große Stadt in</u> <u>Norddeutschland</u>. Es gibt <u>viele</u> <u>Geschäfte, viele Kneipen, ein</u> <u>Rathaus, einen Dom und viele</u> <u>Sportmöglichkeiten</u>. Man kann <u>schwimmen gehen, spazierengehen,</u> <u>einkaufen gehen</u>. Ich wohne <u>sehr gern</u> in <u>Hamburg</u>. Es gibt <u>viel</u> zu tun.

Schreib bald wieder.

<u>Dein Hans</u>

6 Ein Brief von Hans

Hans hat dir diesen Brief geschickt. Schreib eine Antwort. Ersetze die unterstrichenen Details mit Informationen über deinen Wohnort.
Hans has written you this letter. Write an answer. Replace the underlined details with information about where you live.

neunundvierzig 49

Mit dem Zug fahren

ZUGFAHRPLAN

ABFAHRTEN

Abfahrtszeit	Zugnummer	Richtung	Ankunftszeit	Gleis
11.05	D 423	Dortmund	13.34	4
11.13	D 265	Berlin	16.35	3
11.23	IC 517	München	17.15	6
11.31	E 1427	Flensburg	12.25	8
11.42	TEE 15	Paris	23.21	7
11.55	D 574	Köln	14.43	2
11.59	D 752	Stuttgart	17.44	6

1 Am Bahnhof

Hör zu! Sieh dir den Zugfahrplan an. Wohin fahren die Züge?
Listen. Look at the timetable. Where are the trains going to?

2 An der Auskunft

Hör zu! Wohin fahren sie? Wann sind die Abfahrts- und die Ankunftszeiten? Von welchem Gleis fährt der Zug ab? Füll die Tabelle aus.
Listen. Where are they going? When are the departure and arrival times? Which platform does the train leave from? Fill in the table.

	Richtung	Abfahrt	Ankunft	Gleis
1				
2				
3				
4				
5				

3

Bring diese Unterhaltung in die richtige Reihenfolge. Schreib sie auf.
Put this conversation in the correct order? Write it down.

a Wann fährt der nächste Zug nach Köln?
b Wann kommt er in Köln an?
c Gleis fünf.
d Um dreizehn Uhr zwanzig.
e Von welchem Gleis fährt der Zug ab?
f Um elf Uhr fünfundzwanzig.

4 Partnerarbeit

Du möchtest nach Dortmund fahren. Frag deinen Partner/deine Partnerin nach Auskunft.
You want to go to Dortmund. Ask your partner for details.

Fragen: Wann fährt der nächste Zug nach ...?
Wann kommt er in ... an?
Von welchem Gleis fährt der Zug ab?

Jetzt erfinde andere Dialoge.
Now make up other dialogues.

50 fünfzig

MEIN ZUHAUSE 4

5 Am Schalter

Hör zu! Diese Leute kaufen Fahrkarten. Füll die Tabelle aus.
Listen. These people are buying tickets. Fill in the table.

	Richtung?	Einfach oder hin und zurück?	Wieviele Fahrkarten?	Umsteigen?	Zuschlag?
1					
2					
3					
4					
5					

Infobox

- Einmal nach Hamburg.
- Zweimal nach Berlin. 
- Einfach. 
- Hin und zurück. 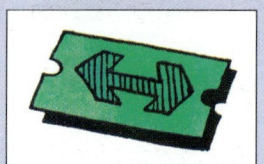
- Muß ich umsteigen? 
- Muß ich einen Zuschlag bezahlen? 

6 Partnerarbeit

Erfinde Dialoge mit deinem Partner/deiner Partnerin.
Make up dialogues with your partner.

Beispiel:
1 **A:** Einmal nach Hamburg.
 B: Einfach oder hin und zurück?
 A: Hin und zurück.
 B: Das kostet 125 Mark, bitte.
 A: Muß ich umsteigen?
 B: Nein. Der Zug fährt durch.

1 – [Hamburg].
 – [→] oder [←]?   
 – [←]
 – DM 125. 
 – [🚂→🚂]?
 – Nein. Der Zug fährt durch.

2 – [Berlin]. 
 – [←]?
 – Nein, [→]. 
 – DM 89.
 – [+DM]? 
 – Nein.

3 – [Frankfurt]. 
 – [→]?
 – Nein, [←].  
 – [🚂→🚂]?
 – Ja, Sie müssen in Stuttgart umsteigen. 
 – [+DM]?
 – Ja, DM 10 pro Person.

einundfünfzig 51

Wo ist der Bahnhof?

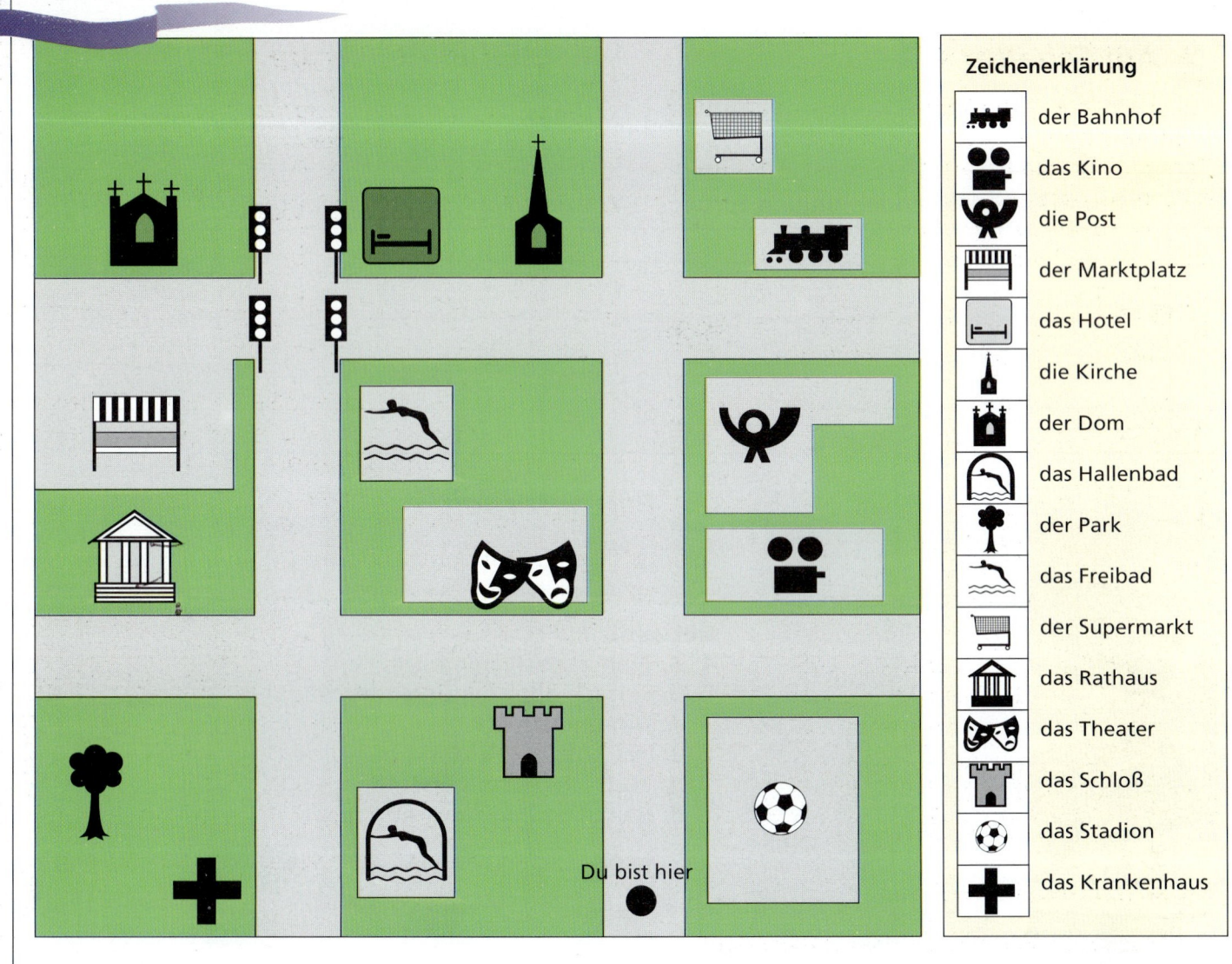

Zeichenerklärung

- der Bahnhof
- das Kino
- die Post
- der Marktplatz
- das Hotel
- die Kirche
- der Dom
- das Hallenbad
- der Park
- das Freibad
- der Supermarkt
- das Rathaus
- das Theater
- das Schloß
- das Stadion
- das Krankenhaus

Du bist hier

1 Nach dem Weg fragen

Hör zu! Welche Frage stellen sie? Wo wollen sie hin? Füll die Tabelle aus.
Listen. Which question do they ask? Where do they want to go? Fill in the table.

Beispiel: 1 Wie komme ich ...?/Bahnhof

	Wo ist ...?	Wie komme ich ...?	Ort
1			
2			
3			
4			
5			
6			

2 Wo wollen sie hin?

Hör zu! Schau den Stadtplan oben an. Wo wollen diese Leute hin?
Listen. Look at the town plan above. Where do these people want to go?

Grammatik

Wie komme ich	zum Bahnhof?
	zum Marktplatz?
	zum Park?
	zum Kino?
	zum Freibad?
	zum Rathaus?
	zur Post?
	zur Kirche?

52 zweiundfünfzig

MEIN ZUHAUSE 4

3 Partnerarbeit

Frag deinen Partner/deine Partnerin: Wie komme ich am besten zum/zur ...?
Benutze den Stadtplan. Schreib die Fragen und die Antworten auf.
Ask your partner: which is the best way to ...? Use the town plan. Write down the questions and answers.

1 2 3 4

Infobox	
Gehen Sie Geh	links rechts geradeaus links an der Ampel rechts an der Kreuzung
Nehmen Sie Nimm	die erste Straße links die nächste Straße links die zweite Straße rechts
Der Dom ist auf der rechten Seite Die Post ist auf der linken Seite	

4 Partnerarbeit

Gib Auskunft. Benutze den Stadtplan. Dein Partner/deine Partnerin muß dein Ziel herausbekommen.
Give directions. Use the town plan. Your partner must work out your destination.

Beispiel: Geh geradeaus. Nimm die erste Straße links. Mein Ziel ist auf der rechten Seite.

5 Ist es weit?

Hör zu! Wie weit ist es?
Listen. How far is it?

Beispiel: 1 Zwei Minuten zu Fuß.

6 Wohin gehen sie?

Hör zu! Füll die Tabelle auf englisch aus!
Listen. Fill in the table in English.

Destination	Directions	Distance/time needed

7

Benutze den Stadtplan auf Seite 52. Du wohnst neben dem Hallenbad. Schreib für deinen Gast auf, wie man zum Bahnhof kommt.
Use the town plan on page 52. You live next to the indoor swimming pool. Write down how to get to the station for a visitor.

Grammatik		
Das Rathaus ist	neben	dem Marktplatz
Die Schule ist	hinter	dem Hotel
Der Park ist	vor	der Kirche
Das Kino ist	gegenüber	dem Stadion
Der Bahnhof ist	zwischen	dem Dom und dem Schloß

8

Schreib auf, wo wichtige Orte in der Stadt sind. Benutze den Stadtplan auf Seite 52.
Write down where important places in the town are. Use the town plan on page 52.

Beispiel: Das Rathaus ist neben dem Marktplatz.

Wie komme ich zum Rathaus?

Entschuldigen Sie. Ich bin hier fremd.

Das Leben anderswo

Guten Tag! Ich heiße Markus. Ich wohne in Wien. Wien ist die Hauptstadt Österreichs. Ich besuche ein Gymnasium in der Stadtmitte. Ich muß mit der Straßenbahn zur Schule fahren. Es dauert eine halbe Stunde. Meine Eltern arbeiten auch in der Stadt. Wir wohnen in einer Wohnung. In der Schule lerne ich Englisch, Französisch und Latein.

Grüß Gott. Mein Name ist Jörg. Ich komme aus der Schweiz. Ich wohne in Zürich. Zürich ist eine Großstadt. Mein Vater arbeitet in einer Bank. Meine Mutter ist Hausfrau. Wir wohnen in einer Wohnung. Ich gehe auf eine Hauptschule. Ich fahre mit dem Rad zur Schule. Ich kann Französisch, Englisch und Deutsch sprechen und ich lerne Italienisch in der Schule.

Tag! Ich heiße Mehmet. Ich komme aus der Türkei. Ich wohne in Istanbul. Mein Vater arbeitet in einer Fabrik. Wir haben eine kleine Wohnung in der Stadtmitte. Ich gehe mit meinen zwei Brüdern zu Fuß zur Schule. Ich lerne Deutsch in der Schule. Mein Onkel wohnt in Deutschland. Mein Vater möchte in Deutschland arbeiten, um mehr Geld zu verdienen.

1

Lies die Briefe. Jetzt trag diese Tabelle in dein Heft ein und füll sie aus.
Read the letters. Now copy this table into your exercise book and fill it in.

Name	Wohnort	Schule	Haus	Eltern	Fremdsprachen
Markus					
Jörg					
Mehmet					

2 Vier Mädchen

Hör zu! Diese vier Mädchen stellen sich vor. Trag diese Tabelle in dein Heft ein und füll sie aus.
Listen. These four girls are introducing themselves. Copy this table into your exercise book and fill it in.

	Name	Schule	Familie	Haus	Fremdsprachen
1					
2					
3					
4					

MEIN ZUHAUSE 4

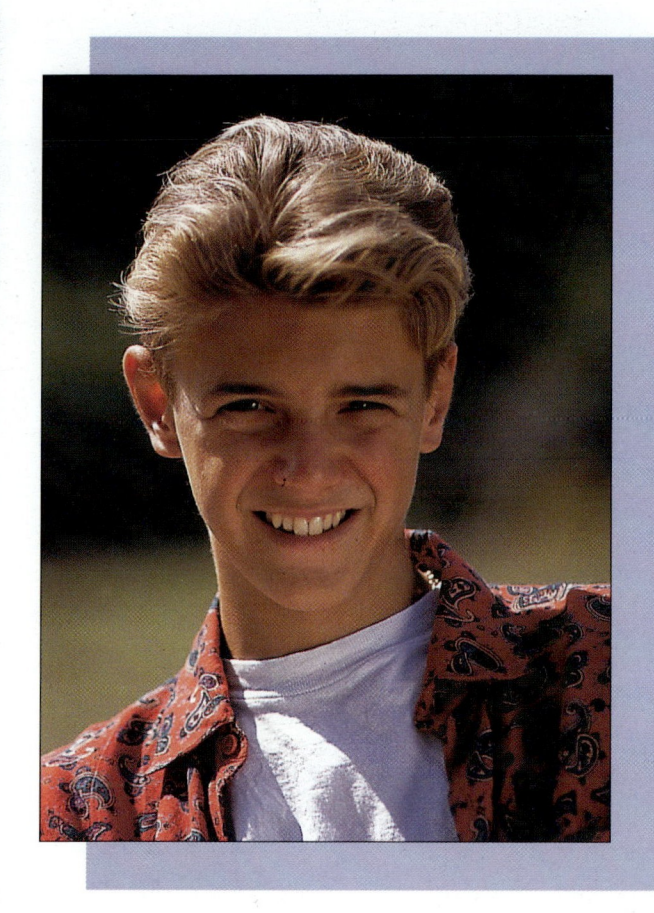

> Hallo!
> Vielen Dank für Deinen letzten Brief. Wie geht's Dir und Deiner Familie? Mir geht's prima. In Deinem Brief hast Du das Leben in Frankfurt beschrieben. Mein Alltagsleben sieht so aus.
>
> Ich wohne in Manchester. Manchester ist eine große Stadt in Nordengland. Ich besuche eine Gesamtschule. Ich fahre mit dem Bus zur Schule. In der Schule lerne ich Französisch und Deutsch. Ich lerne gern Deutsch, aber ich kann Französisch nicht leiden. Unser Haus ist ein kleines Doppelhaus. Es hat drei Schlafzimmer. Mein Vater ist Geschäftsmann, und meine Mutter ist Verkäuferin in einem Supermarkt.
> Schreib bald wieder.
> Dein Wayne

3

Lies den Brief. Wie sagt man das auf deutsch?
Read the letter. Find the German for the following.

1 my everyday life
2 I go to a comprehensive school.
3 I can't stand French.
4 businessman
5 shop assistant

4

Schreib einige Sätze über dein Alltagsleben. Ergänze diese Sätze.
Write some sentences about your everyday life. Complete these sentences.

1 Ich wohne in …
2 Ich gehe/fahre … zur Schule.
3 Ich lerne … in der Schule.
4 Mein Haus ist ein …
5 Mein Vater ist …
6 Meine Mutter ist …

5

Schreib einen Brief an einen deutschen Freund/eine deutsche Freundin.
Write a letter to a German friend.

- Beschreib die Stadt, wo du wohnst.
- Erkläre, wie du zur Schule fährst.
- Sag, welche Fremdsprachen du sprichst.
- Beschreib dein Haus/deine Wohnung.
- Sag, was deine Eltern von Beruf sind.

fünfundfünfzig 55

Wo spricht man Deutsch?

(Map with labels: Kanada, USA (die Vereinigten Staaten), Mexiko, Brasilien, Argentinien, Großbritannien, die Niederlande, Belgien, Frankreich, Spanien, Portugal, Deutschland, Österreich, die Schweiz, Italien, die Türkei, Ägypten, Rußland, China, Japan, Australien)

Die 10 populärsten Sprachen der Welt:	**Von ??? Millionen Leuten gesprochen?**
Spanisch Russisch Englisch Deutsch	1 000 350 210 145 130 115
Französisch Japanisch Arabisch Italienisch	110 105 90 60
Chinesisch Portugiesisch	

1

Rate wie viele Leute jede Sprache sprechen. Schreib eine Liste.
Guess how many people speak each language. Write a list.

56   sechsundfünfzig

MEIN ZUHAUSE 4

2 Wie viele Leute sprechen welche Sprache?

Hör zu! Hast du recht gehabt?
Listen. Were you right?

3

Wo spricht man diese Sprachen? Was paßt zusammen?
Where are these languages spoken? What matches up?

Beispiel: In Kanada spricht man Französisch und Englisch.

In Kanada

In Brasilien und in Portugal

In Argentinien und in Mexiko

In der Schweiz

In Liechtenstein und in Österreich

In den Vereinigten Staaten und in Australien

spricht man Spanisch

spricht man Englisch

spricht man Deutsch

spricht man Portugiesisch

spricht man Französisch und Englisch

spricht man Italienisch, Deutsch und Französisch

4 Was für Fremdsprachen lernen wir?

Hör zu! Welche Sprachen sprechen sie? Füll die Tabelle aus.
Listen. Which languages do they speak? Fill in the table.

	Muttersprache	Fremdsprachen
1		
2		
3		
4		
5		

Jetzt kann ich

I can:

- describe my house, my room and the place where I live
- talk about activities at home
- describe my home town/village and give an opinion
- understand the 24-hour clock
- deal with rail travel
- ask for and understand directions in the street

I know about:

- how people in other German-speaking countries live
- which languages other people speak and which languages they learn

siebenundfünfzig 57

5 LESEN, FERNSEHEN UND MUSIK

Was liest du gern?

1 Was ich gern lese

Hör zu! Wer spricht? Welches Foto paßt zu welcher Person?
Listen. Who is speaking? Which photo matches which person?

2

Kopiere die Sätze und füll die Lücken mit den Wörtern unten rechts aus.
Copy the sentences and fill in the gaps with the words on the right below.

Norbert sagt:

1 Ich lese gern _____, besonders etwas _____.

2 Ich habe neulich ein _____ über _____ gelesen.

Heinrich sagt:

3 Am liebsten lese ich _____ über mein _____.

4 In der Zeitung lese ich zuerst die _____ über _____.

Beate sagt:

5 Ich schwärme für _____, besonders _____ Abenteuerromane.

6 Jede Woche kaufe ich mir eine _____, zum Beispiel „Bravo". Ich liebe die _____.

Buch   Romane   Horoskope   Artikel
romantische   Comics   Sport
Umweltverschmutzung   Zeitschriften
Gruseliges   Hobby   Zeitschrift

3 Was ich gern lese

Hör noch einmal zu! Sind die Sätze unten richtig oder falsch?
Listen again. Are the sentences below true or false?

1 Norbert liest im Moment einen Horrorcomic.
2 Norbert hat neulich einen Horrorcomic gelesen.
3 Heinrich liest gern Zeitschriften über Angeln.
4 Heinrich hat diese Woche eine Zeitschrift über Angeln gelesen.
5 Beate liest im Moment eine Liebesgeschichte.
6 Beate hat neulich eine Liebesgeschichte gelesen.

Präsens oder Perfekt? Mach zwei Listen.
Present or past? Make two lists.

Vokabeln

gruselig	*gruesome/horrific*
neulich	*recently*
die Umweltverschmutzung	*pollution*
der Artikel (–)	*article*
der Abenteuerroman	*adventure novel*
Es handelt sich um …	*It is about …*
der Leserbrief (-e)	*reader's letter*

58 achtundfünfzig

LESEN, FERNSEHEN UND MUSIK   5

4

Was lesen diese Leute gern? Wie sagen sie das?
What do these people like reading? How do they say it?

Beispiel: 2 c Ich lese gern Comics.
  I like reading comics.

1 Gruselromane
2 Comics
3 Liebesgeschichten
4 historische Romane

5 *Partnerarbeit/Gruppenarbeit*

Mach einen Interview mit deinem Partner/ deiner Partnerin oder eine Umfrage in der Klasse.
Do an interview with your partner or a class survey.

Fragen: Was liest du am liebsten?
  Wie oft liest du?
  Wann liest du normalerweise?
  Wo liest du?
  Was hast du zuletzt gelesen?

6

Lies den Brief und füll die Lücken in den Sätzen unten aus.
Read the letter and fill in the gaps in the sentences below.

> Liebe Tracy,
>
> Danke für Deinen Brief über Preston. Wir haben vor kurzem etwas über Preston im Erdkundeunterricht gelesen. Ich lese eigentlich ganz schön viel, meistens über andere Länder. Ich kaufe mir auch wöchentlich eine Zeitschrift über Popmusik und Mode. Neulich habe ich auch einen Abenteuerroman gelesen. Es hat sich um Spione in Südamerika gehandelt. Ich habe ihn ganz spannend gefunden. Ich lese nachmittags, und auch abends im Bett. Ich habe keinen Fernseher in meinem Zimmer. Und Du, Tracy? Schreib mir, was Du am liebsten liest.
>
> Bis bald,
>
> Deine Ute

Ute schreibt:
1 Ich habe im _____ über Preston gelesen.
2 Ich lese ganz schön viel, meistens über _____ _____ .
3 Ich kaufe mir jede Woche eine _____ über _____ .
4 Neulich habe ich einen _____ über _____ in Südamerika gelesen.
5 Ich habe ihn _____ gefunden.
6 Ich lese gern im _____ , weil ich keinen _____ in meinem Zimmer habe.

7

Schreib eine Antwort auf den Brief.
Write a reply to the letter.

Infobox					
Ich lese gern	Liebesgeschichten Gruselromane Zeitschriften		Ich finde es	spannend interessant gruselig	
Ich lese gern	Artikel über	Sport Musik Mode	Ich habe es	langweilig schwierig	gefunden

neunundfünfzig 59

Fernsehen

Robbi
Ach, eigentlich ist das Fernsehen nicht so übel.
Wenn ich gucke, dann sowieso nur Spielfilme. Meist laufen sie ja sehr spät, dann nehme ich sie mit dem Videorecorder auf. Besonders Krimis. Ich esse auch manchmal dabei, manchmal gucke ich auch mit Freunden zusammen. Es gibt Tage, da schaue ich kaum oder gar nicht. Aber wenn es viele Spielfilme gibt, dann sitze ich auch schon mal den ganzen Tag vor der Glotze.

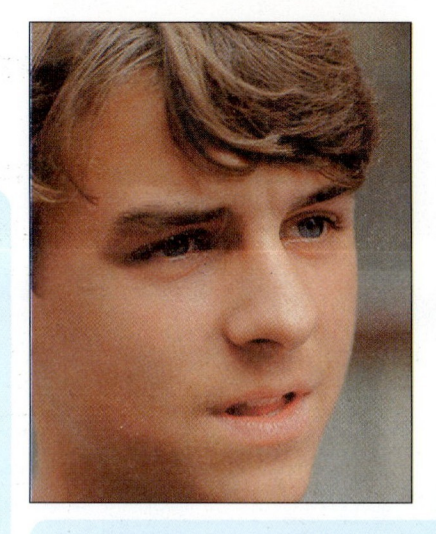

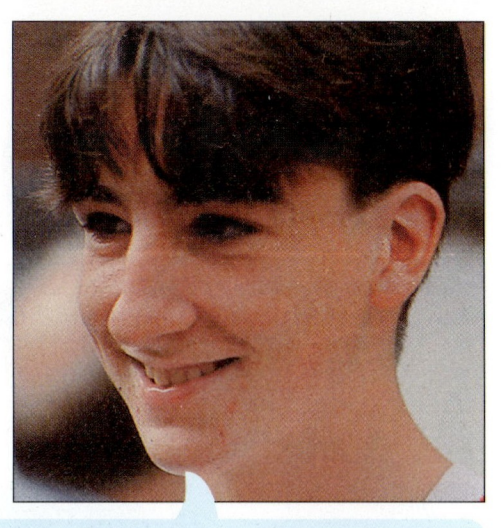

Thorsten und Christian
Fernsehen ist OK! Wir schauen solange, bis es nichts Gutes mehr gibt. Abends meistens. Zwei Stunden am Tag. Spielfilme schauen wir uns lieber im Fernsehen an. Das kostet nichts.

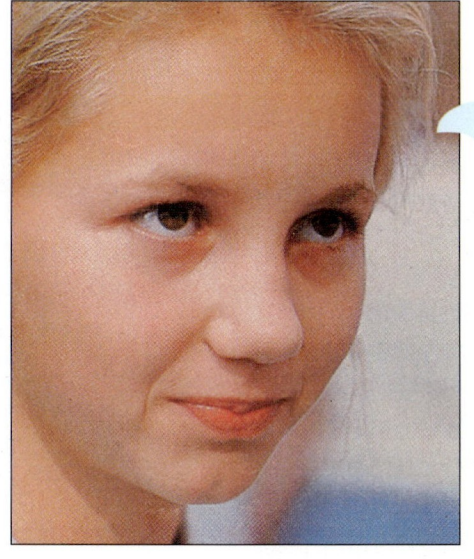

Anabelle
Ich bin mit dem Fernsehprogramm eigentlich ganz zufrieden. Die Filme sind alle in Deutsch synchronisiert. Filme mit Untertiteln mag ich nicht. Wenn ich Fernsehen gucke, dann meistens abends einen Film. Wenn es etwas Gutes im Nachmittagsprogramm gibt, dann auch schon mal dort. Ätzend ist Sport. Nachrichten – na ja.

1

Wie sagt man das auf deutsch?
Find the German for the following.

1 We watch until there's nothing good on any more.
2 I'm quite content with what's on the television.
3 The films are all dubbed. I don't like films with subtitles.
4 Mostly they're on late, so then I record them on the video.
5 If there are lots of films on, I sometimes sit all day in front of the box.
6 There are some days when I watch hardly anything, or nothing.

Vokabeln

fernsehen/ferngucken (*sep*)	to watch television
schauen	to watch
der Spielfilm (-e)	feature film
synchronisiert	dubbed
der Untertitel (–)	subtitle
ätzend	awful
nicht übel	not bad
aufnehmen (*sep*)	to record
der Krimi (-s)	detective story
die Glotze (*slang*)	'the box'

LESEN, FERNSEHEN UND MUSIK

2

Beantworte die folgenden Fragen auf deutsch.
Answer the following questions in German.

1. Wann schauen Thorsten und Christian fern?
2. Wie lange schauen sie jeden Tag fern?
3. Was mag Anabelle nicht?
4. Wie findet sie Sport?
5. Wie findet Robbi das Fernsehprogramm?
6. Wann sitzt er den ganzen Tag vor der Glotze?

3

Lies die Texte aus dem Fernsehprogramm unten. Welche Sendungen sind für die Leute auf Seite 60 gut geeignet?
Read the extracts from the TV guide below. Which programmes are most suited to the people on page 60?

15.45	Die Barbaren. Amerikanischer Spielfilm mit Synchronisierung. Es spielen Richard Lynch, Virginia Bryant u.a. Regie: Ruggero Deodato.
17.30	Ein Wind aus dem Osten. US-Spielfilm von 1940. Nostalgie aus Hollywood. Schwarzweiß. Regie: Leon Blumenthal.
18.50	Der große Mirandus. Ungarischer Spielfilm, 1985. Regie: Peter Gardos.
21.00	MacGyver. „Alte Freundschaften". Der Alleskönner MacGyver (Richard Dean Anderson) kümmert sich um Kriminelle in einer Nuklear-Fabrik.

4 Wie finden sie das Fernsehen?

Hör zu! Füll die Tabelle aus.
Listen. Fill in the table.

Name	Wie oft?	Mag?	Mag nicht?	Verbessertes Fernsehprogramm?
Helmut				
Anita				
Robert				

Vokabeln

der Quatsch	nonsense
eine aktuelle Sendung	current-affairs programme
die Nachrichten (*pl*)	news

5

Und du? Wie oft siehst du fern? Wie findest du das Fernsehen? Lies die Texte auf Seite 60 noch einmal und schreib einen kurzen Bericht.
And what about you? How often do you watch TV? What do you think about TV? Read the texts on page 60 again and write a short account.

Infobox

Ich sehe / Ich schaue	eine Stunde am Tag / zwei Stunden in der Woche	fern
Ich mag (keine) Sendungen über	Mode/die Natur/die Umwelt/Musik/Sport/Politik	
Ich mag	Serien/Quizsendungen/Dokumentarsendungen/ Spielfilme/Komödien/Krimis/Westerns/ Science-Fiction/Talk-Shows	nicht
Ich finde das Fernsehprogramm	gut/interessant blöd/dumm	
Es müßte mehr … geben Ich würde gern/lieber … sehen		

einundsechzig 61

Radio und Musik

a   b   c   d   e

1 Christel

Ich höre am liebsten Country und Western. Ich kaufe mir Kassetten und höre sie, während ich Auto fahre.

2 Gretel

Ich bin freischaffende Journalistin. Ich höre fast den ganzen Tag Radio, während ich meine Arbeit zu Hause mache. Meine Lieblingsmusik ist Folk, aber das kommt nicht viel im Radio.

3 Rudi

Ich höre ab und zu Radio, aber ich höre lieber CDs. Ich ziehe klassische Musik vor, und die Tonqualität ist einfach nicht so gut im Radio. Ich höre meine CDs abends zur Entspannung an.

4 Joachim

In der Schule spiele ich Trompete in einer Swingband. Ich schwärme für Jazz. Ich habe viele Kassetten und CDs gesammelt. Ich höre auch gern Jazzsendungen im Radio.

5 Günther

Kassetten von meinen Lieblingsgruppen höre ich ununterbrochen auf meinem Walkman, auch während ich meine Hausaufgaben mache. Ich kaufe mir auch Popmusik auf CD und höre jede Woche die Hitparade im Radio.

1

Wer hört was? Welches Bild paßt zu welcher Person?
Who listens to what? Which picture matches which person?

Beispiel: 1 d

Vokabeln	
freischaffend	freelance
die Tonqualität	sound quality
die Entspannung	relaxation
sammeln	to collect

2

Du bist in Deutschland mit dem Schulorchester. Dein Musiklehrer kann kein Deutsch. Beantworte die folgenden Fragen für ihn auf englisch.
You are in Germany with the school orchestra. Your music teacher doesn't understand German. Answer the following questions for him in English.

1. *What kind of music does Christel prefer and when does she listen to it?*
2. *Why does Gretel listen to the radio so much and what's her favourite music?*
3. *How does Rudi prefer to listen to music and why?*
4. *How has Joachim developed his interest in jazz?*
5. *What is Günther's taste in music?*
6. *When does he listen and how?*

Grammatik

Ich höre Radio. + Ich mache die Hausarbeit.
= Ich höre Radio, **während** ich die Hausarbeit **mache**.

LESEN, FERNSEHEN UND MUSIK

3

Richtig oder falsch?
True or false?

1. Christel hört am liebsten Popmusik und kauft sich oft CDs.
2. Sie hört gern Musik, während sie die Hausarbeit macht.
3. Gretels Lieblingsmusik ist Folk.
4. Joachim schwärmt für klassische Musik.
5. Rudi hört lieber CDs als Musik im Radio.
6. Günther hört Musik, während er seine Hausaufgaben macht.

4 Wo und wann hört man Musik?

Hör zu! Wähl die richtige Antwort.
Listen. Choose the correct answer.

Beispiel: 1 a

1. Artur hört Musik meistens,
   a während er seine Hausaufgaben macht.
   b während er die Hausarbeit macht.
   c während er das Auto wäscht.
2. Artur hört gern Musik
   a auf seinem Walkman.
   b in seinem Zimmer.
   c auf dem Schulweg.
3. Frau Neumann hört viel Radio,
   a weil sie viel Auto fährt.
   b weil sie viel Freizeit hat.
   c weil sie ihren Job nicht gern hat.
4. Was sie wichtig findet, sind
   a die Nachrichten.
   b die Musiksendungen.
   c die Wettervorhersage und Verkehrsberichte.
5. Gina hört Musik meistens
   a auf ihrem Walkman.
   b auf CD.
   c im Radio.
6. Sie hört Kassetten, während
   a sie ihre Hausaufgaben macht.
   b sie in der Schule ist.
   c sie läuft.

5 Ein Brief von Andreas

Lies den Brief und schreib eine Antwort.
Read the letter and write a reply.

Du mußt sagen:
- wie viel du fernschaust, und wann.
- was du magst und nicht magst im Fernsehen und warum.
- wie das Fernsehprogramm besser sein könnte.
- was für Musik du am liebsten hörst.
- Sonstiges.

> Lieber David,
>
> Vielen Dank für Deinen Brief. Du hast gefragt, was ich mir gern im Fernsehen anschaue und was für Musik ich gern habe. Normalerweise sehe ich jeden Tag fern, meistens am Abend. Ich schaue mir am liebsten Spielfilme an, besonders Krimis und alles Gruselige. Ich sehe auch ab und zu Sendungen über die Natur und die Umwelt. Wir haben gerade einen neuen Kabelanschluß bekommen, also jetzt kann ich auch MTV sehen. Ich finde das toll.
>
> Ich höre sehr gern Popmusik. Ich kaufe mir oft Kassetten und CDs und höre Musik, während ich meine Hausaufgaben in meinem Zimmer mache. Was siehst Du gern im Fernsehen? Und was für Musik hörst Du gern? Schreib bald.
>
> Dein Andreas

Jetzt, wo wir den teueren Kabelanschluß haben, fängst du zu lesen an.

Vokabeln

die Wettervorhersage (-n)	weather forecast
der Verkehrsbericht (-e)	traffic report
das Schlagzeug	drums
der Kabelanschluß	cable TV

dreiundsechzig 63

Das Wetter

Das Wetter am 16. August

Heiter

- **Wetterlage**

Ein Hoch aus dem Westen bestimmt das Wetter.

- **So wird es heute**

Überwiegend heiter und niederschlagsfrei. Die Temperaturen steigen bis 24 Grad, nachts 14 bis 11 Grad. Schwacher Wind aus östlicher Richtung.

- **Weitere Aussichten**

Morgen zunehmend wolkig und besonders nachmittags Schauer. Temperaturen bei 23, nachts bei 14 Grad. Wind mäßig, aus dem Südwesten.

- **Die Sonne**

Aufgang: 6.10 Uhr
Untergang: 20.47 Uhr

- **Der Mond**

Aufgang: 17.18 Uhr
Untergang: 0.50 Uhr

sonnig · heiter · wolkig · bedeckt · Schauer · Regen · Gewitter · Nebel · Schnee

1 Das Wetter am 16. August

Lies den Wetterbericht. Falsch oder richtig?
Read the weather report. True or false?

1. Am 16. August war es wolkig.
2. Es hat ein bißchen geregnet.
3. Es war ganz warm.
4. Es war sehr sonnig.
5. Es gab einen Wind aus dem Osten.
6. Die Sonne ist um 20.37 Uhr untergegangen.

2

Füll die Lücken mit den Wörtern unten aus.
Fill in the gaps with the words below.

Am 16. August war das Wetter _____, und es hat gar nicht _____. Es war nur ein bißchen _____. Die Temperatur war um 24 _____, und es gab einen schwachen _____ aus dem Osten. Am nächsten Tag war es zunehmend _____, und am Nachmittag gab es _____. Der Wind war _____ und kam aus dem _____.

Grad · Schauer · mäßig · wolkig · geregnet · wolkig · Wind · heiter · Südwesten

Vokabeln

überwiegend	generally
niederschlagsfrei	dry
zunehmend	increasingly
mäßig	moderate

3 Partnerarbeit

Wie war das Wetter in Europa? Benutze die Wetterkarte. Wähl einen Ort und beschreib das Wetter. Dein Partner/deine Partnerin muß raten, wo du warst.
What was the weather like in Europe? Use the weather map. Choose a place and describe the weather. Your partner must guess where you were.

Beispiel:
A: Wie war das Wetter?
B: Die Temperatur war um 19 Grad, und es gab Schauer.
A: Du warst in Moskau.
A: Richtig.

64 vierundsechzig

LESEN, FERNSEHEN UND MUSIK

4

Lies den Text. Kannst du die Wettervorhersage auf englisch kurz beschreiben?
Read the text. Can you give a short description of the weather forecast in English?

FRANKFURT A. M., 17. April (FR)

IM SÜDEN: Wolkiges Wetter mit warmer Luft und sonnigen Abschnitten, sagt das Wetteramt voraus. Es soll weitgehend niederschlagsfrei bleiben. Die Höchsttemperaturen liegen zwischen 12 und 16 Grad. Weitere Aussichten: wärmer und sonniger.

IM NORDEN: Zunächst wechselnd wolkig und vereinzelt Schauer. Gegen Mittag wolkiger und danach länger andauernder Regen. Höchstwerte 9 bis 12 Grad, nachts um 6 Grad. Starker bis stürmischer Südwestwind. Weitere Aussichten: wechselhaft.

5 Und jetzt die Wettervorhersage

Hör zu! Richtig oder falsch? Kopiere die Sätze und korrigiere die falschen.
Listen. True or false? Copy the sentences and correct the false ones.

A
1 Das ist die Wettervorhersage für den 28. Februar.
2 Frühmorgens gibt es Nebel.
3 Später am Nachmittag wird es heiter.
4 Am Wochenende wird es wärmer.

B
1 Heute bleibt es sonnig.
2 Höchsttemperaturen erreichen 16 Grad.
3 Frühabends gibt es vielleicht Gewitter.
4 Am Wochenende bleibt es warm.

6 Eine Ansichtskarte

Lies die Ansichtskarte von Phillip. Schreib deine eigene Ansichtskarte. Sag wie das Wetter war und wie es werden soll.
Read the postcard from Phillip. Write your own postcard. Say what the weather has been like and what it is going to be like.

Lieber Fritz,
wir sind schon eine Woche hier in Bognor. Am Montag und Dienstag war das Wetter regnerisch. Wir haben also Tischtennis und Squash im Hotel gespielt. Aber gestern war es sonnig und warm. Wir waren den ganzen Tag am Strand. Toll! Heute und morgen soll es auch schönes Wetter geben. Wir gehen schwimmen und machen Windsurfing.
Bis bald,
Dein Phillip

Vokabeln

vereinzelt	*isolated*
das Gewitter (–)	*thunderstorm*
die Aussicht (en)	*prospect*
wechselhaft	*changeable*
die Temperatur	*temperature*
die Aufheiterung	*bright period*
wolkig	*cloudy*

Infobox

Das Wetter ist/war	heiß/warm/kalt/kühl/wolkig bewölkt/wolkenlos/bedeckt trüb/sonnig/heiter/regnerisch naß/wechselhaft
Es gibt/gab	Sonne/Regen/Schauer Schnee/Nebel/Hagel/Gewitter einen (starken/mäßigen/leichten) Wind aus dem Norden/Osten/Westen/ Süden/Nordosten/Südwesten
Die Temperatur war um … Grad	

fünfundsechzig 65

Horoskope und Probleme

IHR HOROSKOP

WIDDER (21.3. – 20.4.)
Sie sind nervös. Vorsicht! Sie werden vielleicht krank. Keinen Sport treiben. Eine gute Zeit fürs Zusammensein mit anderen.

STIER (21.4. – 20.5.)
Sie haben Glück mit Geld und beruflich gute Chancen. Sie sind aber etwas zu faul. Geben Sie sich mehr Mühe.

ZWILLINGE (21.5. – 21.6.)
Eine gute Woche für den Beruf. Sie müssen offen mit den Kollegen sein.

KREBS (22.6. – 22.7.)
Eine gute Woche für Familie und Partys! Sie werden neue Freunde kennenlernen!

LÖWE (23.7. – 23.8.)
Sie haben nicht genug Geld! Sparen, nicht ausgeben! Mit Ihren Freunden kommen Sie gut aus.

JUNGFRAU (24.8. – 23.9.)
Sie sind unfreundlich und schlecht gelaunt. Auch müde. Lieber allein bleiben und sich entspannen.

WAAGE (24.9. – 23.10.)
Glücksspiel-Gewinne sind denkbar! Sie haben Verständnis für die Probleme anderer Menschen.

SKORPION (24.10. – 22.11.)
Eine schlechte Woche. Seien Sie vorsichtig! Mit älteren Leuten diplomatisch umgehen.

SCHÜTZE (23.11. – 21.12.)
Ihre Woche ist hektisch, aber Kontakte und Freundschaften stehen unter einem glücklichen Stern.

STEINBOCK (22.12. – 20.1.)
Im Beruf mit ihrem Chef diplomatisch umgehen! Er kann Ihnen eine große Hilfe sein.

WASSERMANN (21.1. – 20.2.)
Achten Sie auf Ihre Gesundheit. Sie haben Erfolg im Beruf.

FISCHE (21.2. – 20.3.)
Jetzt müssen Sie fleißig arbeiten. Erfolg in Sport ist möglich.

1

Ordne die folgenden Leute einem Sternzeichen zu.
Match the following people to a star sign.

Beispiel: 1 Fische

1 Ich soll Fußball für die Schulmannschaft spielen.
2 Ich soll meine Großeltern besuchen und auf Georgs Party gehen.
3 Ich soll zu Hause bleiben und fernsehen.
4 Ich soll Lotto spielen.
5 Ich soll freundlich zu meinem Chef sein.
6 Ich soll zum Arzt gehen.

Grammatik

Ich soll	kein Geld sparen
Du sollst	freundlich zu anderen sein
Er/sie soll	keinen Sport treiben

Vokabeln

vorsichtig	careful
beruflich	concerned with work/career
sich entspannen	to relax
das Glücksspiel (-e)	gambling
denkbar	possible
das Verständnis	understanding
der Erfolg (-e)	success

2

Lies die Horoskope noch einmal. Welches Sternzeichen ist das?
Read the horoscopes again. Which star sign is it?

1 *Try to be nice to your grandparents.*
2 *Be honest with colleagues.*
3 *Don't take any risks with your health.*
4 *Go out with your friends but avoid sporting activities.*

LESEN, FERNSEHEN UND MUSIK

1
Liebe Sarah!
Meine Freundin Katja hat sich total in unseren Biologielehrer verliebt. Der weiß das natürlich nicht. Das wird jetzt ernst bei Katja. Sie schwänzt sogar Stunden, damit sie ihn durchs Laborfenster beobachten kann. Sie macht sich lächerlich. Was soll ich als ihre Freundin machen?
Maria P. (Leipzig)

Sarah schreibt: Es ist manchmal schwer, eine gute Freundin zu sein! Als echte Freundin sollst Du Katja sagen, daß sie sich lächerlich macht. Am Ende wird sie Dir dankbar sein.

2
Liebe Sarah,
ich habe ein Problem mit meinen Eltern. Sie erlauben mir nur einmal im Monat mit meinen Freunden auszugehen, obwohl ich schon 15 bin. Alle meine Freunde gehen mindestens einmal pro Woche aus. Mein Vater sagt, ich muß studieren und mich sinnvoll zu Hause beschäftigen. Das finde ich unfair. Was soll ich tun?
Markus H. (Wien)

Sarah schreibt: Tja, Markus, einmal im Monat ist wirklich nicht so oft, aber schließlich haben Deine Eltern vielleicht recht. Du sollst studieren. Später wirst Du einsehen, daß Deine Eltern sich nur um Dich kümmern. Vielleicht darfst Du nächstes Jahr zweimal im Monat ausgehen!

3
Lies die Briefe. Wie sagt man das auf deutsch?
Read the letters. Find the German for the following.

1 *It's now becoming serious.*
2 *What should I do as her friend?*
3 *She's making herself look stupid.*
4 *I think it's unfair.*
5 *They only let me go out once a month.*
6 *I have a problem with my parents.*

4 Problemspot im Radio
Hör zu! Kopiere die Sätze und füll die Lücken aus.
Listen. Copy the sentences and fill in the gaps.

Angelika
1 Angelika ruft wegen ihrer _____ an.
2 Sie darf nur ein paar Mal pro _____ fortgehen.

Dieter
1 Dieter darf eine oder zwei _____ Fernsehen am _____ gucken.
2 Seine Freunde in der Schule finden das _____ .

Detlef
1 Detlef ruft wegen seines _____ an.
2 Detlefs Freund hat Probleme in der _____ .

5
Schreib einen kurzen Brief über ein Problem.
Write a short letter about a problem.

Vorschläge (suggestions):
1 Du darfst im Fernsehen nicht anschauen, was du willst.
2 Du darfst nicht mit deinen Freunden ausgehen.
3 Du hast dich in einen Jungen/ein Mädchen verliebt. Er/sie ist aber an dich nicht interessiert.
4 Deine Mutter sagt, du darfst kein Mofa kaufen.

siebenundsechzig

Zeitungsartikel und Unfälle

1

Lies diese Zeitungsartikel und die englischen Beschreibungen unten. Was paßt zusammen?
Read these newspaper articles and the English descriptions below. What matches up?

a Siebtes Drogenopfer

MÜNSTER. Schon das siebte Drogenopfer des Jahres in Münster: Auf einer öffentlichen Toilette fand die Polizei einen 19jährigen Student. Er starb höchstwahrscheinlich an einer Überdosis Heroin.

b Bäcker überfallen

VIERNHEIM. Weiterhin hat die Polizei keine Spur von den drei Männern, die am Wochenende einen 32jährigen Bäcker in Viernheim überfallen haben. Die Männer hatten ihn mit Tränengas besprüht und gefesselt. Aus dem Tresor erbeuteten sie 40.000 Mark.

c Erdrosselt: Sechs Tote im Privatclub

MANNHEIM. In einem Mannheimer Privatclub hat die Polizei gestern sechs Leichen entdeckt. Der Mann und die fünf Frauen wurden nach der Polizei bereits in der Nacht zum Samstag von mehreren Tätern erdrosselt. Die Hintergründe der Bluttat sind noch unklar. Ein anonymer Anrufer hatte sich gegen Mittag über den Notruf der Polizei gemeldet.

1 A drugs-related death.
2 A multiple murder.
3 A robbery.

2

Kopiere die Sätze und setz die richtige Antworte a, b oder c ein.
Copy the sentences and put in the right answer a, b or c.

1 Der 19jährige wurde
  a auf der Straße entdeckt.
  b in einem öffentlichen Park entdeckt.
  c auf einer Toilette entdeckt.

2 Die Räuber haben
  a einen Taxifahrer überfallen.
  b einen Metzger überfallen.
  c einen Bäcker überfallen.

3 Sie haben ihn
  a gefesselt.
  b erdrosselt.
  c erschossen.

Vokabeln

sterben	to die
öffentlich	public
überfallen	to attack
gefesselt	tied up
erbeuten	to steal
die Leiche (-n)	corpse (s)
entdecken	to discover
erdrosseln	to strangle

3

Wie sagt man das auf deutsch?
Find the German for the following.

1 He most probably died of a heroin overdose.
2 Police still have no trace of the three men.
3 They looted 40,000 marks from the safe.
4 The man and five women were strangled on Saturday night.

LESEN, FERNSEHEN UND MUSIK 5

4 Straßenunfall

Lies den Zeitungsartikel. Sind die Sätze richtig oder falsch?
Read the newspaper article. Are the sentences true or false?

Krankenwagen mit Patientin verunglückt

BREMEN. Ein umgekippter Krankenwagen blockierte gestern nachmittag die Goetheallee. Der Unfall ist bei einer Fahrt ins Hildebrandtskrankenhaus passiert. An einer Kreuzung stieß der Krankenwagen mit einem grauen VW Golf zusammen, der aus einer Nebenstraße fuhr. Der Krankenwagen ist mit Blaulicht gefahren. Die 68jährige Golffahrerin hatte ihn offenbar nicht kommen sehen. Eine 18jährige Patientin wurde leicht verletzt. Einer der Sanitäter erlitt einen Schock.

1 Der Krankenwagen überschlug sich.
2 Die Autofahrerin war daran schuld.
3 Eine Patientin wurde schwer verletzt.
4 Der Krankenwagen ist nicht mit Blaulicht gefahren.

Vokabeln

verunglückt	involved in an accident
sich überschlagen (sep)	to turn over
zusammenstoßen (sep)	to collide
die Nebenstraße (-n)	side street
mit Blaulicht	with flashing lights
der Sanitäter (–)	ambulance driver
erleiden	to suffer

5 Radionachrichten

Hör zu! Lies die Sätze unten. Was paßt zusammen?
Listen. Read the sentences below. What matches up?

a *Two girls found dead of a drugs overdose.*
b *An attack on a bus driver.*
c *A robbery at a confectioner's.*
d *An accident which left one person dead.*

6

Hör noch einmal zu! Schreib für die Berichte soviele Details wie möglich auf.
Listen again. Write down as many details as possible of the reports.

7

Welcher Text paßt zu welchem Bild?
Which caption matches which picture?

a Das Auto stieß mit einem Bus zusammen.
b Der Polizeiwagen fuhr mit Blaulicht.
c Der Wagen kippte um.
d Der Lkw blockierte die Straße.
e Das Auto kam ins Schleudern.
f Das Motorrad landete in einem Wald.

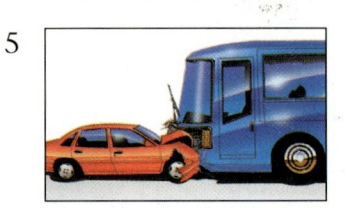

Grammatik: Das Passiv

Ein Überfall / Ein Mord	ist verübt worden
Eine Leiche/ein Verletzter	ist entdeckt worden
Ein Mann/eine Frau	ist überfallen worden
Der Fahrer/die Fahrerin / Ein Fußgänger/ ein Radfahrer	wurde leicht/ schwer verletzt
Das Auto/der Lkw/das Rad	wurde leicht/ schwer beschädigt

neunundsechzig 69

Resultate

1 Die Basketballweltmeisterschaft

Hör zu! Kopiere die Tabelle und füll sie aus.
Listen. Copy the table and fill it in.

Die Vereinigten Staaten		Argentinien	
Kroatien		Spanien	
Australien		Brasilien	
Puerto Rico		Deutschland	
Kanada		Südkorea	
China		Ägypten	

Pokal-Sensationen: Peinliche Pannen!

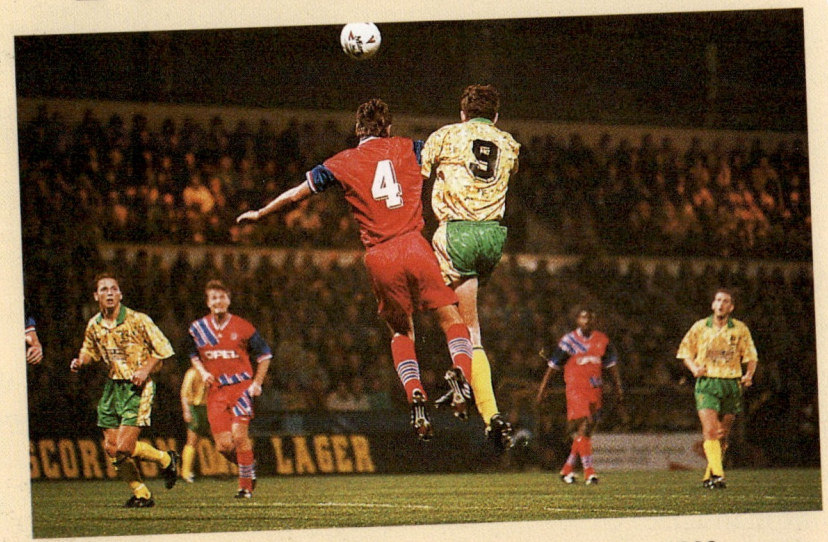

CUP-PLEITEN der Profis gegen die Amateure kommen jedes Jahr vor. Dieses Jahr hat bereits in der ersten Runde der Pokalspiele der Pokal-Verteidiger Werder Bremen 3 zu 0 verloren. Auch in der ersten Runde ist der Meister FC Bayern München 2 zu 1 runtergegangen. Das ist länger Tradition. Ein Rückblick auf die Finalen der vergangenen 3 Jahre sagt alles: 1992 gewann Hannover 96 gegen die Favoriten Borussia Mönchengladbach die Trophäe. 1993 gewann Leverkusen knapp gegen die Amateure Hertha BSC mit 1:0. Im Mai 1994 erreichte RW Essen von der Zweitliga das Finale gegen Werder Bremen. RW Essen hat nur 1:3 verloren und viel Widerstand geleistet.

Vokabeln

der Pokal (-e)	cup/trophy
die Runde (-n)	round
der Verteidiger (–)	defender
verlieren	to lose
runtergehen	to go under/lose
gewinnen	to win
der Widerstand	resistance

LESEN, FERNSEHEN UND MUSIK

2

Beantworte die Fragen auf deutsch.
Answer the questions in German.

1 In welcher Runde haben Werder Bremen und FC Bayern München dieses Jahr verloren?
2 Wie waren die Resultate in den folgenden Spielen?
   a Hannover gegen Mönchengladbach
   b Leverkusen gegen Hertha
   c Essen gegen Bremen
3 Welche Mannschaft hat den Pokal 1992 gewonnen?
4 Warum war das eine Überraschung?

3 Partnerarbeit

Beschreib ein Spiel für deinen Partner/deine Partnerin.
Describe a match for your partner.

Beispiel: Liverpool hat gegen Manchester 3 zu 1 gewonnen.
Watson hat zwei Tore für Liverpool geschossen.
Für Manchester hat Dexter ein Tor in der achtzigsten Minute geschossen.
Das Spiel war hart aber fair.

4 Die deutsche Bundesliga

In der Bundesrepublik gibt es zwei Nationalligen. Sowohl die erste als auch die zweite Liga haben 18 Mannschaften. Die Saison läuft vom späten Sommer bis Juni. Es gibt eine Winterpause von Mitte Dezember bis Mitte Februar. Es gibt mehr als 36 Fußballvereine in Deutschland. Profis spielen auch in vier Regionalligen: Nord, Nordost, Süd, und West/Südwest. Natürlich wollen diese Klubs in die zweite Liga aufsteigen. Jedes Jahr steigen vier in die zweite Liga auf; dafür müssen vier Mannschaften absteigen.
Vielleicht hast du von einigen deutschen Mannschaften gehört? Zum Beispiel, Bayern-München oder Borussia Mönchengladbach.

Schreib soviele Fakten wie möglich über Fußball in Deutschland auf. Schreib einen ähnlichen Bericht über Fußball in Großbritannien.
Write down as many facts as possible about German football. Write a similar account about British football.

5 Worträtsel

Finde diese Wörter im Kasten:
Find these words in the box:

Pokal, Amateur, Profi, Zweitliga, Bundesliga, Tor, Runde, verlieren, siegen, schießen

R	O	T	P	R	L	A	K	O	P
U	N	Z	R	A	G	T	E	Z	S
E	K	U	O	K	O	F	R	C	A
T	B	M	F	N	S	I	H	I	P
A	A	G	I	L	T	I	E	W	Z
M	R	E	V	O	E	L	A	R	D
A	G	I	L	S	E	D	N	U	B
S	F	U	S	I	E	G	E	N	O
N	Z	E	F	O	M	S	S	D	E
A	N	E	R	E	I	L	R	E	V

Jetzt kann ich

I can:
- talk about reading habits and different types of reading matter
- discuss watching TV and TV programmes
- talk about music
- understand weather forecasts
- write about and discuss the weather
- understand horoscopes, problem letters and advice
- understand newspaper and radio reports
- write a report of an accident or a crime
- understand and discuss sports reports

einundsiebzig 71

6 PLÄNE UND PROBLEME

Was machst du nächstes Jahr?

Marion: Ich werde auf ein Oberstufenkolleg gehen. Ich werde Informatik studieren.

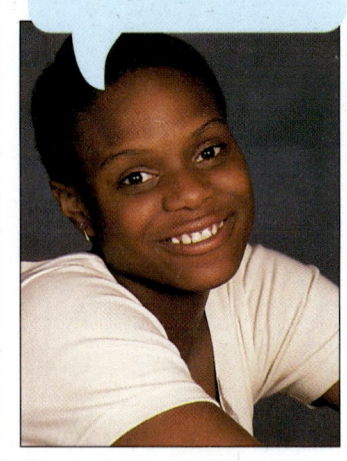

Paul: Ich werde Abitur machen. Ich möchte Deutsch und Mathe studieren.

Fatima: Ich möchte eine Lehre machen. Vielleicht in einer Autoreparaturwerkstatt.

Heinz: Ich werde einen Job suchen. Ich möchte in einer Fabrik arbeiten.

1
Richtig oder falsch?
True or false?

1 Fatima möchte die Schule verlassen.
2 Heinz wird einen Job suchen.
3 Paul möchte Deutsch studieren.
4 Marion möchte in der Schule bleiben.

Und du? Was machst du nächstes Jahr?
And you? What are you going to do next year?

2 Was machst du im September?

Hör zu! Wer möchte weiterstudieren? Wer möchte die Schule verlassen?
Listen. Who wants to continue studying? Who wants to leave school?

Beispiel:
1 Manfred – Schule verlassen

Vokabeln

das Oberstufenkolleg	sixth form college
die Lehre (-n)	apprenticeship
die Autoreparaturwerkstatt (-e)	garage workshop

3 Was machst du nächstes Jahr?

Hör zu! Was wollen diese jungen Leute machen? Füll die Tabelle aus.
Listen. What do these young people want to do? Fill in the table.

Name	Was studieren?	Schule verlassen?	Job?
Hartmut			
Maria			
Andreas			
James			
Paula			
Dennis			

72 zweiundsiebzig

PLÄNE UND PROBLEME 6

4 Partnerarbeit/Gruppenarbeit

Frag deinen Partner/deine Partnerin: Was machst du nächstes Jahr?
Dann mach eine Umfrage in der Klasse.
Ask your partner: what are you going to do next year? Then do a class survey.

Grammatik: Das Futur	
Was wirst du machen?	
Ich werde	die Schule verlassen
	in der Schule weiterstudieren
	Deutsch und Mathe studieren
	einen Job suchen
	in einer Fabrik arbeiten

Ich möchte Millionärin werden.

5
Wer macht was?
Was paßt zusammen?
Who does what?
What matches up?

Beispiel: 1 c

1 Ein Lehrer ist ...
2 Ein Briefträger ist ...
3 Eine Ärztin ist ...
4 Ein Friseur ist ...
5 Eine Busfahrerin ist ...
6 Ein Bauer ist ...

a ... eine Frau, die in einem Krankenhaus arbeitet.
b ... ein Mann, der Briefe austrägt.
c ... ein Mann, der in der Schule arbeitet.
d ... ein Mann, der Haare schneidet.
e ... eine Frau, die einen Bus fährt.
f ... ein Mann, der auf einem Bauernhof arbeitet.

Infobox: Berufe

der Lehrer (–)	die Lehrerin (-nen)	teacher
der Briefträger (–)	die Briefträgerin (-nen)	postman, postwoman
der Friseur (-e)	die Friseuse (-n)	hairdresser
der Bauarbeiter (–)	die Bauarbeiterin (-nen)	builder
der Busfahrer (–)	die Busfahrerin (-nen)	bus driver
der Arzt (die Ärzte)	die Ärztin (-nen)	doctor
der Bauer (-n)	die Bäuerin (-nen)	farmer
der Fabrikarbeiter (–)	die Fabrikarbeiterin (-nen)	factory worker
der Hausmann (die Hausmänner)	die Hausfrau (-en)	house husband, housewife
der Fußballspieler (–)	die Fußballspielerin (-nen)	footballer

6
Was möchten diese Leute werden? Ergänze diese Sätze.
What do these people want to be? Complete these sentences.

1 Ich möchte ⚽ werden.
2 Ich möchte ✂ werden.
3 Ich möchte 🚌 werden.
4 Ich möchte 🚜 werden.

dreiundsiebzig 73

Auf der Post

a b c

d e f

| 1 | fünf Franken | 3 | zehn Mark | 5 | drei Franken |
| 2 | zwanzig Schilling | 4 | acht Mark achtzig | 6 | zehn Schilling |

1
Ordne die Briefmarken den Preisen zu!
Match the prices to the stamps.

Beispiel: 1 b

2 Auf der Post
Hör zu! Kannst du zusammenzählen? Was kosten die Briefmarken?
Listen. Can you add up? How much are the stamps?

Infobox: Währungen	
Schilling	A
Deutsche Mark	D
Pfennig	D
Schweizer Franken	CH
Rappen	CH

Infobox: Preise	
DM 1,–	eine Mark
DM 1,80–	eine Mark achtzig
DM 2,50	zwei Mark fünfzig

74 vierundsiebzig

PLÄNE UND PROBLEME 6

3 Ein Brief nach England

Hör zu! Bring diese Unterhaltung in die richtige Reihenfolge. Schreib sie auf.
Listen. Put this conversation into the right order. Write it down.

1 DM 2,60.
2 Das kostet eine Mark.
3 80 Pfennig.
4 Guten Tag. Kann ich Ihnen helfen?
5 Dort drüben.

a Wo ist der Briefkasten?
b Ich möchte einen Brief nach England schicken.
c Also, ich möchte eine Briefmarke zu DM 1,– und zwei Briefmarken zu 80 Pfennig.
d Was kostet eine Postkarte nach England?

4 Schon wieder auf der Post

Hör zu! Was für Briefmarken kaufen sie?
Listen. What stamps are they buying?

Beispiel: 1 Eine Briefmarke zu DM 1,50 und 2 Briefmarken zu 80 Pfennig.

ein Brief
eine Postkarte
ein Paket

5 Partnerarbeit

Du bist auf der Post. Übe diesen Dialog mit einem Partner/einer Partnerin.
You are at the post office. Practise this dialogue with a partner.

A: Guten Tag. Kann ich Ihnen helfen?
B: Ich möchte <u>eine Postkarte nach England</u> schicken.
A: Das kostet <u>80 Pfennig</u>.
B: Was kostet <u>ein Brief nach England</u>?
A: <u>Eine Mark</u>.
B: Also, Ich möchte <u>eine Briefmarke zu 80 Pfennig und zwei Briefmarken zu DM 1,–</u>.
A: <u>DM 2,80</u>, bitte.

Jetzt erfinde andere Dialoge. Ersetze die unterstrichenen Wörter im Dialog mit anderen Angaben.
Now make up other dialogues. Change the underlined words.

Vorschläge (suggestions):
1 Du möchtest eine Postkarte und zwei Briefe nach Amerika schicken.
2 Du möchtest zwei Postkarten und drei Briefe nach Wales schicken.

fünfundsiebzig 75

Ich brauche deutsches Geld

1 Auf DM 2,20. Wie möchten Sie das Geld?

2 Unterschreiben Sie hier, bitte. Sie bekommen DM 110,–.

3 Guten Tag. Wie kann ich Ihnen helfen?

4 Haben Sie einen Ausweis?

a Ja, hier ist mein Paß.

b Ich möchte einen Reisescheck zu 50 Pfund einlösen.

c In kleinen Scheinen, bitte. Und ich möchte etwas Kleingeld.

d Wie steht der Kurs heute?

1 Auf der Bank

Hör zu! Bring diese Unterhaltung in die richtige Reihenfolge. Schreib sie auf.
Listen. Put this conversation into the right order. Write it down.

Beispiel: 3, b, …

2

Woher kommen diese Währungen? Ordne die Währungen den Ländern zu?
Where do these currencies come from? Match up the currencies with the countries.

Länder	Währungen
Großbritannien	Peseta
die Schweiz	Franken
Österreich	Franken
Deutschland	Mark
die Vereinigten Staaten	Dollar
Frankreich	Lira
Spanien	Pfund
Italien	Schilling

Vokabeln

der Reisescheck (-s)	traveller's cheque
einlösen	to cash
der Ausweis (-e)	identity card, passport
der Paß (die Pässe)	passport
unterschreiben	to sign
der Schein (-e)	(bank) note
das Kleingeld	change
der Kurs (-e)	exchange rate

3 Wie steht der Kurs heute?

Hör zu! Wieviel Geld wechseln diese Leute? Wieviel bekommen sie? Füll die Tabelle aus.
Listen. How much money are these people changing? How much do they get for it? Fill in the table.

	Währung	Summe	Kurs	DM
1				
2				
3				
4				
5				

76 sechsundsiebzig

PLÄNE UND PROBLEME 6

4 Frau Braun wechselt englisches Geld

Hör zu! Richtig oder falsch?
Listen. True or false?

1 Frau Braun möchte einen Reisescheck einlösen.
2 Sie möchte 57 Pfund wechseln.
3 Der Kurs steht auf DM 2,25.
4 Sie bekommt DM 168,–.

5 Partnerarbeit

Übe diesen Dialog mit deinem Partner/deiner Partnerin.
Practise this dialogue with your partner.

Beamter: Guten Tag. Wie kann ich Ihnen helfen?

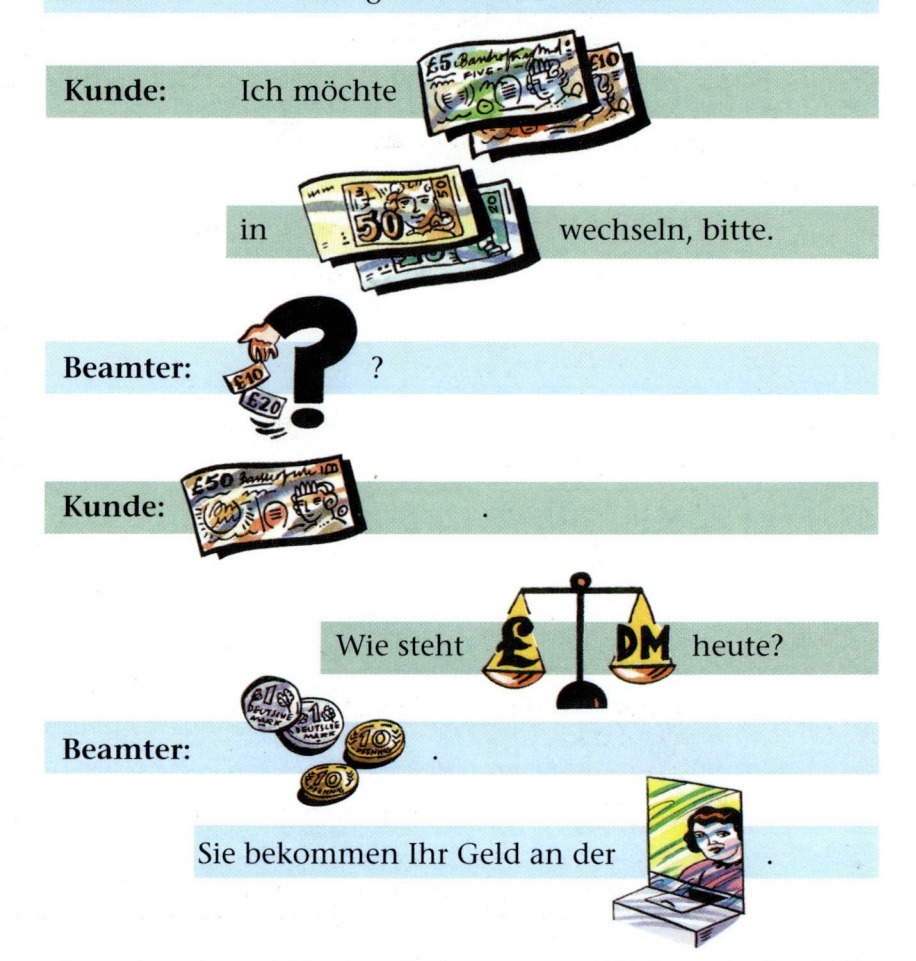

Kunde: Ich möchte in _____ wechseln, bitte.

Beamter: _____ ?

Kunde: _____ .

Wie steht £ DM heute?

Beamter: _____ .

Sie bekommen Ihr Geld an der _____ .

Kunde: Vielen Dank. Auf Wiedersehen.

6

Erfinde andere Dialoge. Schreib sie auf.
Make up other dialogues. Write them down.

7 Schilder

Schau die Schilder unten an. Welche gehören in die Bank und welche gehören auf die Post? Wie heißen sie auf englisch? Benutze ein Wörterbuch oder die Vokabelliste am Ende des Buchs.
Look at the signs below. Which belong in the bank and which in the post office? What are they in English? Use a dictionary or the glossary at the end of the book.

- Briefkasten
- Einwurf
- Wechselkurs
- Wechselstube
- Sparkasse
- Ferngespräche
- Geldwechsel
- Postwertzeichen
- Ausland
- Kasse
- die Postleitzahl

siebenundsiebzig 77

Ich habe 'was verloren

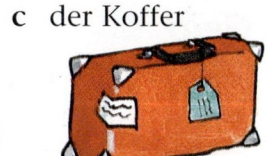

a der Regenschirm
b der Regenmantel
c der Koffer
d der Paß
e die Handtasche
f das Geld
g der Führerschein
h das Portemonnaie
i der Fotoapparat
j die Brieftasche

a im Bus
b im Hotel
c im Zug
d am Bahnhof
e im Restaurant
f im Schwimmbad
g um halb vier
h gestern
i vor zwei Tagen
j letzte Woche

1 Im Fundbüro

Hör zu! Was haben diese Leute verloren?
Listen. What have these people lost?

2 Was, wo und wann verloren?

Hör zu! Was haben sie verloren? Wo und wann?
Wie sieht es aus? Füll die Tabelle aus.
Listen. What have they lost? Where and when?
What does it look like? Fill in the table.

	Was verloren?	Wo?	Wann?	Beschreibung
1				–
2				–
3				–
4				–

Infobox

Wo?				
im	Bus Zug Restaurant Hotel Schwimmbad	am	Bahnhof Theater Stadion	

Wann?

um halb vier
gestern
vor zwei Tagen
letzte Woche

Grammatik

Ich habe	mein Geld	verloren
Haben Sie	meine Brieftasche meinen Paß meinen Regenschirm	gefunden?

Infobox

aus	Leder	*made of leather*
	Wolle	*made of wool*
	Baumwolle	*made of cotton*
	Seide	*made of silk*
	Kunststoff	*man-made material*

PLÄNE UND PROBLEME 6

3 Partnerarbeit

Was hat dein Partner/deine Partnerin verloren, wo und wann? Erfinde Dialoge.
What has your partner lost, where and when? Make up dialogues.

Beispiel:
A: Was hast du verloren?
B: Ich habe meinen Paß verloren.
A: Wo hast du ihn verloren?
B: Ich habe ihn im Bus liegenlassen.
A: Wann hast du ihn verloren?
B: Ich habe ihn gestern verloren.

4 Partnerarbeit

Du mußt für einen Freund im Fundbüro dolmetschen. Erfinde einen Dialog mit deinem Partner/deiner Partnerin.
You have to interpret for a friend at the lost property office. Make up a dialogue with your partner.

Fundbüro

Wann verloren?	Yesterday, 17.30
Wo?	Hotel
Beschreibung:	Wallet, leather, dark brown, expensive
Inhalt:	Passport, money, credit card

5

Kannst du diese Gegenstände und diese Leute beschreiben? Füll die Lücken aus.
Can you describe these articles and these people? Fill in the gaps.

1 Sie trägt ein weiß__ Hemd, einen grün__ Pullover und braun__ Schuhe. Sie hat lang__, blond__ Haare.
2 Ich habe mein__ alt__ Mantel und mein__ blau__ Pullover verloren.
3 Er trägt ein__ gestreift__ Krawatte und ein grün__ Hemd. Er hat kurz__, schwarz__ Haare und blau__ Augen.

6

Kannst du dieses Formular für eine Freundin ausfüllen? Sie hat alles auf englisch geschrieben, aber der Beamte im Fundbüro kann kein Englisch.
Can you fill in this form for a friend? She has filled it in in English but the official doesn't understand English.

Fundbüro

Wann verloren?	2 days ago, at about 17.30
Wo?	At the station, in the restaurant
Beschreibung:	Bag, plastic, red, not expensive
Inhalt:	Passport, clothes, camera, money, raincoat

Trag das Formular in dein Heft ein und füll es aus.
Copy the form into your exercise book and fill it in.

Grammatik

Adjectives with a noun following have an ending:

Er/sie trägt	einen blau**en** Pullover eine gestreif**te** Krawatte ein weiß**es** Hemd schwarz**e** Schuhe	
Ich habe	meinen neu**en** Mantel meine braun**e** Jacke mein alt**es** Hemd	an
Er/sie hat	blau**e** Augen blond**e** Haare	

Adjectives without a noun following have no ending:

| Die Handtasche
Der Fotoapparat
Das Hemd | ist | neu
teuer
weiß |

neunundsiebzig 79

Haben Sie mein Pferd gefunden?

VERLOREN UND GEFUNDEN

a Verloren!
Neuer japanischer Fotoapparat, schwarz und teuer
Belohnung DM 100,–
Hinweise an:
Telefon 83 52 76

b Gefunden!
Gelber Vogel, vielleicht ein Wellensittich
Telefon: 29 81 52

c Gefunden am Bahnhof, Gleis 4
Zwei Koffer mit Sommerkleidern drin
Tel: 01873/2786

d Verloren!
Im Umkleideraum im Sportzentrum, blaue Tasche – Trainingsanzug und Trainingsschuhe darin
Hinweise an:
Tel. 01534/45738

e Verloren in der Nähe des Rathauses!
Schwarze Handtasche aus Leder – Geld und Paß darin
Rufen Sie bitte an!
29 64 54

f Verloren!
Schäferhund, 2 Jahre alt, braunes Fell, heißt Fritz und ist sehr lieb
Haben Sie ihn gefunden?
Rufen Sie bitte an!
02976/87463

Ich habe mein Pferd verloren.

1 Verloren oder gefunden?

Hör zu! Wer hat was verloren oder gefunden? Welche Anzeige haben sie geschrieben?
Listen. Who has lost or found what? Which advert did they write?

Beispiel: 1 d Tasche verloren

2

Deine Freunde/Verwandte haben einige Sachen verloren. Kannst du Anzeigen für sie schreiben?
Your friends/relations have lost some things. Can you write adverts for them?

Beispiel: Verloren! Kleine Puppe mit einem roten Kleid …

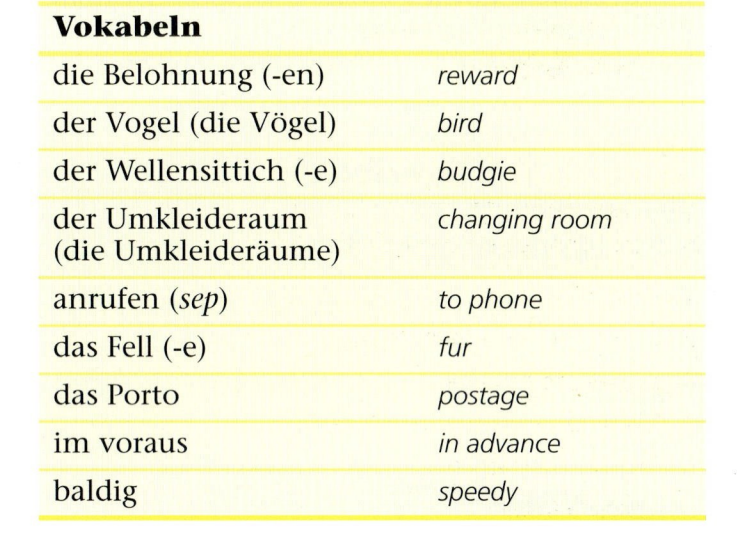

Vokabeln

die Belohnung (-en)	reward
der Vogel (die Vögel)	bird
der Wellensittich (-e)	budgie
der Umkleideraum (die Umkleideräume)	changing room
anrufen (*sep*)	to phone
das Fell (-e)	fur
das Porto	postage
im voraus	in advance
baldig	speedy

80 achtzig

PLÄNE UND PROBLEME 6

London, den 2. Februar

Sehr geehrter Herr Kruger!

Ich habe letzten Monat zwei Wochen in Ihrem Hotel verbracht. Bei der Abreise habe ich einen kleinen Koffer in meinem Zimmer liegenlassen. In dem Koffer waren Kleider und mein Führerschein. Der Koffer war ziemlich alt und grau. Auf dem Koffer lag ein neuer schwarzer Regenschirm.

Hat jemand diese Gegenstände zufällig gefunden? Wenn ja, könnten Sie sie mir bitte zuschicken? Ich bezahle gerne das Porto. Meine Adresse ist:

   3 Paul Street,
   London
   NW1 4JX
   Großbritannien

Ich freue mich auf eine baldige Antwort. Vielen Dank im voraus.

Hochachtungsvoll,
Ihr
Fred Roberts

3

Wie sagt man das auf deutsch?
Find the German for the following.

1 Dear Mr Kruger
2 Could you send them to me?
3 I'll pay the postage.
4 I look forward to a speedy reply.
5 Thanks in advance.
6 Yours faithfully

4

Richtig oder falsch? Korrigiere die falschen Sätze.
True or false? Correct the false sentences.

1 Fred war im Februar in Deutschland.
2 Er hat sieben Tage in dem Hotel verbracht.
3 Er hat einen Koffer verloren.
4 Im Koffer waren seine Autoschlüssel.
5 Fred kann Auto fahren.
6 Der Schirm war sehr alt.

5

Dein Großvater hat etwas auf Urlaub verloren. Kannst du einen Brief für ihn schreiben? Er hat dir diese Notizen auf englisch gegeben.
Your grandfather has lost something on holiday. Can you write a letter for him? He's given you these notes in English.

1 Last week in hotel in Hamburg.
2 Lost 2 new brown leather suitcases.
3 In one suitcase were clothes.
4 In the other were a new camera, some money and an old black raincoat.
5 Ask if anyone has found them and offer to pay for the postage.

Thanks, Grandad

"ICH HABE EINE SCHLACHT VERLOREN!"

FUNDBÜRO

Vokabeln

die Schlacht	battle

einundachtzig 81

Auf dem Markt

a eine Flasche Wein
b ein Kilo Kartoffeln 
c 500 Gramm Äpfel 
d eine Tafel Schokolade 
e ein Glas Marmelade 
f ein Stück Kuchen
g 100 Gramm Schinken 
h eine Tube Zahnpasta 
i eine Dose Erbsen
j ein Pfund Tomaten
k ein Liter Milch
l eine Tüte Chips 

1 Was kaufen sie?

Hör zu! Wer kauft was?
Listen. Who buys what?

Beispiel: 1 d, a

2 Wieviel kaufen sie? Was kostet das?

Hör zu! Füll die Tabelle aus.
Listen. Fill in the table.

	Was?	Wieviel?	DM
1			
2			
3			
4			
5			

3

Schreib diesen Dialog auf. Füll die Lücken mit den Wörtern unten aus!
Can you write out this dialogue? Fill in the gaps with the words below.

A: Bitte schön? Was hätten Sie gern?

B: Ich möchte _____ und _____.

A: Sonst noch etwas?

B: Ja, _____ und _____. Was macht das?

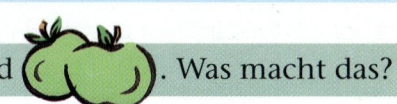

A: Also, _____ DM 1,39, _____ DM 1,80, _____ DM 1,79 und _____ DM 1,49, macht zusammen DM 6,47.

ein Pfund Bananen   500 Gramm Äpfel

ein Kilo Zwiebeln   ein Pfund Tomaten

PLÄNE UND PROBLEME 6

4 Partnerarbeit

Arbeite mit deinem Partner/deiner Partnerin. Erfinde weitere Dialoge.
Work with your partner. Make up more dialogues.

Infobox	
Ein Kilo	Zwiebeln
500 Gramm	Bananen
Ein Pfund	Birnen
100 Gramm	Käse
Eine Tafel	Schokolade
Ein Glas	Honig
Ein Stück	Torte
Eine Tube	Salbe
Eine Dose	Frankfurter
Ein Liter	Wasser
Eine Tüte	Bonbons

Tip! 500 Gramm = ein halbes Kilo = ein Pfund

5 Martins Einkaufsliste!

Trag die Wörter in die richtige Spalte ein.
Put the words into the right columns.

Kirschen   Bier
Wasser   Tomaten
Apfelsinen Zwiebeln
Wein   Birnen
Kartoffeln Bananen
Trauben
Äpfel
Erbsen
Karotten

Obst	Gemüse	Getränke

6 Rätsel

Was gehört nicht dazu? Warum?
Which is the odd one out? Why?

Beispiel:
Wein   Wasser   Kartoffeln   Bier
Kartoffeln gehören nicht dazu. Kartoffeln sind Gemüse, die anderen Sachen sind Getränke.

1 Birnen   Karotten   Äpfel   Trauben
2 Milch   Wasser   Rotwein   Zwiebeln
3 Kirschen   Zwiebeln   Kartoffeln   Karotten
4 Apfelsinen   Bananen   Weißwein   Tomaten

Kannst du dein eigenes Rätsel erfinden?
Can you make up your own puzzle?

7

Schreib Listen: 10 Getränke, 10 Obstsorten, 10 Gemüsesorten. Benutze ein Wörterbuch!
Write lists: 10 drinks, 10 fruits, 10 vegetables. Use a dictionary.

8

Kannst du andere Listen aufschreiben, zum Beispiel Fleischsorten, Nachtische?
Can you write some more lists, for example meats, desserts?

Ich esse gern Kirchen.

Tip! Kirchen = *churches*
Kirschen = *cherries*

dreiundachtzig 83

Mein Job

Petra: Ich gehe babysitten. Ich verdiene 3,50 Mark pro Stunde. Ich kaufe Zeitschriften.

Peter: Ich habe keinen Job. Ich bekomme 25 Mark pro Woche Taschengeld von meinen Eltern. Ich kaufe CDs.

Paul: Ich arbeite in einem Geschäft. Ich bekomme 40 Mark pro Tag. Ich spare für meinen Urlaub.

Jutta: Ich arbeite in einem Supermarkt. Ich verdiene 6,80 Mark pro Stunde. Ich spare für ein Auto.

1

Was machen diese Teenager? Was verdienen sie? Was machen sie damit? Füll die Tabelle aus.
What do these teenagers do? How much money do they earn? What do they do with it? Fill in the table.

Name	Job	DM	Wofür?

Vokabeln

verdienen	to earn
die Kleider (*pl*)	clothes
die Zeitschrift (-en)	magazine
das Taschengeld (-er)	pocket money
sparen	to save

PLÄNE UND PROBLEME 6

2 Mein Job

Hör zu! Was machen diese Teenager?
Was verdienen sie? Was machen sie damit?
Listen. What do these teenagers do? How much money do they earn? What do they do with it?

Beispiel:
1 Babysitten/DM 3,50 pro Stunde/CDs kaufen, ...

3 Partnerarbeit/Gruppenarbeit

Frag deinen Partner/deine Partnerin: Hast du einen Samstagsjob? Wieviel verdienst du?
Ask your partner: have you got a Saturday job? How much do you earn?

Jetzt mach eine Umfrage in der Klasse.
Now do a class survey.

Fragen: Hast du einen Samstagsjob?
Wieviel verdienst du?
Was machst du mit dem Geld?

Infobox	
Ich verdiene 2 Pfund 50 pro Stunde.	I earn £2.50 per hour.
Ich bekomme 70 Mark pro Tag/Woche.	I get DM 70,– per day/week.

Tip! Ich arbeite *bei* Aldi.

4

Wofür sparst du?
What are you saving for?

Beispiel: 1 Ich spare für ein Fahrrad.

5 Partnerarbeit

Mach ein Interview auf Kassette mit deinem Partner/deiner Partnerin. Ihr sollt die folgenden Themen besprechen.
Kannst du 5 Fragen über jedes Thema stellen und beantworten?
Record an interview on cassette with your partner. Discuss the following topics.
Can you ask and answer 5 questions on each topic?

Themen:
1 Deine Familie
2 Deine Schule
3 Dein Haus und deine Stadt
4 Die Zukunft

Jetzt kann ich

I can:
- talk about the future
- count to 100
- buy stamps at the post office
- change money at a bank
- understand signs in a bank or post office
- report a loss at a lost property office
- write a formal letter
- understand prices and quantities
- buy food and drink
- talk about part-time jobs
- talk about what I spend my money on

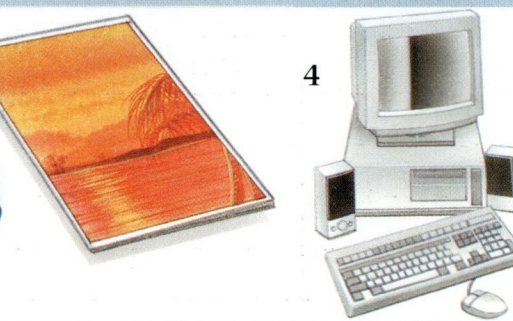

fünfundachtzig 85

7 AUS DEM ALLTAG

Freizeitbeschäftigungen

Heino

Was ich in meiner Freizeit mache? Na ja, meine Lieblingsbeschäftigung ist Fußball. Ich bin Mitglied im Fußballverein in unserem Dorf, und spiele für die Mannschaft. Ich spiele seit einem Jahr in der Mannschaft, aber ich bin seit 5 Jahren Mitglied im Verein. Die Mannschaft spielt einmal in der Woche, aber wir gehen dreimal in der Woche zum Training.

Silke

Ich bin Schwimmfanatikerin! Ich schwimme schon seit 10 Jahren im Schwimmklub in der Stadt. Ich gehe fünfmal in der Woche zum Schwimmbad, um zu trainieren. Ich mache das frühmorgens, bevor die Schule beginnt. Ich bin seit 6 Jahren Mitglied im Klub. Ich trainiere mit meiner jüngeren Schwester zusammen.

1 Heino und Silke

Hör zu! Lies die Texte. Füll die Lücken aus.
Listen. Read the texts. Fill in the gaps.

Beispiel: 1 Fußball

1 In seiner Freizeit spielt Heino viel _____ .
2 Er ist Mitglied im _____ .
3 Er spielt seit _____ _____ in der Mannschaft.
4 Silke schwimmt schon seit _____ _____ .
5 Sie geht zum _____, um zu _____ .
6 Sie ist seit 6 Jahren _____ im _____ .

Vokabeln

die Beschäftigung (-en)	activity
der Verein (-e)	club/society
die Mannschaft (-en)	team
das Mitglied (-er)	member

2 Partnerarbeit

Bist du Mitglied in einem Klub oder in einem Verein? Erfinde Sätze mit einem Partner/einer Partnerin.
Are you a member of a club or society?
Make up sentences with a partner.

Beispiel: 1 Jahr. Sportplatz. Freund.
Ich bin Mitglied im Fußballklub/Fußballverein.
Ich bin Mitglied seit einem Jahr.
Ich gehe zum Sportplatz, um Fußball zu spielen.
Ich mache das mit meinem Freund zusammen.

1	2 Jahre	Sporthalle	Freundin
2	4 Jahre	Jugendklub	alleine
3	1 Jahr	Skischule	Familie
4	3 Jahre	See	Vater

AUS DEM ALLTAG 7

3 Meine Freizeitbeschäftigungen

Hör zu! Diese jungen Leute sind alle Vereinsmitglieder. Füll die Tabelle aus.
Listen. These young people are all members of a club. Fill in the table.

Name	Klub/ Verein?	Seit wann?	Wo?	Mit wem?
Mustaffa				
Bettina				
Udo				
Angelika				

4

Lies diesen Brief von Manfred.
Read this letter from Manfred.

Sind diese Sätze richtig oder falsch?
Are these sentences true or false?

1 Manfred hat viel für die Schule machen müssen.
2 Manfred geht jetzt in den Karateklub.
3 Er hat vor 3 Monaten begonnen.
4 Er geht mit seinem Freund Lars hin.
5 Sie trainieren dreimal in der Woche.
6 Nachher trinken sie ein Bier zusammen.

> Lieber Stuart!
>
> Danke für Deinen letzten Brief. Auch ich habe in letzter Zeit viel Arbeit für die Schule machen müssen. So ein Pech!
>
> Toll, daß Du im Fußballklub jetzt für die Mannschaft spielst. Wie lange spielst Du schon? Hast Du Spiele gewonnen?
>
> Ich glaube, ich habe es Dir nicht gesagt, aber ich gehe jetzt in den Judoklub. Ich habe vor 3 Wochen begonnen, und ich schwärme dafür. Ich finde es fantastisch. Ich bin mit meinem Freund Lars zusammen in der Klasse für Anfänger. Wir trainieren zweimal in der Woche, dienstags und donnerstags, und nachher gehen wir eine Pizza essen oder so was.
>
> Also, das wär's für heute.
>
> Dein Manfred

5

Schreib einen Brief an einen deutschen Freund/ eine deutsche Freundin. Im Brief enthalten:
Write a letter to a German friend. Include:

- A suitable beginning and ending.
- Say that you are a member of some kind of club.
- Say how long you have been a member.
- Mention where you go for the club.
- Say who you go with.
- Say what you think about the club and/or its activities.

siebenundachtzig 87

Martins Tagesablauf

1. In der Woche stehe ich normalerweise um Viertel vor sieben auf. Der Wecker klingelt um halb sieben, aber ich höre ihn nicht. Meine Mutter weckt mich etwa 10 Minuten später, nachdem der Wecker geklingelt hat.
2. Ich dusche mich oder wasche mich.
3. Nachdem ich mich gewaschen habe, frühstücke ich. Ich trinke nur Kaffee und esse ein Toastbrot.
4. Nachdem ich gefrühstückt habe, schmiere ich mir auch ein paar Brötchen für die Schule.
5. Nach der Schule essen mein Bruder, meine Mutter und ich zusammen zu Mittag.
6. Nachmittags mache ich meine Hausaufgaben, und dann treffe ich mich mit meinen Freunden. Wir hören Musik, gehen schwimmen oder so.
7. Nachdem die Familie zu Abend gegessen hat, sehe ich meistens ein paar Stunden fern.
8. Dreimal in der Woche trainiere ich beim Leichtathletikverein.

1 Martins Tagesablauf

Hör zu! Schau die Bilder an und lies den Text. Bring die Bilder in die richtige Reihenfolge.
Listen. Look at the pictures and read the text. Put the pictures in the correct order.

Beispiel: h, …

2

Ergänze die Sätze.
Complete the sentences.

Beispiel: 1 Bei Martin <u>klingelt</u> der Wecker …

1. Bei Martin _____ der Wecker um _____ _____ .
2. Nachdem er sich gewaschen hat, _____ er.
3. Er _____ Kaffee zum Frühstück.
4. Martin _____ sich ein paar Brötchen für die Schule.
5. Nachmittags _____ er sich mit seinen Freunden.
6. Nachdem er zu Abend gegessen hat, _____ er oft fern.

Grammatik: Reflexive Verben

sich duschen	
Ich dusche **mich**	Wir duschen **uns**
Du duschst **dich**	Ihr duscht **euch**
Er/sie duscht **sich**	Sie duschen **sich**

Beispiel:
Manuela duscht **sich** — *Manuela showers herself*
Wir setzen **uns** — *We sit down*

Vokabeln

der Wecker (–)	alarm clock	aufstehen (sep)	to get up
klingeln	to ring	schmieren (sep)	to butter (bread, etc.)
sich duschen	to take a shower	sich treffen mit + Dative	to meet
sich waschen	to get washed		

AUS DEM ALLTAG

3

Verbinde die folgenden Sätze mit „nachdem".
*Join the following sentences with "**nachdem**".*

Beispiel:
Ich stehe sofort auf. + Der Wecker hat geklingelt.
Ich stehe sofort auf, nachdem der Wecker geklingelt hat.
Oder: Nachdem der Wecker geklingelt hat, stehe ich sofort auf.

1. Ich wache auf. + Es hat geklingelt.
2. Meine Schwestern waschen sich. + Ich dusche mich.
3. Ich mache meine Hausaufgaben. + Ich habe zu Mittag gegessen.
4. Ich sehe eine Stunde fern. + Wir haben das zu Abend gegessen.

4

Füll die Lücken mit den Wörtern unten aus.
Fill in the gaps with the words below.

Beispiel: 1 uns

1. Wir setzen _____ normalerweise um 7.00 Uhr zu Tisch.
2. Wann hast du _____ mit Bettina getroffen?
3. Nachdem ich morgens aufgestanden bin, dusche ich _____ immer.
4. Jeden Morgen ist das Badezimmer eine halbe Stunde besetzt, während mein Vater _____ rasiert.
5. Wenn ihr Fußball gespielt habt, dann wascht _____ sofort!
6. Karl und Horst treffen _____ normalerweise nach der Schule.
7. Sie ist so faul! Sie zieht _____ morgens erst um 10.00 Uhr an!

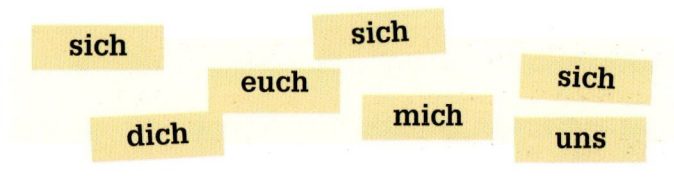

sich　　sich
　　euch　　　　sich
　　dich　　mich
　　　　　　uns

Grammatik: nachdem

"Nachdem" sends the verb to the end of the sentence.

Nachdem ich meine Hausafgaben gemacht **habe**, sehe ich normalerweise fern.
Ich sehe normalerweise fern, **nachdem** ich meine Hausaufgaben gemacht **habe**.

5 Die Morgenroutine bei Klaus

Hör zu! Beantworte die Fragen auf deutsch.
Listen. Answer the questions in German.

1. Wann klingelt der Wecker morgens bei Klaus?
2. Wann steht er normalerweise auf?
3. Was macht er zunächst nach dem Aufstehen? Warum?
4. Wann geht er ins Badezimmer?
5. Wann verläßt er das Haus?
6. Wo trifft er sich mit seinen Schulkameraden?

6

Stell dir mal vor, das ist dein Tagesablauf. Kannst du ihn beschreiben?
Imagine this is your daily routine. Can you describe it?

Beispiel: Es klingelt um 7.30 auf, ...

Kino

KINO-CENTER, HANNEALLEE 17

BEGINNT FREITAG 2. FEB.

BLUTGIER
Ein Film aus den Bavaria-Studios

1 Ein Kinobesuch

Hör zu! Lies den Dialog. Sind diese Sätze richtig oder falsch? Korrigiere die falschen Sätze.
Listen. Read the dialogue.
Are these sentences true or false? Correct the false sentences.

1 Markus hat keine Lust, ins Kino zu gehen.
2 Die 4 Freunde wollen morgen abend den Film sehen.
3 „Blutgier" ist eine Komödie.
4 Sie treffen sich bei Bodo.

Bodo: Hallo, Markus. Hier Bodo. Hast du Lust, heute abend ins Kino zu gehen?
Markus: Ja, gerne. Wer kommt mit?
Bodo: Der Johann und der Kristian.
Markus: Toll! Und was läuft?
Bodo: Wir wollen einen Horrorfilm sehen. Der Film heißt „Blutgier".
Markus: Geil! Ich möchte ihn sehen. Wann beginnt die Vorstellung?
Bodo: Um 20.15 Uhr.
Markus: Und wo treffen wir uns?
Bodo: Bei Kristian um halb acht.
Markus: Ist gut. Bis dann.
Bodo: Tschüß.

Vokabeln

mitkommen (sep)	to come too
laufen	to be on/showing (of a film)
die Vorstellung (-en)	performance (of a film)

Infobox: Plätze im Kino oder Theater

das Parkett	stalls
der erste Rang	circle
der zweite Rang	balcony

AUS DEM ALLTAG

2 Partnerarbeit

Erfinde den Dialog.
Make up the dialogue.

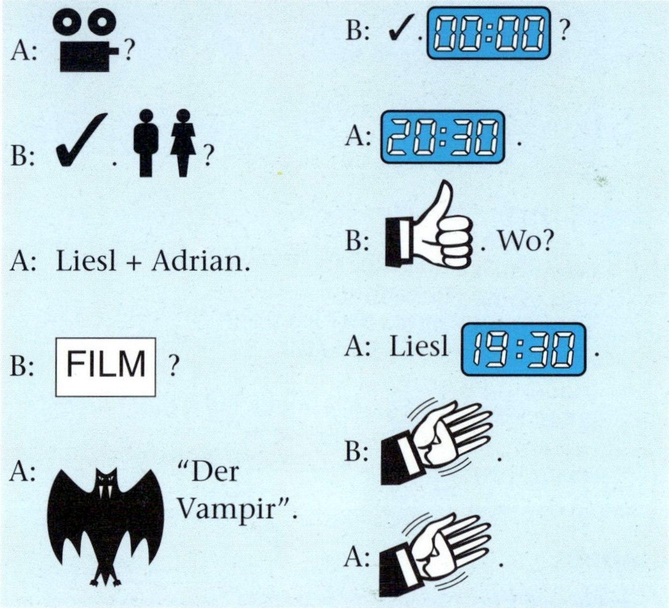

A: 🎥 ?
B: ✓ 👫 ?
A: Liesl + Adrian.
B: FILM ?
A: "Der Vampir".

B: ✓ 00:00 ?
A: 20:30 .
B: 👍 . Wo?
A: Liesl 19:30 .
B: 👋 .
A: 👋 .

Infobox: Einladungen		
Hast du Lust,	ins Kino ins Theater	zu gehen?
Was läuft? Wann beginnt die Vorstellung? Wo treffen wir uns?		

3 Pläne für den Abend 📼

Hör zu! Beantworte die Fragen auf englisch, um einem Freund zu helfen, der kein Deutsch kann.
Listen. Answer the questions in English to help a friend who doesn't speak German.

1. When does Silvia suggest going to the cinema?
2. Why is Stefanie not certain that she wants to go?
3. What convinces her?
4. What kind of film are they going to see?
5. How does Stefanie feel about this and why?
6. What time are they going to meet?

4

Lies den Text und beantworte die Fragen.
Read the text and answer the questions.

1. Wie viele Sonnen hat Fyrine?
2. Was für Stürme gibt es?
3. Wo sind die Filmstudios?
4. Wie heißt der Regisseur?
5. Was spielen die Stars?
6. Am Ende des Films sind die Piloten Freunde oder Feinde?

Film: Fremder Planet im Kino – Enemy Mine

Lou Gossett Jnr. als „Drac".
Dennis Quaid als „Erdenmensch" Davidge.

Der Planet Fyrine IV hat zwei Sonnen und sechs Monde. Es gibt Meteorstürme, riesige Felsen, ein brennendes Meer. Wie kommt diese Landschaft in die Kinos?

Antwort: Man dreht den Film in den Bavaria-Studios in München! Man weiß dort viel über *Special Effects* im Kino.

Der Film heißt *Enemy Mine*. Der Regisseur ist aus Deutschland: Wolfgang Petersen (*Das Boot, Die unendliche Geschichte*). Die Stars sind Amerikaner: Dennis Quaid und Lou Gossett Jnr. Sie spielen zwei Piloten. Sie sind Feinde. Sie kämpfen im Weltraum. Aber dann lernen sie einander kennen, und sie werden Freunde.

Vokabeln	
der Felsen (–)	cliff
das Meer (-e)	sea
der Regisseur (-e)	director
der Feind (-e)	enemy
riesig	giant
brennend	burning

einundneunzig 91

Hilfst du im Haushalt?

Heiko

Wem hilfst du? Ich helfe meiner Mutter.
Und wobei hilfst du? Ab und zu bei der Hausarbeit. Zum Beispiel helfe ich meiner Mutter beim Staubsaugen oder beim Wäscheaufhängen. Mein Zimmer räume ich allerdings nicht oft auf. Dazu habe ich meistens keine Lust. Und das Auto wäscht mein Vater lieber selbst.
Bekommst du etwas für deine Hilfe? Nein. Aber wenn ich längere Zeit nichts mache, schimpfen meine Eltern. Natürlich haben sie damit recht, wenn ich faul bin.

Vokabeln

staubsaugen	to hoover up
die Wäsche aufhängen (sep)	to hang up the washing
aufräumen (sep)	to tidy up

Tina

Wem hilfst du? Meiner Familie, meinen Freunden und meinen Bekannten.
Und wobei hilfst du? Ich passe auf Kinder auf oder helfe meiner Schwester bei den Hausaufgaben. Im Haushalt mache ich eigentlich alles: Kochen, Spülen, Bügeln, Putzen, den Tisch decken, den Müll wegbringen.
Bekommst du etwas für deine Hilfe? Ich helfe freiwillig.

Vokabeln

Ich passe auf Kinder auf	I look after children
kochen	to cook
spülen	to wash up
bügeln	to iron
putzen	to clean
den Tisch decken	to set the table
den Müll wegbringen (sep)	to put out the rubbish
freiwillig	voluntarily

1 Wem hilfst du?

Hör zu! Lies die Texte oben. Sind diese Sätze richtig oder falsch? Korrigiere die falschen Sätze.
Listen. Read the texts above. Are these sentences true or false? Correct the false sentences.

1 Heiko hilft seinem Vater beim Autowaschen.
2 Er räumt sein Zimmer nicht oft auf.
3 Er bekommt DM 30,– für seine Hilfe.
4 Tina hilft ihrer Schwester bei den Hausaufgaben.
5 Sie macht nichts im Haushalt.
6 Sie hilft freiwillig im Haushalt.

2

Was paßt zusammen? Schreib die passenden Sätze in Paaren auf.
What matches up? Write the matching sentences up in pairs.

Beispiel: 1 d

1 Heiko staubsaugt für seine Mutter.
2 Heiko räumt sein Zimmer auf.
3 Mario bringt jeden Tag den Müll weg.
4 Mario kocht und spült.

a Er hilft seiner Mutter beim Kochen und Spülen.
b Er hilft den Eltern beim Aufräumen.
c Er hilft beim Müllwegbringen.
d Er hilft beim Staubsaugen.

92 zweiundneunzig

AUS DEM ALLTAG 7

3

Jetzt bist du daran. Für jeden Satz unten, schreib einen neuen Satz. Benutze den Ausdruck „helfen ... beim".
Now it's your turn. For each sentence below write a new one. Use the expression „helfen ... beim".

1. Natasha bügelt ab und zu für ihre Oma.
2. Hannelore putzt im Wohnzimmer und in der Küche.
3. Peter und Karl kaufen für ihren Opa ein.
4. Abends während der Woche kocht Ludmilla für die Eltern.

Grammatik

Er spült jeden Tag. =
   Er **hilft** jeden Tag **beim Spülen**.
Sie trocknen immer ab. =
   Sie **helfen** immer **beim Abtrocknen**.

4 Aufgaben im Haushalt

Hör zu! Wie helfen diese jungen Leute im Haushalt? Füll die Tabelle aus.
Listen. How do these young people help around the house? Fill in the table.

	Was?	Wann?/Wie oft?	Gern oder nicht gern?
1			
2			
3			
4			

Infobox: Taschengeld

Ich bekomme Ich verdiene	DM 20,–	die Woche/ im Monat/ dabei
Mein Vater gibt mir Meine Mutter gibt mir	DM 10,–	die Stunde/ am Tag

Ich gebe mein Geld für ... aus
Ich spare für ...

5 Ein Brief von Arnim

Lies den Brief. Schreib eine Antwort darauf.
Read the letter. Write a reply

> Flensburg, den 12. Juni
>
> Lieber Daniel,
>
> wie geht's? Uns geht es gut. In 3 Wochen haben wir wieder Ferien. Toll! Ich spare im Moment mein Taschengeld dafür. Ich bekomme nur DM 30,– Taschengeld die Woche von meinen Eltern. Mein Vater gibt mir DM 15,– und meine Mutter auch. Dafür muß ich am Wochenende das Auto waschen, und ich muß zweimal in der Woche spülen oder abtrocknen. Mußt Du eigentlich auch für Dein Taschengeld im Haushalt mithelfen?
>
> Ich habe viele Hobbys. Ich habe einen Computer, und in der Regel gebe ich das meiste Geld für Computerspiele aus. Den Rest gebe ich fürs Ausgehen aus: Getränke, Kino und so weiter. Ich bekomme nächsten Monat einen Samstagsjob. Ich verdiene dabei DM 10,– - die Stunde.
>
> Bis bald,
>
> Dein Arnim

6 Partnerarbeit

Mach ein Interview mit deinem Partner/deiner Partnerin. Stell die folgenden Fragen und schreib die Antworten auf.
Do an interview with your partner or class. Ask the following questions and write down the answers.

Fragen:
- Wieviel Taschengeld bekommst du?
- Wer gibt dir das Geld?
- Mußt du dafür im Haushalt mithelfen?
- Sparst du für etwas?

Vokabeln

sparen	to save
ausgeben (sep)	to spend
das Computerspiel (-e)	computer game(s)
verdienen	to earn

dreiundneunzig 93

Wofür gibst du dein Taschengeld aus?

1 Was machst du mit deinem Taschengeld?

Hör zu! Was machen sie mit ihrem Taschengeld?
Listen. What do they do with their pocket money?

Beispiel: 1 Lilian – c Ausgehen

1 Lilian
2 Zena
3 Kurt
4 Asif
5 Elisabeth
6 Torsten

Vokabeln	
das Taschengeld	*pocket money*
das Ausgehen	*going out*
das Motorrad (die Motorräder)	*motor bike*
die Kleider (*pl*)	*clothes*

94 vierundneunzig

AUS DEM ALLTAG 7

2 Im Warenhaus

Lies den Dialog unten mit einem Partner/einer Partnerin. Erfinde andere Dialoge. Die Sachen, die du kaufen möchtest, sind im Kasten unten.
Read the dialogue below with a partner. Make up other dialogues. The things you want to buy are in the box below.

A: Kann ich Ihnen helfen?
B: Ja, ich suche einen Pullover.
A: Sicher. Hier haben wir viele. Die neuesten Moden.
B: Haben Sie etwas in Blau?
A: Ja, diesen hier.
B: Darf ich ihn anprobieren?
A: Natürlich. Es gibt eine Kabine und einen Spiegel dort drüben.

B: Nein, der Pulli ist zu klein. Er paßt mir nicht. Haben Sie etwas Größeres?
A: In diesem Stil nicht. Aber wie wäre es mit diesem in Grau.
B: Ist das aus Wolle?
A: Nein, aus Baumwolle.
B: Ja, er steht mir gut. Was kostet er?
A: DM 60,–.
B: Gut, ich nehme ihn.

eine Hose	in Schwarz (oder Dunkelblau)
eine Bluse	in Weiß
ein Kleid	in Blau
ein Rock	in Grün

Infobox: Kleider kaufen

Ich suche einen Pullover/eine Hose/
ein Kleid/Schuhe
Haben Sie etwas in Blau/Rot, usw?
Darf ich ihn/sie/es/sie anprobieren?

Er/sie/es paßt/steht mir gut/nicht
Sie passen/stehen mir gut/nicht

| Er/sie/es ist | zu groß/klein/eng |
| Sie sind | |

Haben Sie etwas Größeres/Kleineres/Billigeres?

| Er/sie/es ist | aus Wolle |
| Sie sind | aus Leder |

3 Im Modehaus

Hör zu! Diese jungen Leute probieren Kleider an. Füll die Tabelle aus.
Listen. These young people are trying on clothes. Fill in the table.

	Kleidungsstück?	Meinung
Christoph und Paul		
Sabine und Anisa		
Kurt und Johannes		
Edit und Karin		

4 Partnerarbeit

Mach Rollenspiele. Ihr seid Christoph und Paul, usw. Was sagst du?
Do role plays. You are Christoph and Paul, etc. What do you say?

Was hältst du von diesem Pullover?

1 Er ist zu lang/kurz/eng/weit/groß/klein.

2 Die Ärmel sind zu lang/kurz.

3 Die Farbe ist schön/häßlich.

4 Der Stil ist gut/nicht so gut.

5 Er paßt dir gut/nicht.

fünfundneunzig 95

Einkaufen

der Supermarkt

die Metzgerei

Mutter: Jens, könntest du für mich bitte einkaufen gehen?
Jens: Aber Mutti, ich muß meine Hausaufgaben machen. Ich habe doch so viele.
Mutter: Du mußt aber für mich gehen. Ich habe keine Zeit – ich muß jetzt zur Arbeit gehen. Wir brauchen einiges. Ich habe dir eine Liste geschrieben. Paß auf. Du gehst zur Metzgerei und holst ein halbes Kilo Hackfleisch, 250 Gramm Blutwurst und 4 Schweinekoteletts. Verstanden?
Jens: Und was noch?
Mutter: Du gehst auch bitte zum Supermarkt. Wir brauchen eine Packung Zucker und auch Spülmittel. Du kannst auch eine Dose Tomatensuppe und ein Glas Erdbeermarmelade kaufen. Und vergiß bitte nicht 250 Gramm Butter. Wir brauchen eine Schachtel Pralinen für deine Oma zum Geburtstag. Hier ist die Liste und das Geld.
Jens: Mensch, so viel! Ich kann das alles doch nicht mitschleppen!
Mutter: Nimm dann deinen Bruder mit.
Jens: OK. Darf ich mir auch einen Kaugummi kaufen?
Mutter: Ja, aber nur eine Packung.

Vokabeln

einkaufen (sep)	to shop
brauchen	to need
das Hackfleisch	minced meat
die Blutwurst	black pudding
das Schweinekotelett (-s)	pork chop
der Zucker	sugar
das Spülmittel	washing-up liquid
die Dose (-n)	can, tin
die Tomatensuppe (-n)	tomato soup
das Glas (die Gläser)	jar
vergessen	to forget
die Schachtel (-n)	box
die Pralinen (pl)	chocolates
der Kaugummi (-s)	chewing gum
die Tüte (-n)	bag
die Erbsensuppe (-n)	pea soup
die Streichhölzer (pl)	matches

AUS DEM ALLTAG 7

1 Jens geht einkaufen

Hör zu! Lies den Dialog auf Seite 96. Sind diese Sätze richtig oder falsch? Korrigiere die falschen Sätze.
Listen. Read the dialogue on page 96. Are these sentences true or false? Correct the false sentences.

1. Jens hilft seiner Mutter beim Aufräumen.
2. Dafür bekommt er eine Tüte Bonbons.
3. Er muß zwölf Brötchen und ein Graubrot holen.
4. Bei der Metzgerei muß er ein halbes Kilo Hackfleisch kaufen.
5. Seine Mutter braucht auch vier Schweinekoteletts.
6. Jens soll die Butter nicht vergessen.

2

Jens hat beim Einkaufen diese Quittungen bekommen. Welche Quittung paßt zu welchem Geschäft unten?
Jens got these receipts while shopping. Which receipt matches which shop below?

1

	DM
DOSE SUPPE	1,75
SPÜLMITTEL	2,05
MARMELADE	2,85
PRALINEN	10,70
BUTTER 250G	1,98
ZUCKER 500G	2,20
ENDSUMME	21,53
BAR	25,00
ZURÜCK	3,47

DANKE!
AUF WIEDERSEHEN

2

	DM
HACKFLEISCH 500G	4,48
BLUTWURST 250G	3,05
SCHW.KOTEL. 750G	8,90
ZUSAMMEN	16,43
BAR	17,00
ZURÜCK	0,57

DANKE

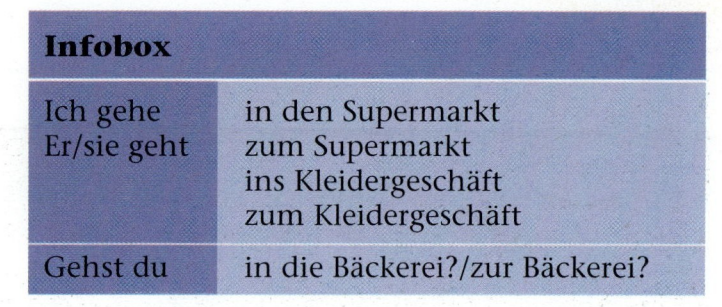

a **Metzgerei Hummel** b **ALDI**

Infobox

Ich gehe Er/sie geht	in den Supermarkt zum Supermarkt ins Kleidergeschäft zum Kleidergeschäft
Gehst du	in die Bäckerei?/zur Bäckerei?

3

Was paßt zusammen? Schreib die Paare auf.
What matches up? Write down the word pairs.

Zahnpasta   Suppe   Pralinen   Marmelade
eine Dose   Zucker   eine Tube   Kuchen
eine Schachtel   eine Tüte   ein Stück
Bonbons   ein Glas   eine Packung

4

Jetzt bist du daran. Du gehst in die Metzgerei. Was sagst du? Benutze den Dialog unten. Schreib die Dialoge auf.
Now it's your turn. You go to the butcher's. What do you say? Use the dialogue below. Write the dialogue down.

Beispiel:
A: Guten Tag. Werden Sie schon bedient?
B: Nein, ich möchte …
A: So, bitte schön. Sonst noch etwas?
B: Ja, … und …
A: Gerne. Sonst noch einen Wunsch?
B: Nein. Das wäre es. Was macht das bitte?
A: Das macht zusammen DM …
B: Danke. Auf Wiedersehen.
A: Auf Wiedersehen.

5 Im Geschäft

Hör zu! Wo kaufen sie ein? Füll die Tabelle aus.
Listen. Where do they buy what? Fill in the table.

	Geschäft	Was?	DM?
1			
2			
3			

siebenundneunzig 97

Guten Appetit!

Sonja

Was magst du besonders gern? Ich liebe Pizza.
Woher bekommst du die Pizza? Manchmal gehe ich in die Pizzeria. Meine Freundin kommt mit. Abends kann man ein Pizzataxi anrufen. Die bringen die Pizza ins Haus. Ich habe aber auch ein Rezept für Pizza. Ich belege den Teig mit Tomaten, Salami und Kräutern.
Was ißt du sonst noch? Morgens gibt es meistens Cornflakes mit Kakao. Ich nehme ein Brot mit in die Schule. Mittags oder abends essen wir warm. Meine Mutter kocht einmal am Tag.

Vokabeln

| das Rezept (-e) | recipe | der Teig (-e) | dough |
| belegen | to cover | die Kräuter (pl) | herbs |

Alexander

Was kaufst du dir gerade? Einen Hamburger.
Kommst du oft ins Hamburger-Restaurant? Nein. Meistens kocht meine Mutter.
Hast du ein Lieblingsessen? Ja, Pfannkuchen mit Schokolade.
Was ißt du sonst noch gerne? Schweineschnitzel, Putenfleisch, Pommes Frites und Spaghetti.
Was ißt du in der Schule? Am liebsten Vanillepudding!

Vokabeln

der Pfannkuchen (–)	pancake
das Schweineschnitzel (–)	pork cutlet
das Putenfleisch	turkey meat

Johanna

Liebst du Süßes? Ja! Ich sterbe für Schokolade.
Was magst du außerdem? Kartoffelgratin. Das esse ich dreimal pro Woche.
Was essen deine Freunde? Wir essen alle vegetarisch. Fleisch ist nicht gut für den Körper.
Was ißt du zwischendurch? Obst, Joghurt oder Brot mit Käse.
Was ist dein Lieblingsrezept? Kartoffelgratin: Gekochte Kartoffeln in Scheiben schneiden, mit Spinat und Käse in eine Form geben. 20 Minuten bei 175 Grad Celsius backen. Danach kommen Käse und saure Sahne dazu.

Vokabeln

süß	sweet
der Körper (–)	body
das Obst	fruit
gekocht	boiled
die Scheibe (-n)	slice
schneiden	to cut
der Spinat	spinach
die Form (-en)	baking tin
die saure Sahne	sour cream

98 achtundneunzig

AUS DEM ALLTAG 7

1 Was ißt du gern?

Hör zu! Lies die Texte auf Seite 98 und beantworte die folgenden Fragen auf deutsch.
Listen. Read the texts on page 98 and answer the following questions in German.

1. Wer ißt am liebsten Schokolade und Kartoffelgratin?
2. Was ißt Sonja am liebsten?
3. Wie bekommt sie ihr Lieblingsessen?
4. Was ist Alexanders Lieblingsessen?
5. Warum ißt Johanna kein Fleisch?
6. Ißt sie gern Süßes?

2 Partnerarbeit

Was ißt dein Partner/deine Partnerin gerne? Stell ihm/ihr die folgenden Fragen.
What does your partner like to eat? Ask him/her the following questions.

1. Was ißt du normalerweise zum Frühstück?
2. Was hast du gestern zu Mittag gegessen?
3. Was ißt du gern am Abend?
4. Was ist dein Lieblingsessen?
5. Was ißt du lieber, Fleisch oder vegetarische Gerichte?

3 Mahlzeit!

Wie schmeckt's? Gut, danke. Aber was heißt gut? Ordne diese Wörter zu den Bildern unten.
How does it taste? Good, thank you. But what does 'good' mean? Match these words to the pictures below.

sauer   scharf   salzig   knackig

lecker   zäh   eklig

Vollende die Sätze mit einem Wort oben.
Complete the sentences with one of the words above.

1. Die Currysoße war zu _____ für mich.
2. Dieser Sellerie ist alt, nicht _____ genug.
3. Mensch, diese Zitrone ist so _____!
4. Pizza ist mein Lieblingsessen. _____!
5. Ich habe Durst. Die Frites waren zu _____!
6. Ich esse nicht in der Schule, weil es meistens _____ ist.
7. Herr Ober! Dieses Steak ist zu _____!

4 Klassenumfrage

Was hast du gestern gegessen? Wie war es?
What did you eat yesterday? What was it like?

a   b   c   d   e

f   g

Jetzt kann ich

I can:
- talk about hobbies and club membership
- describe daily routines
- deal with the box office at the cinema
- talk about household chores
- discuss pocket money and spending habits
- deal with shopping for clothes and food
- discuss favourite foods

neunundneunzig 99

8 WERBESPOTS

Kleinanzeigen

Vokabeln	
der Unterricht (-e)	tuition
arbeitslos	unemployed
suchen	to look for, seek
die Arbeitskräfte (pl)	workers
bis	up to
vermieten	to let, rent out

a Zu verkaufen. Roter VW. 7 Jahre alt. Guter Zustand. Angebote an: ☎ 0432/71641

b Nachhilfestunden? 21-jähriger Student gibt Englischunterricht. ☎ 08144/45163 ab 18 Uhr

c Jung und arbeitslos? Sofort anrufen! Geld verdienen. ☎ 0421/817683

d Großer Supermarkt sucht für sofort junge Arbeitskräfte männlich und weiblich. Teilzeit. Gut bezahlt. ☎ 01897/54123

e Junges Paar sucht 3-Zimmer-Wohnung, Nähe Ahlem/Garbsen, bis DM 850,–. ☎ 0511/342161

f Leipzig: Möbliertes Zimmer zu vermieten. ☎ 05025/3615

1

Wie sagt man das auf deutsch?
Find the German for the following.

1 For sale
2 Offers
3 Extra lessons
4 For rent
5 Phone immediately
6 Male and female
7 Part-time
8 Well-paid

2

Unter welcher Zeitungsrubrik sollen die Anzeigen stehen?
Which newspaper section should the adverts be under?

- Stellenangebote
- Unterricht
- Vermietungen
- Verkäufe
- Mietgesuche

3 Welche Annonce paßt?

Hör zu! Kannst du die Sprecher den passenden Anzeigen oben zuordnen?
Listen. Match the speakers with the appropriate adverts above.

Beispiel: 1 d

4 Ich suche einen Brieffreund

Hör zu! Mach Notizen über diese jungen Leute.
Listen. Make notes about these young people.

Beispiel: 1 Jutta, Hannover, Hobbys = Lesen, ...

5

Schreib deine eigene Anzeige! Trag dieses Formular in dein Heft ein und füll es aus!
Write your own advert. Copy this form into your exercise book and fill it in.

Meine Anzeige

Gewünschte Rubrik (nur **ein** Kästchen ankreuzen!):

1 Brieffreunde gesucht ☐   3 Ich suche: ☐
2 Ich kaufe: ☐   4 Ich tausche: ☐

Ich

Vorname: ....
Name: ....
Straße/Hausnummer: ....
Postleitzahl/Wohnort: ....
Telefon: ....
geboren am: ....
Meine Anzeige: ....
....

WERBESPOTS 8

6

Kannst du diesen englischen Studenten helfen? Wem sollten sie schreiben?
Can you help these English students? Who should they write to?

Beispiel: 1 b

1. I'd like a penfriend who's interested in reading and writing.
2. I speak French and love to travel.
3. I'm a stamp collector and am interested in sport. I'd like to swap my animal posters.
4. I can't speak German but would love a penfriend in Germany. I like food. I have my own pony.
5. I have some books on pollution and the environment to give away.
6. I collect stamps and stickers from all over the world. I love surprises.

a Brieffreunde gesucht aus aller Welt. Schreibe in Deutsch und Englisch und bin 15 J. alt. Meine Hobbys sind: Lesen, Reiten, Kochen.
Mehmet Minet, Josefstr. 24, 89075 Ulm.

b Ich suche eine nette Brieffreundin im Alter von 14–18. Ich bin 16. Meine Hobbys sind Schreiben, Lesen, Musik, Computer.
Stefan Dunkel, Ebertstr. 13, 59077 Hamm.

c Ich kaufe Briefmarken aus aller Welt. Aufkleber sammle ich auch. Wer ist so nett und schickt mir etwas? Die ersten 10 bekommen eine Überraschung.
Heike Schmidt, am Sportplatz 17, 31789 Hameln.

d Ich suche Briefmarken aus Afrika und Tierposter. Ich tausche gegen andere Briefmarken und Sportposter.
Christina Hahn, Bahnhofstr. 23, 50676 Köln.

e Ich suche alles über Greenpeace, die Umwelt und Pferde. Leider kein Tauschmaterial vorhanden.
Katrin Schneider, Amselweg 11, 18059 Rostock.

f 17jähriger Franzose sucht dringend gleichaltrigen Brieffreund, der an einem Austausch in den Ferien interessiert ist. Hobbys: Reisen, Sprachen, Sport.
Michel Baladour, 43 Rue de la Paix, 0600 Marseille, Frankreich.

7

Wähl einen Brieffreund/eine Brieffreundin von den Anzeigen oben. Beantworte die Anzeige. Schreib einen kurzen Brief.
Choose a penfriend from the adverts above. Write a short letter. Reply to his/her advert.

Beispiel: Liebe(r) …,
ich habe Deine Anzeige gelesen. Ich heiße …

Vokabeln	
aus aller Welt	from all over the world
der Aufkleber (–)	sticker
sammeln	to collect
schicken	to send
die Sprache (-n)	language
bekommen	to get
die Überraschung (-en)	surprise
tauschen	to swap
die Umwelt	environment
reisen	to travel

Tip! *lei*der unfortunately
*Lie*der songs

hunderteins 101

Verkehrsprobleme

Ich habe eine Panne

a „Ich habe kein Benzin mehr."

b „Mein Auto hat eine Reifenpanne."

c „Der Motor springt nicht an."

d „Die Bremsen funktionieren nicht."

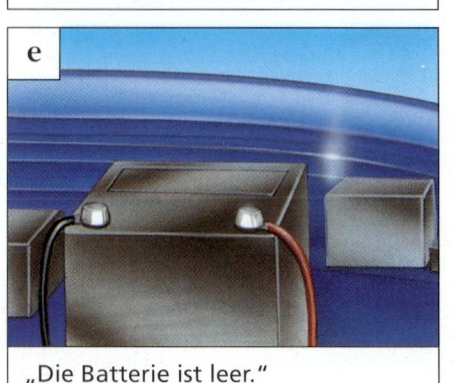

e „Die Batterie ist leer."

f „Meine Windschutzscheibe ist kaputt."

1 Was ist los?

Hör zu! Schau die Bilder oben. Was ist los?
Listen. Look at the pictures above. What's the problem?

Beispiel: 1 b

Vokabeln

die Werkstatt (die Werkstätte)	garage (for repairs)
die Tankstelle (-n)	petrol station
die Panne (-n)	breakdown

2 Ruf den ADAC an

Hör zu! Was ist los? Wo sind diese Leute?
Listen. What's the problem? Where are these people?

1 Schmidt
2 Meyer
3 Höttges
4 Bauer

Infobox

| B 6 | = Bundesstraße 6 | A 2 | = Autobahn 2 |

3 Verkehrsinformationen

Hör zu! Wo gibt es Staus? Mach Notizen. Schreib die Namen von Straßen und Städten auf. Wann ist die nächste Meldung?
Listen. Where are the traffic jams? Make notes. Write down the names of the roads and towns. When is the next traffic information?

Beispiel: A 1, between … and …

Vokabeln

zwischen	between
der Abschleppwagen (–)	recovery vehicle
die Bundesstraße (-n)	main road
die Richtung (-en)	direction
die Autobahn (-en)	motorway
der Stau (-s)	traffic jam
der Mechaniker (–)	mechanic

102 hundertzwei

WERBESPOTS 8

4 Herr Rahn hat eine Panne

Hör zu! Bring diese Unterhaltung in die richtige Reihenfolge.
Listen. Put this conversation in the correct order.

Beispiel: 5, d, …

1 Wo sind Sie genau?
2 Was ist los?
3 Wie heißen Sie?
4 Ja. Wir sind in 20 Minuten da.
5 Hallo. Werkstatt Schmidt.

a Die Bremsen sind kaputt.
b Auf der B 6, 15 km von Dresden, Richtung Leipzig.
c Rahn. Können Sie einen Mechaniker schicken?
d Guten Morgen. Ich habe eine Panne.

5 Partnerarbeit

Übe diesen Dialog mit deinem Partner/deiner Partnerin. Schreib ihn auf.
Practise this dialogue with your partner. Write it down.

A: Hallo. Hier _____ .

B: Guten Tag. Ich heiße Schwarz.

A: Wo sind Sie genau?

B: Ich bin _____ .

A: Was für ein Auto haben Sie?

B: Ich habe einen _____ .

Können Sie einen _____ schicken?

6

Lies die Anzeigen und die Texte unten. Wo können diese Leute bekommen, was sie brauchen?
Read the adverts and the texts below. Where can these people get what they want?

a

Werkstatt Müller
die „Auspuffprofis"
● günstige Preise
● freundliche Bedienung

Tel 0865 237548

b

Windschutzscheibe kaputt?

Wir reparieren alles.
Wir sind für Sie da.

Keller und Sohn

24 Stunden Dienst
☎ 0574 473854

Vokabeln

die Bedienung (-en)	service
24 Stunden Dienst	24-hour service

1 I need a 24-hour service.
2 I've got a broken windscreen.
3 The exhaust's making an awful noise.
4 Where can I get friendly service and good value?

hundertdrei 103

Horoskope

(Comic:)
— WANN HAST DU GEBURTSTAG?
— ICH HABE AM 13. APRIL GEBURTSTAG. MEIN STERNZEICHEN IST WIDDER.

— WANN HAST DU GEBURTSTAG?
— ICH HABE AM 25. JULI GEBURTSTAG. MEIN STERNZEICHEN IST LÖWE.

1 Was ist dein Sternzeichen?

Hör zu! Füll die Tabelle aus!
Listen. Fill in the table.

	Name	Geburtstag	Sternzeichen
1			
2			
3			
4			
5			
6			

2 Partnerarbeit

Stell deinem Partner/deiner Partnerin Fragen.
Ask your partner questions.

— Wann hast du Geburtstag?
— Mein Geburtstag ist am ersten Mai.
— Wie ist dein Sternzeichen?
— Mein Sternzeichen ist Stier.

3

Mach eine Umfrage in der Klasse. Wann haben deine Klassenkameraden Geburtstag? Wie sind ihre Sternzeichen?
Do a class survey. When are your classmates' birthdays?

Dein Horoskop

Deine Sterne für die kommende Woche:

WIDDER 21.3.–20.4.
Du mußt selbstbewußt die Initiative ergreifen. Dann kannst du alles haben, was du willst.

STIER 21.4.–20.5.
Du wirst in der Schule mit vielen Problemen konfrontiert. Gib nicht auf!

ZWILLINGE 21.5.–21.6.
Du hast viel Zeit für private Aktivitäten. Du lernst viele neue Leute kennen.

KREBS 22.6.–22.7.
Vom vielen Nichtstun bist du wirklich träge geworden. Sei nicht so faul! Täglich ein Stündchen Fitneßtraining machen!

LÖWE 23.7.–23.8.
Eine ungewisse Zeit ist jetzt vorbei. Du hast alles wieder im Griff.

JUNGFRAU 24.8.–23.9.
Das beste Mittel gegen die Langeweile ist die Liebe. Dein(e) Traumpartner(in) wartet auf dich!

WERBESPOTS 8

WAAGE 24.9.–23.10.
Du hast die Sterne auf deiner Seite. Diese Woche kann einfach nichts schiefgehen.

SKORPION 24.10.–22.11.
Schule? Null Problem. Liebe? Deine große Chance kommt am Ende der Woche.

SCHÜTZE 23.11.–21.12.
Freizeit – Highlife in Sicht. Aber Vorsicht! Es ist nicht alles so einfach, wie es aussieht.

STEINBOCK 22.12.–20.1.
Du hast Finderglück. Liebe: Alles in Ordnung.

WASSERMANN 21.1.–20.2.
Beim Loseziehen hast du Glück. Dein größter Wunsch geht in Erfüllung.

FISCHE 21.2.–20.3.
Top–Einladungen warten auf dich. Wichtige Post!

Vokabeln

kennenlernen (sep)	to get to know
sei nicht faul	don't be lazy!
vorbei	past
das Mittel (–)	remedy
die Liebe	love
warten auf (+ acc)	to wait for
einfach	simple, easy
aussehen (sep)	to seem, look like
wichtig	important

4

Lies die Horoskope. Wie sagt man das auf deutsch?
Read the horoscopes. Find the German for the following.

1 with self-confidence
2 grasp the initiative
3 Don't give up!
4 to go wrong
5 Be careful!
6 invitations

5

Wie sind die Sternzeichen dieser Jugendlichen? Lies die Horoskope und beantworte die Fragen unten.
What are these young people's star signs? Read their horoscopes and answer the questions below.

a **Martin:** Ich habe am sechsten Dezember Geburtstag.

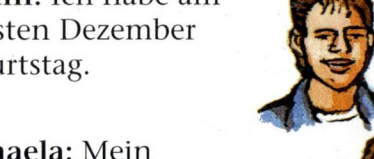

b **Michaela:** Mein Geburtstag ist am elften März.

c **Georg:** Ich habe am einunddreißigsten Oktober Geburtstag.

d **Elke:** Mein Geburtstag ist am dritten Februar.

e **Marion:** Mein Geburtstag ist am zwanzigsten Juli.

1 Wer muß aufpassen?
2 Wer wird vielleicht diese Woche glücklich sein?
3 Wer muß aktiver werden?
4 Wer sollte Toto spielen?
5 Wer sollte einen Brief erwarten?

6

Schreib ein Horoskop. Wer schreibt das lustigste in der Klasse?
Write a horoscope. Who can write the funniest in the class?

hundertfünf 105

Kleider machen Leute

a Mantel, ohne
  Gürtel, schwarz
  DM 99,90

b weiße Bluse,
  aus Seide
  DM 109,–

c die neuen Stricktrends
  Pullover, aus reiner
  Baumwolle, schwarz
  DM 69,80

d die neue Pullover-Mode
  Pullover, vielfarbig, aus
  Kunstfaser
  DM 89,–

e Sportlich in den
  Sommer
  moderne Trainings-
  schuhe, weiß mit
  blauen Streifen
  DM 49,90

1 Attraktive Freizeitmode

Hör zu! Lies die Anzeigen. Was paßt zusammen?
Listen. Read the adverts. What matches up?

Bespiel: 1 a

2

Sieh dir die Anzeigen noch einmal an. Ergänze diese Sätze.
Look at the adverts again. Complete these sentences.

Beispiel: Der schwarze Mantel ist schön.
Der vielfarbige Pullover ist schöner.
Die weiße Bluse ist am schönsten.

1 Der vielfarbige Pullover ist billig. Der schwarze Pullover ist _____. Die Trainingsschuhe sind am _____.

2 Der vielfarbige Pullover ist teuer. Der schwarze Mantel ist _____. Die weiße Bluse ist am _____.

Was meinst du? Welches Kleidungsstück ist am schönsten, gefällt dir am besten?
What do you think? Which article of clothing do you think is the nicest, the best?

3 _____ ist schön. _____ ist _____.
  _____ ist am _____.

4 _____ gefällt mir gut. _____ gefällt mir _____. _____ gefällt mir am _____.

Grammatik: Komparative und Superlative

teuer	teuerer	am teuersten
billig	billiger	am billigsten
klein	kleiner	am kleinsten
schön	schöner	am schönsten
Merke:		
gut	besser	am besten
groß	größer	am größten

3

Schreib ähnliche Sätze. Benutze andere Adjektive.
Write some similar sentences. Use other adjectives.

Vorschläge: bunt *(colourful)*
häßlich *(ugly)*
modern *(modern)*

4

Kannst du 2 Listen aufschreiben? Benutze ein Wörterbuch.
Can you write 2 lists? Use a dictionary.

1 5 Kleidungsstücke für den Sommer
2 5 Kleidungsstücke für den Winter

5 Im Kleidergeschäft

Hör zu! Bring diese Unterhaltung in die richtige Reihenfolge? Schreib sie auf.
Listen. Put the conversation in the correct order? Write it down.

Bespiel: 4 d

1 Welche Farbe?
2 Dieser ist etwas größer.
3 Hier ist ein Pullover in Grün.
4 Wer ist hier an der Reihe?
5 DM 99.
6 Dieser Pullover in Blau kostet DM 59.

a Der ist zu klein. Haben Sie ihn eine Nummer größer?
b Den nehme ich.
c Das ist mir zu teuer. Haben Sie etwas Billigeres?
d Ich bin dran. Ich suche einen Pullover.
e Was kostet er?
f Blau oder grün.

6 Partnerarbeit

Lies den Dialog unten. Ersetze die fettgedruckten Wörter, um andere Dialoge zu erfinden. Übe die Dialoge mit deinem Partner/deiner Partnerin.
*Read the dialogue below. Replace the words in **bold** type to make up other dialogues. Practise the dialogues with your partner.*

A: Kann ich Ihnen helfen?
B: Ich möchte **eine Bluse**.
A: **Diese gelbe Bluse** ist schön.
B: Nein, die Farbe gefällt mir nicht.
A: Welche Größe haben Sie?
B: Ich weiß nicht. Darf ich **die blaue Bluse** anprobieren?
A: Ja, natürlich.
B: **Die** ist zu **klein**. Haben Sie eine Nummer größer?
A: Ja. Bitte sehr.
B: **Die** gefällt mir. **Die** nehme ich. Was kostet **sie**?
A: DM **49**.

7 Im Kaufhaus

Hör zu! Welche Sonderangebote gibt es heute? Füll die Tabelle aus.
Listen. Which special offers are there today? Fill in the table.

	Angebot	Preis	Farbe
1			
2			
3			
4			

Vokabeln

das Karo (-s)   check (pattern)

8 Schlagzeilen

a MODE zum MINIPREIS
b Superfarbig für den Sommer
c modisch und bequem
d SPORTLICH in den Sommer

Für welche Schlagzeilen interesseren sich die Jugendlichen unten?
Which headlines are of interest to the young people below?

Beispiel: 1 a

1 Ich interessiere mich für die Mode, aber ich habe nur wenig Geld.
2 Die bunten Farben gefallen mir am besten.
3 Ich treibe viel Sport und möchte immer cool und modisch aussehen.
4 Mode ist wichtig, aber für mich ist es wichtiger, daß ich komfortabel bin.

Tip!
Können Sie **mir** helfen?
Can you help me?
Kann ich **Ihnen** helfen?
Can I help you?

Sonderangebote

ALDI

Aus unserer Fleischabteilung:

Frisches Schweinefleisch, 1 kg 17,60

Hackfleisch, gemischt Rind und Schwein, 1 kg 5,99

Frische Hähnchen, 1 kg 4,89

Deut. Tafeläpfel je 3-kg-Korb 5,10

Span. Tomaten Klasse I, 1 kg 1,80

Span. Knoblauch, 500-g-Beutel 2,98

Deutsche Kartoffeln Klasse I, 12,5-kg-Sack 6,99

Frisch aus Italien, Trauben, 1 kg 1,50

Deutsche Karotten Klasse II, 5-kg-Beutel 2,40

12 Flaschen Coca Cola, Fanta oder Sprite, 1 Liter, Kiste 19,48 incl. 6,60 Pfand   12,88 (ohne Pfand)

Kuchen, verschiedene Sorten ab 5,99

EDEKA

Aus unserer Fleischabteilung:

Frisches Schweinefleisch 1 kg 18,50

Hackfleisch, gemischt Rind und Schwein 1 kg 5,50

Frische Hähnchen 1 kg 4,75

Deut. Tafeläpfel je 3-kg-Korb 5,15

Span. Tomaten Klasse I 1 kg 1,89

Span. Knoblauch, 500-g-Beutel 3,10

Deutsche Kartoffeln Klasse I, 12,5-kg-Sack 6,95

Frisch aus Italien, Trauben 1 kg 1,59

Deutsche Karotten Klasse II, 5-kg-Beutel 2,39

12 Flaschen Coca Cola, Fanta oder Sprite, 1 Liter, Kiste 18,98 incl. 6,60 Pfand   12,38 (ohne Pfand)

Kuchen (Apfel-, Käse-, Schwarzwälder) ab 5,89

---

1 Einkaufslisten

Hör zu! Schreib die Listen auf. Was müssen sie bei Aldi ausgeben?
Listen. Write down the lists. What must they pay at Aldi?

2 Wo kauft man am besten ein?

Hör zu! Schau die Anzeigen noch einmal an. Wo kaufen diese Leute am besten ein?
Listen. Look at the advertisements again. Where should these people shop?

Beispiel: 1 bei Aldi

WERBESPOTS 8

Real-spezial: Unsere Preise passen

Stereo-Fernseher
mit Videotext
55 cm Bildschirm **DM498,–**

300,– Mark gespart!
Stereoanlage mit 5-fach
CD-Wechsler
1 Jahr Garantie
Alter Preis **DM~~999~~,–** **DM699,–**

Stereo-Kassettenrecorder
mit CD-Spieler **DM198,–**

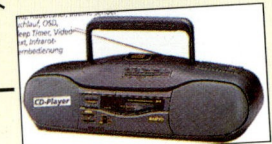

Sonderangebote bei Edeka

Stereo-Radiorecorder
mit CD-Spieler und
Kassettendeck **DM248,–**

Stereo-Fernseher
mit Videotext
37 cm Bildschirm **DM349,–**

250,– Mark gespart!
Stereoanlage mit
CD-Spieler
1 Jahr Garantie
Alter Preis **DM~~909~~,–** **DM659,–**

3 Partnerarbeit

Schreib eine Einkaufsliste. Frag deinen Partner/deine Partnerin, was die Sachen bei Aldi/Edeka kosten.
Write a shopping list. Ask your partner what each item would cost at Aldi/Edeka.

4

Lies die Anzeigen, vergleiche die Gegenstände und ergänze diese Sätze.
Read the adverts, compare the items and complete these sentences.

1 Bei _____ ist der Fernseher (groß) als bei _____.

2 Bei _____ ist der Kassettenrecorder (billig) als bei _____.

3 Bei _____ ist die Stereoanlage (teuer) als bei _____.

Jetzt schreib 2 weitere Sätze.
Now write 2 more sentences.

5

Zeichne ein Poster für dein eigenes Geschäft.
Draw a poster for your own shop.

Ich esse gern Küchen

Tip! Küchen = kitchens
Kuchen = cake(s)

hundertneun 109

Essen wir beim Italiener?

a Ristorante Pizzeria Napoli
feine italienische Küche
kein Ruhetag
Tel. (0611) 88 92 26

b RESTAURANT SILHOUETTE
feine deutsche Küche
Fischspezialitäten
Montag Ruhetag
Tel. (0611) 74 69 98

c Griechisches Restaurant
ZORBAS
Öffnungszeiten täglich von 17–24 Uhr
Sa., So. u. Feiertage 12–15 u. 17–24 Uhr
angenehme Atmosphäre
Tel. (0611) 56 28 87

d Taiwan China-Restaurant
Tel. (0611) 34 72 76 
Montag-Samstag
12.00-15.00 Uhr,
17.30-23.00 Uhr
preiswerter Mittagstisch
Alle Speisen auch außer Haus

e Spanisches Restaurant
Mi Casa Su Casa
Wochenende: Paella u. Flamenco-Musik
Tel. (0611) 44 35 69

f Kaiser
Vegetarisches Restaurant
Für umwelt- und gesundheitsbewußte Gourmets
Tel. (0611) 77 61 28

Vokabeln

der Ruhetag (-e)	rest day
die Öffnungszeiten (pl)	opening times
täglich	daily
angenehm	pleasant
preiswert	good value
die Speise (-n)	meal
außer Haus	take-away
vegetarisch	vegetarian
gesundheitsbewußt	health-conscious

Tip! der Feiertag (-e) = public holiday
Freitag = Friday

1 Essen gehen – aber wohin?

Hör zu! Lies die Anzeigen. Wo gehen diese Leute am besten essen?
Listen. Read the adverts. Where is the best place for these people to go to eat?

Beispiel: 1 a

2

Wo gehen diese Leute am besten essen? Kannst du ihnen helfen? Sie verstehen kein Deutsch.
Where is the best place for these people to eat? Can you help them? They don't understand German.

1. "I'm a very healthy eater. I only eat what's good for me and the environment."
2. "I don't finish work until 11.40 p.m. I like a pleasant atmosphere."
3. "Where can I get Italian food?"
4. "I would like a take-away meal."
5. "It's the weekend and I want entertainment with my food."
6. "Where can I get typical German cooking? I like fish."

3

Schreib eine Anzeige für dein eigenes Restaurant.
Write an advert for your own restaurant.

4 Im Restaurant

Hör zu! Lies den Text unten. Wie hat sich dieser Dialog verändert? Schreib die Unterschiede auf.
Listen. Read the text below. How has this dialogue changed? Write down the differences.

Frau: Haben Sie einen Tisch für 2?

Kellner: Ja, dort in der Ecke.

Frau: Die Speisekarte, bitte.

Kellner: Möchten Sie jetzt bestellen?

Frau: Ja, einmal Hähnchen mit Pommes Frites und einmal Schnitzel mit Bratkartoffeln.

Kellner: Und zu trinken?

Frau: Ein großes Bier und ein Glas Apfelsaft.

Kellner: Kommt sofort.

Frau: Herr Ober!

Kellner: Hat es geschmeckt?

Frau: Ja, das Essen war sehr gut.

Kellner: Danke.

Frau: Die Rechnung, bitte.

Kellner: DM 32,70.

Frau: DM 32,70. Hier sind 35,–. Stimmt so.

5 Partnerarbeit

Erfinde jetzt deinen eigenen Dialog. Benutze die Speisekarte unten.
Now make up your own dialogue. Use the menu below.

Tagesmenü

Vorspeisen
Gulaschsuppe .... DM 3,–
Tomatensuppe .... DM 3,–

Hauptgerichte
Hähnchen, Pommes frites .... DM 9,90
Schnitzel, Bratkartoffeln .... DM 15,60
Steak, Pommes frites, Erbsen .... DM 17,80
Bratwurst, Kartoffelsalat, Brot .... DM 7,40
Fischsteak, Kartoffelsalat .... DM 15,80

Nachspeisen
Eis .... DM 2,55
Pudding .... DM 2,70

Getränke
Bier vom Faß 0,3l .... DM 3,20
Bier vom Faß 0,4l .... DM 4,70
Weißwein 0,2l .... DM 3,50
Rotwein 0,2l .... DM 3,50
Sprudel 0,2l .... DM 2,60
Apfelsaft 0,2l .... DM 2,50

Bedienung und Mehrwertsteuer inbegriffen

6

Wie sagt man auf deutsch?
How do you say this in German?

Have you got a table for three?

Menu

Starter

Main course

Dessert

Do you wish to order?

I'll have potato salad please.

For dessert I'll have a mixed ice cream.

May I have the bill, please.

Did you enjoy your meal?

Is service included?

7 In der Konditorei

Hör zu! Was bestellen diese Leute in der Konditorei?
Listen. What are these people ordering in the cake shop café?

Beispiel: 1 ein Stück Apfelkuchen...

Vokabeln	
der Zettel (–)	ticket
das Kännchen (–)	pot
Ich habe ... bestellt	I have ordered ...
Was für ...?	What sort of ...?
die Tasse (-n)	cup
die Sahne	cream

8

Zeichne eine Speisekarte für dein eigenes Restaurant oder deine eigene Konditorei. Benutze ein Wörterbuch.
Draw a menu for your own restaurant or your own cake shop. Use a dictionary.

WERBESPOTS 8

hundertelf 111

Rätselseite

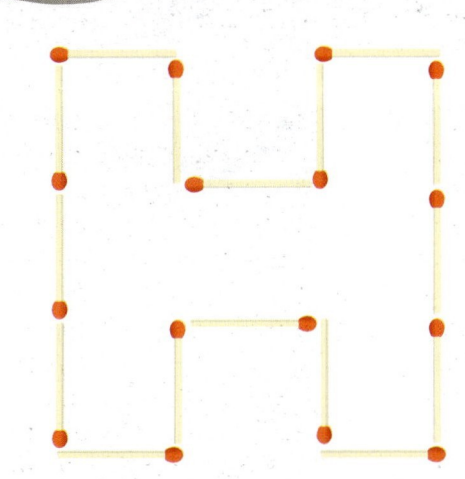

1 Streichhölzerrätsel

Leg 5 Hölzer so um, daß sich 5 gleichgroße Quadrate ergeben.
Move 5 matches to create 5 equally sized squares.

2

Anagramme zum Mittagessen.
Anagrams for lunch.

1 BURST WART
2 SOME FIRM PETS
3 LET FAT BARN FORK
4 MO PUT TEN PEAS
5 BRIE
6 LETS CHIN Z

Erfinde jetzt deine eigenen Anagramme.
Now make up your own anagrams.

3 Ein Lied

Erfinde jetzt dein eigenes Lied.
Now make up your own song.

Beispiel: Bein, Rücken, Nase, Hand, Nase, Hand, Bein, Rücken, Nase, Hand, Nase, Hand, und Finger, ...

Kopf, Schulter, Knie und Fuß, Knie und Fuß,

Kopf, Schulter, Knie und Fuß, Knie und Fuß,

Und Augen, Ohren, Mund und Nase,

Kopf, Schulter, Knie und Fuß, Knie und Fuß.

112 hundertzwölf

WERBESPOTS 8

4 Worträtsel

Wie verwandelt man MANN in KIND?
Tausche von Reihe zu Reihe einen
Buchstaben aus, so daß jedesmal ein neues
Wort entsteht.
*How can you change MANN (man) into KIND (child)?
Change one letter each time so that a new word is
formed.*

MANN

— — — —

— — — —

KIND

Infobox: Vokabeltips für die Prüfung

wir	*we*	wie?	*how?*
man	*one, (you)*	der Mann	*man*
der Bahnhof	*station*	der Bauernhof	*farm*
der See	*lake*	die See	*sea*
die Nordsee	*North Sea*	die Ostsee	*Baltic Sea*
morgen	*tomorrow*	morgens	*in the mornings*
vor	*in front of, ago*	für	*for*
putzen	*to clean*	stellen	*to put*
die Sahne	*cream*	die Zähne	*teeth*
wo?	*where?*	wer?	*who?*
nach Hause	*(to) home*	zu Hause	*at home*
die Ankunft	*arrival*	die Auskunft	*information*
Es regnet	*it rains, it is raining*		
Ich gehe	*I go, I am going*		

5 Kreuzworträtsel

Kopiere das Rätsel und füll es aus.
Copy the puzzle and fill it in.

Waagerecht

1.
3.
5.
7.

Senkrecht

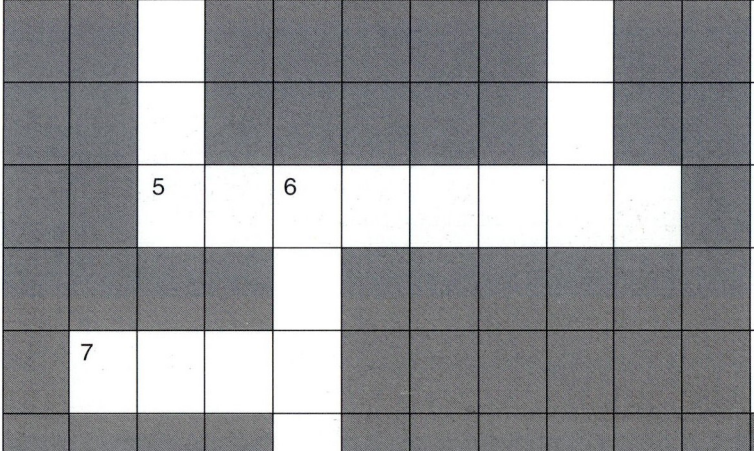

2.
3.
4.
6.

Jetzt kann ich

I can:

- understand a variety of adverts from newspapers or magazines
- deal with motoring problems
- say when my birthday is and what my star sign is
- buy clothes
- compare things
- understand supermarket adverts
- order a meal in a restaurant
- order a drink and cake in a Konditorei

hundertdreizehn 113

9 UNSERE WELT

Bist du umweltbewußt?

1

Schau die Bilder oben an. Was hast du in der Schultasche? Woraus besteht es?
Look at the pictures above. What have you got in your school bag? What's it made of?

Beispiel: Ich habe ein Federmäppchen aus Kunststoff.

ein Federmäppchen   aus Altpapier
       aus weißem Papier
einen Tintenlöscher   Bleistifte
       einen Füller   aus Leder
aus Holz   einen Füller mit Patrone
ein Schreibheft   aus Alufolie
       Filzstifte   aus Plastik
eine Lunchpaket   aus Kunststoff

2

Schau die Bilder oben an. Sind die Sachen umweltfreundlich oder umweltbelastend? Mach 2 Listen.
Look at the pictures above. Are the things environmentally friendly or damaging? Make 2 lists.

Beispiel:

Umweltfreundlich	Warum?	Umweltbelastend	Warum?
Federmäppchen aus Leder	*kann repariert werden*	*Federmäppchen aus Plastik*	*kann nicht repariert werden*

Infobox: Passivsätze

Ein Füller kann immer wieder **gefüllt werden**.
Eine Mappe aus Leder kann **repariert werden**.
Ein Kästchen aus Plastik kann **wiederverwendet werden**.
Wenn sie leer ist, kann die Patrone durch eine neue **ersetzt werden**.

UNSERE WELT

3

Wer ist umweltbewußt und wer nicht? Was meinst du?
Who is environmentally minded and who isn't? What do you think?

1 Christoph: „Ich fahre auf der Autobahn langsamer. Ich spare Benzin."
2 Klaus: „Wenn ich aus dem Zimmer gehe, schalte ich immer das Licht aus."
3 Mehmet: „Ich bin schneller mit dem Motorrad als mit dem Bus oder mit der Straßenbahn."
4 Verena: „Alufolie, Kunststoffabfälle, Altpapier, usw. gebe ich an Sammelstellen ab."
5 Ines: „Ich bade nicht in der Badewanne, sondern dusche mich."
6 Stephan: „Ich habe versucht, immer Cola in Glasflaschen zu kaufen, aber das Problem ist, man bekommt die Flaschen nur selten, und die kosten auch mehr."

4 Was denken sie über die Umwelt?

Hör zu! Sind die Sätze unten richtig oder falsch?
Listen. Are the sentences below true or false?

1 Wenn er aus dem Zimmer geht, schaltet Christoph nie das Licht aus.
2 Ines Vater und Schwester interessieren sich sehr für den Umweltschutz.
3 Stephan denkt selten an die Umwelt, wenn er einkaufen geht.
4 Er fährt lieber mit dem Bus als mit dem Motorrad.
5 Tobias findet das Thema Umweltschutz langweilig.
6 In Annes Schule benutzt man nur Recyclingpapier im Fotokopierer.

5

Lies die Satzhälften unten. Was paßt zusammen?
Read the sentence halves below. What matches up?

Beispiel: 1 b

1 Meine Eltern fahren auf der Autobahn langsamer,
2 Ich kaufe immer Joghurt im Glas,
3 Wir sammeln Alufolie, Glas und Papier,
4 Ich benutze öffentliche Verkehrsmittel nicht oft,
5 Ich fahre lieber mit meinem Motorrad,
6 Ich interessiere mich nicht für das Thema Umweltschutz,

a weil es nicht weit von uns Sammelstellen gibt.
b weil sie dabei Benzin sparen.
c weil es schneller ist.
d weil umweltbewußtes Einkaufen für mich wichtig ist.
e weil sie teuer sind und die Busse nicht so oft kommen.
f weil ich das alles langweilig finde.

6

Schreib eine Liste Umweltregeln für die Schule auf. Die Fragen unten helfen dir.
Write a list of environmental rules for school. The questions below will help you.

Fragen: Was soll recycelt werden?
Wie kann Energie/Wasser gespart werden?
Was soll verkauft werden?

Infobox: Passivsätze

Wenn man aus dem Zimmer geht, muß das Licht **ausgeschaltet werden**.
Altpapier soll an Sammelstellen **abgegeben werden**.
Autos sollen langsamer **gefahren werden**.

Schonst du die Umwelt?

Welches Verkehrsmittel wählst du?

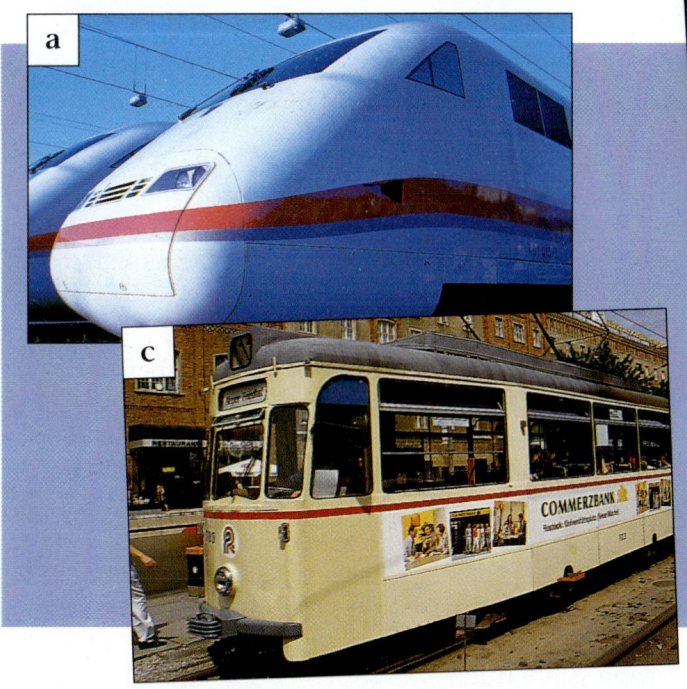

a

b

c

d

1 Herr Kinski
Ich fahre immer mit dem Auto zur Arbeit. Das hat seine Probleme. Zum Beispiel, es gibt immer Staus, aber ich würde nie mit dem Bus fahren. Bei uns im Dorf geht das einfach nicht. Zuviel Warten, und die fahren nicht oft genug. Wenn die Busse öfter kämen, würde ich vielleicht mit dem Bus fahren.

2 Maria
Bei uns in der Stadt sind die Verkehrsverbindungen sehr gut. Ich fahre jeden Morgen mit der Straßenbahn in die Berufsschule. Sie fährt an unserem Wohnblock vorbei.

3 Frau Weidermann
Ich habe zwar ein Auto. Das war das Auto von meinem Mann. Er ist jetzt gestorben. Aber ich fahre eigentlich nicht viel. Ich habe eine Schwester in Bremen, aber wenn ich sie besuche, fahre ich nie mit dem Auto nach Bremen. Ich fahre immer mit dem Zug. Das ist viel leichter.

4 Herr Ulbricht
Ich habe zwar ein Auto, aber weil ich jetzt Rentner bin, benutzen wir es kaum. Wir finden es zu teuer. Tja, in der Kleinstadt, wo wir wohnen, gehen wir eigentlich lieber zu Fuß, weil das erstens gesünder und zweitens umweltfreundlicher ist.

1 Transportmittel

Hör zu! Schau die Bilder oben an und lies die Texte. Was paßt zusammen? Schreib die Antworten auf und notiere, welche umweltbewußt und sinnvoll sind.
Listen. Look at the pictures above and read the texts. What matches up? Write down the answers and note which ones are environmentally aware and sensible.

Vokabeln	
der Stau (-s)	traffic jam
das Warten	waiting about
die Verkehrsverbindungen (*pl*)	public transport network
der Rentner (–)	pensioner

UNSERE WELT 9

2

Wie sagt man das auf deutsch?
Find the German for the following.

1 In our town the public transport network is very good.
2 I always go on the train.
3 If the buses came more often, maybe I'd go by bus.
4 I travel every morning by tram.
5 I always go by car.
6 Actually, we would rather walk.

3

Lies die Texte auf Seite 116 noch einmal und vervollständige die Sätze unten.
Read the texts on page 116 again and complete the sentences below.

1 Wenn die Busse öfter kämen, _____ ich vielleicht mit dem Bus _____ .
2 Es gibt immer Staus, aber ich _____ nie mit dem Bus _____ .
3 Wenn ich meine Schwester in Bremen besuche, _____ ich immer _____ _____ _____ .
4 Weil es gesünder ist, _____ wir lieber _____ _____ .

Grammatik

Ich **würde**	lieber	mit dem Bus **fahren**
Du **würdest**	gern	Geld **sparen**
Er/sie **würde**		zu Fuß **gehen**
Wir **würden**		
Ihr **würdet**		
Sie **würden**		

4

Richtig oder falsch?
True or false?

1 Herr Kinski fährt immer mit dem Bus zur Arbeit.
2 Mit dem Auto gibt es immer Probleme, zum Beispiel Staus.
3 Wo Maria wohnt, sind die Verkehrsverbindungen schlecht.
4 Maria fährt jeden Morgen mit dem Bus in die Berufsschule.
5 Frau Weidermann fährt mit dem Zug nach Bremen, um ihre Schwester zu besuchen.
6 Frau Weidermann hat keinen Wagen.

5 *Partnerarbeit*

Übe den Dialog mit einem Partner/einer Partnerin. Schau dir die Texte auf Seite 116 noch einmal an.
Practise the dialogue with a partner. Look at the texts on page 116 again.

Du sprichst mit deinem Austauschpartner/deiner Austauschpartnerin.

Dein Austauschpartner/deine Austauschpartnerin beginnt.

A: Wie würdest du normalerweise in die Schule fahren?

B: *Say you would usually go on the bus.*

A: Wie findest du das?

B: *Say it's sometimes problematic because the buses don't come very often.*

A: Gibt's andere Möglichkeiten?

B: *Say you could go with your dad in the car.*

6

Schreib einen kurzen Bericht über die Verkehrsverbindungen in deiner Gegend. Du sollst folgendes erwähnen:
Write a short report about the public transport in your area. You should mention the following:

- Was für Verkehrsverbindungen gibt est bei dir?
- Wie kommst du in die Schule?
- Was hältst du von den Verkehrsverbindungen bei dir?
- Was für Probleme gibt es?
- Wie fährst du, um einen Freund/eine Freundin zu besuchen?
- Wie fährst du abends in die Stadt?

Recycling: Was kann recycelt werden?

Jede Woche schmeißen Familien eine Menge Abfälle weg, die einfach und ökonomisch recycelt werden können. Meistens sind das Glas, Papier und Alufolie. Sogar einige Sorten von Plastik können heutzutage recycelt werden. In manchen Städten muß alles für Recycling separat für die Müllbeseitigung gestellt werden.

Jeden Tag wandern eine Menge Bio-Abfälle in den Mülleimer: Gemüsereste, verwelkte Salatblätter, Kartoffelschalen, Filtertüten, Teebeutel, Eierschalen ... Pro Kopf über 100 Kilo im Jahr. Wenn ihr es richtig anstellt, recycelt sie die Natur selbst. So wird aus diesen Abfällen fruchtbare Humuserde. Man nennt das kompostieren.

Vokabeln

wegschmeißen (sep)	to throw away	Gemüsereste (pl)	vegetable remains
die Menge (-n)	lot/load	Salatblätter (pl)	lettuce leaves
der Abfall (die Abfälle)	rubbish	die Kartoffelschalen (pl)	potato peelings
die Alufolie	aluminium foil	die Filtertüte (-n)	(used) coffee filter
bedenkenlos	thoughtlessly	die Teebeutel (pl)	tea bags
der Mülleimer (–)	rubbish bin	die Eierschalen (pl)	eggshells
die Müllbeseitigung	refuse collection	fruchtbar	fertile
die Bio-Abfälle (pl)	biodegradable rubbish	die Humuserde	humus soil

1

Lies den Text. Füll die Lücken unten aus.
Read the text. Fill in the gaps below.

1 Heutzutage _____ einige Sorten von Plastik _____ _____ .
2 Alles für Recycling _____ in manchen Städten separat _____ _____ .
3 Aus Bio-Abfällen _____ fruchtbare Humuserde.
4 Das _____ _____ kompostieren.

2

Beantworte diese Fragen auf englisch.
Answer these questions in English.

1 Why might your rubbish not be collected by the bin men in some German cities?
2 What are the 4 types of recyclable household waste mentioned that are often thrown away?
3 How much biodegradable household waste is created per person per year?
4 What is the process by which this waste is turned into humus for the garden called?

UNSERE WELT 9

Die wichtigsten Kompost-Regeln

Auf den Kompost gehören:
○ alle Pflanzenreste
○ Küchenabfälle wie Eierschalen, Gemüse- und Obstreste, Kaffee- und Teesatz
○ Speisereste in kleinen Mengen, mit Erde abdecken

Was nicht auf den Kompost gehört:
● Fleischreste und Knochen
● bedrucktes Papier
● der Inhalt von Staubsaugerbeuteln
● Kleintiermist
● große Mengen von gekochten Essensresten, sie sind zu feucht und locken Ungeziefer an

Vokabeln

die Regel (-n)	rule
gehören	to belong
die Pflanzenreste	plant remains
die Küchenabfälle (pl)	kitchen waste
der Teesatz	used tea leaves
der Knochen (–)	bone
bedrucktes Papier	printed paper
der Inhalt (-e)	contents
der Staubsaugerbeutel (–)	vacuum cleaner bag
der Kleintiermist	dung of small animals
feucht	damp
anlocken (sep)	to encourage
das Ungeziefer	vermin

3

Teile die folgenden Sachen in 2 Listen. Schreib die Listen auf englisch auf und finde die passenden deutschen Ausdrücke.
Divide the following things into 2 lists.
Write down the lists in English and find the matching German expressions.

What can be composted	What cannot be composted

- printed paper
- the contents of vacuum cleaner bags
- the dung of small animals
- vegetable and fruit remains
- all plant remains
- eggshells
- used tea leaves
- bones

4 Sind diese Leute umweltfreundlich?

Hör zu! Wie umweltfreundlich sind diese Leute, deiner Meinung nach? Benutze das Diagramm unten.
Listen. How environmentally friendly do you think these people are? Use the diagram below.

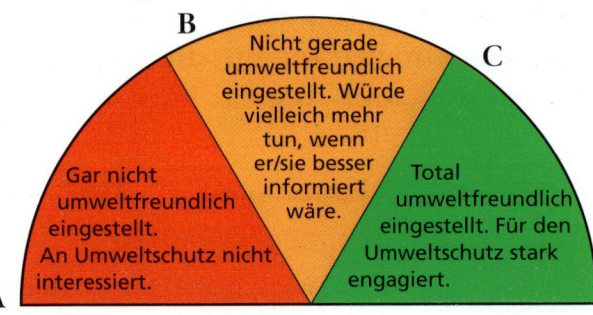

A: Gar nicht umweltfreundlich eingestellt. An Umweltschutz nicht interessiert.
B: Nicht gerade umweltfreundlich eingestellt. Würde vielleich mehr tun, wenn er/sie besser informiert wäre.
C: Total umweltfreundlich eingestellt. Für den Umweltschutz stark engagiert.

5

Schreib einen kurzen Brief an deinen Brieffreund/deine Brieffreundin. Im Brief enthalten:
Write a short letter to your penfriend. Include in the letter:

1 a suitable beginning and ending
2 say you are interested in the environment, but your family is not
3 mention 2 things you do about the house that could be called 'environmentally friendly'
4 mention something that happens at home that doesn't help the environment
5 give an opinion about an environmental issue

hundertneunzehn 119

Umweltverschmutzung: Dicke Luft!

Auf dem Schulweg

„Hier stinkt's!" sagt die 15-jährige Lisa, als sie an der Ampel wartet. Ein stinknormaler Morgen in der Großstadt: Viel Verkehr wie immer, die Luft ist diesig. Täglich atmet Lisa mit der Luft auch Schmutz und Schadstoffe ein.

Kinder reagieren darauf empfindlicher als Erwachsene. Viele haben Asthma, Bronchitis oder Allergien.

Lisa und ihre Klassenkameraden haben 2 Experimente gemacht, den Auspuff-Test und den Staub-Test.

Kontrolle

Nach dem Test

Auspuff-Test

Materialien: Nitrit-Teststäbchen aus der Apotheke

Methode:

Beim Autofahren wird im Motor Benzin verbrannt. Giftige Gase namens Stickoxide werden durch den Auspuff in die Luft geblasen.
Wir haben Teststäbchen in der Apotheke gekauft. Wir sind kurz vor Schulbeginn in den Schulparkplatz gegangen. Wir haben gewartet, bis ein Auto geparkt hat. Wir haben geschaut, ob Wassertropfen am Ende des Auspuffrohrs zu sehen waren. Wenn ja, dann haben wir das Teststäbchen kurz ins Wasser gehalten. Dann haben wir 1 Minute gewartet und haben das Teststäbchen mit der Farbskala auf der Packung verglichen. Wir haben den Test bei 10 Autos gemacht.

Ergebnisse:

Bei allen waren die Teststäbchen rosa bis violett. Das heißt, daß viele Stickoxide in den Auspuffgasen sind. Wir haben festgestellt, daß die neuen Autos mit Katalysator beim Test besser abschneiden.

1

Lies den „Auspuff-Test". Füll die Lücken mit den Wörtern unten aus. Ordne die Sätze, um das Experiment zu beschreiben.
Read "Auspuff-Test". Fill in the gaps with the words below. Put the sentences in order to describe the experiment.

1 Die neuen Autos mit _____ haben beim Test besser _____.
2 Wir _____ kurz vor Schulbeginn in den Schulparkplatz _____.
3 Wir haben das _____ bei 10 Autos _____.
4 Wir haben Teststäbchen in der _____ gekauft.
5 Wir haben das Teststäbchen in den Wassertropfen am Auspuff _____.
6 Bei allen Autos war das Teststäbchen _____ bis _____.

Katalysator **Experiment** **rosa**
gegangen **abgeschnitten** **violett**
sind **Apotheke** **gehalten** **gemacht**

UNSERE WELT 9

2 Der Staub-Test

Hör zu! In welcher Ordnung hat Lisa folgendes gemacht, um den Staub-Test zu machen?
Listen. In which order did Lisa do the following things in order to do the dust test?

Beispiel: d, ...

a I stuck two strips of sellotape sticky side up on each card.
b I looked at the dirt using the magnifying glass.
c I made small cards from the card.
d I collected sellotape, card, paper, a magnifying glass and a town plan.
e I collected the cards after a week.
f I stuck the cards at different places, in the school car park, on a busy street, etc.
g I went into town.
h I wrote the dates and places on the cards.
i I stuck the pieces of paper on the correct places on the town plan.

Vokabel

| der Tesafilm | sellotape |

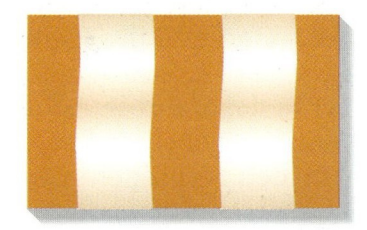

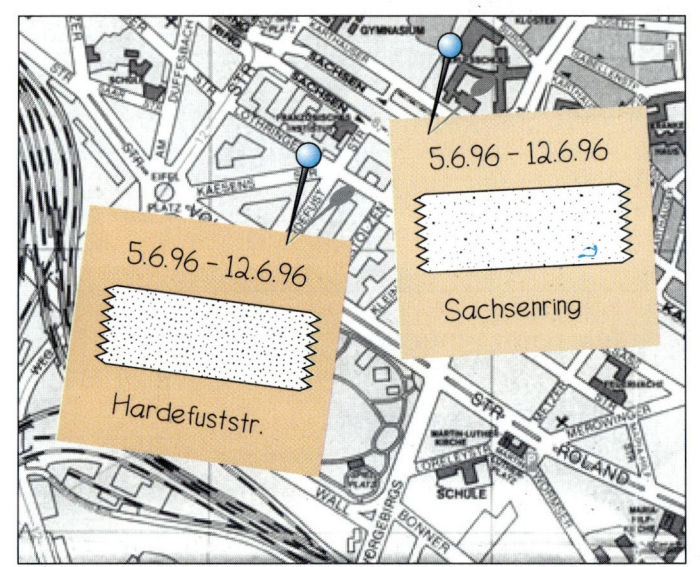

3

Füll die Lücken mit den Wörtern unten aus.
Fill in the gaps with the words below.

1 Ich _____ Tesafilm und Karton _____.
2 Ich _____ Papier von zu Hause _____ und eine Lupe und einen Stadtplan von der Schule _____.
3 Dann _____ ich kleine Karten aus dem Karton _____.
4 Ich _____ in die Stadt _____.
5 Eine Karte _____ ich auf dem Schulparkplatz _____.
6 Nach einer Woche _____ ich die Karten _____.

geklebt   gekauft   bin   mitgebracht
habe   habe   gemacht   gegangen
bekommen   habe   habe   habe
  habe   gesammelt

4

Schreib einen kurzen Bericht vom Staub-Test. Die Notizen unten helfen dir.
Write a short report about the dust test. The notes below will help you.

Beispiel: einen Staubtest gemacht
→ Ich habe einen Staubtest gemacht.

einen Staub-Test	gegangen
Karton und Klebestreifen	angeschaut
Papier von zu Hause	gesammelt
um die Karten	gekauft
mit den Klebeseiten nach oben	mitgebracht
in die Stadt	gemacht
auf dem Schulparkplatz	geklebt
an einer Straße	
im Park	
in der Nähe einer Fabrik	
nach einer Woche	
den Schmutz unter der Lupe	
die Tests an den Stadtplan	

hunderteinundzwanzig 121

Energie – ein kostbares Gut

1

Lies die Tips zum Energiesparen rechts und die Sätze auf englisch unten. Was paßt zusammen?
Read the energy-saving tips on the right and the English sentences below. What matches up?

Beispiel: 1 e

1 Switch off lights. And buy 20-watt energy-saving lamp instead of 100-watt bulbs.
2 Taking a shower instead of a bath saves water and energy.
3 Cover short distances on foot or on a bicycle, use public transport.
4 Turn the heating down to 20 degrees.
5 Turn the standby mode off on the television.
6 Always turn appliances off when they are not needed.

a Heizung auf 20 Grad runterdrehen.
b Duschen statt baden spart Wasser und Energie.
c Beim Fernseher die „Stand-By-Schaltung" ausschalten.
d Geräte immer abschalten, wenn sie nicht benötigt werden.
e Licht ausschalten. Und 20-Watt-Energiesparlampen statt 100-Watt-Glühbirnen kaufen.
f Kurze Wege zu Fuß oder mit dem Rad zurücklegen, öffentliche Verkehrsmittel benutzen.

2 Energie-Quiz

Bist du sparsam oder verschwenderisch? Beantworte die Fragen unten mit **a**, **b** oder **c**.
Are you economical or wasteful? Answer the questions below with a, b or c.

1 Es ist Dezember und frostig. Was machst du?
a Ich drehe die Heizung auf.
b Ich drehe die Heizung nicht auf, sondern ziehe einen Pullover an.
c Ich drehe die Heizung runter und ziehe 2 Pullover an.

2 Du kommst schlammbefleckt vom Sport nach Hause. Was machst du?
a Ich dusche mich erstmal und dann entspanne mich eine halbe Stunde im heißen Bad.
b Ich bade eine halbe Stunde lang.
c Ich dusche mich.

3 Du siehst fern. Inzwischen hast du Hunger und willst eine Pizza von der Pizzeria holen. Was machst du?
a Ich verlasse das Haus und lasse den Fernseher laufen und das Licht brennen.
b Ich verlasse das Haus und lasse den Fernseher in der Stand-By-Schaltung. Ich schalte das Licht aber aus.
c Ich schalte den Fernseher und das Licht aus, bevor ich das Haus verlasse.

4 Du willst zum Jugendclub gehen. Das ist etwa 1 km entfernt, und es regnet. Was machst du?
a Ich werde von meiner Mutter im Auto hingefahren und abgeholt.
b Ich nehme den Bus.
c Ich ziehe einen Regenmantel an und gehe hin und zurück zu Fuß.

Punkte
a = 3 Punkte
b = 2 Punkte
c = 1 Punkt

Energie-Quiz Ergebnisse:
4 bis 6 Punkte = Bravo! Du bist sparsam und umweltfreundlich eingestellt.
7 bis 9 Punkte = Es geht, aber einiges machst du falsch. Du könntest mehr Energie sparen.
10 bis 12 Punkte = Mensch! Du bist gar nicht umweltfreundlich. Du mußt noch was lernen!

122 hundertzweiundzwanzig

3 Sparsam oder verschwenderisch?

Hör zu! Was machen diese Leute im Haus richtig und was falsch, um Energie zu sparen? Füll die Tabelle aus.
Listen. What do these people do right and wrong in the house in order to save energy? Fill in the table.

Name	✓	✗
Alessandro		
Yasmin		
Thies		

4

Mach Sätze mit „um ... zu ..." wie im Beispiel.
Make sentences with „um ... zu ..." like the example.

Beispiel: Ich drehe die Heizung runter. + Ich spare Gas.
Ich drehe die Heizung runter, **um** Gas **zu** sparen.

1 Ich dusche mich. + Ich spare Wasser.
2 Ich fahre nächste Woche nach Hamburg. + Ich besuche meine Oma.
3 Wir fahren immer mit dem Rad in die Schule. + Wir sparen unser Geld.
4 Ich lasse beim Fernseher die Stand-By-Schaltung nie angeschaltet. + Ich spare Strom.
5 Ich teile mein Auto mit drei anderen. + Ich bin umweltfreundlich.
6 Mein Vater fährt jetzt langsamer auf der Autobahn. + Er spart dabei Benzin und Geld.

Grammatik: um ... zu ...

Ich drehe die Heizung runter, **um** Gas **zu** sparen.
Ich schalte das Licht aus, **um** keinen Strom **zu** verschwenden.

Energie – ein kostbares Gut

Wenn est draußen kalt und dunkel ist, machst du es dir im hellen, warmen Zimmer gemütlich. Du siehst fern, liest ein Buch, spielst mit dem Computer, trinkst heißen Kakao oder ißt Kuchen, frisch aus dem Backofen.

Ob Heizung, Herd, Fernseher, Lampen, Radio, Computer oder das Auto, mit dem du zum Sportverein gefahren wirst, alles funktioniert nur mit Energie. Bevor wir sie aber tagtäglich nutzen können, muß sie erst erzeugt werden. Das ist sehr teuer und belastet die Umwelt. Deshalb müssen wir alle mit der kostbaren Energie sparsam umgehen.

Wieviel Strom verbraucht deine Familie?
Beobachte euren Stromzähler

✗ wenn viele elektrische Geräte in Betrieb sind
✗ wenn wenige angeschlossen sind
✓ Notiere den Zählerstand an einem Tag zu einer bestimmten Zeit, am nächsten Tag zur gleichen Zeit. Wieviel kwh (Kilowatt-Stunden) habt ihr verbraucht?
✓ Vergleiche den Stromverbrauch von zwei Wochentagen mit dem Verbrauch an einem Wochenende.

Schultest: Wie kann eure Schule umweltfreundlicher werden?

Schüler besprechen ihre Umweltaktion

Florian Gauß, Wildbad
Unsere Schule verkauft leider keine Getränke. Unsere Lehrer achten nicht darauf, ob wir auf Umweltpapier schreiben. Das Thema Müll wird im Unterricht auch nicht durchgenommen. Viele Kinder bringen Getränke in Plastikflaschen mit. Das finde ich nicht so toll.

Susanne Siewerin, Winsen
Was in unserer Schule stört: Wir haben keine verschiedenen Mülltonnen für Kompost, Pappe, Papier und so weiter. Bei uns wird sich um Müll nicht viel gekümmert. Das finde ich nicht sehr gut. Denn wir Kinder und die Umwelt wollen auch leben. Die Ozonschicht ist auch schon kaputt, das muß nicht sein.

Miriam Münzenmaier, Stuttgart
Bei uns verkaufen Schüler jeden Mittwoch in der großen Pause Umwelthefte. Das finden unsere Schüler und Lehrer und der Herr Rektor prima! Wir sammeln in einer roten Mülltonne die Plastiksachen. Dann haben wir eben noch einen Papiercontainer und einen Schulkomposthaufen.

1

Richtig oder falsch?
True or false?

Florian:
1. Das Thema Müll wird nicht im Unterricht durchgenommen.
2. Florian findet, daß die Schule umweltfreundlich ist.

Susanne:
3. Susanne findet es gut, daß sich in der Schule um Müll viel gekümmert wird.
4. Es gibt keine verschiedenen Mülltonnen für Kompost, Pappe and Papier.

Miriam:
5. Miriam kann dienstags Umwelthefte in der Schule kaufen.
6. In Miriams Schule werden Plastiksachen, Papier und Bio-Abfälle sortiert.

Vokabeln	
auf etwas achten	to take notice of something
das Umweltpapier	recycled paper
der Unterricht	lessons, teaching
die Mülltonne (-n)	rubbish bin
die Pappe	cardboard
Man kümmert sich nicht viel um Müll	they don't pay much attention to rubbish
die Ozonschicht	ozone layer
das Umweltheft (-e)	exercise book made from recycled paper
der Rektor	headteacher

UNSERE WELT

Infobox: Meinungen

Meine Schule ist umweltfreundlich.
Ich finde (es gut/schlecht), daß meine Schule umweltfreundlich ist.
Der Müll soll sortiert werden.
Ich glaube, daß der Müll sortiert werden soll.

2 Schule und Umwelt

Hör zu! Du nimmst an einem Schulaustausch teil. Der Rektor/die Rektorin deiner Schule ist auch dabei, aber er/sie kann kein Deutsch. Beantworte seine/ihre Fragen auf englisch.
Listen. You are taking part in a school exchange. The head of your school has come too, but he/she cannot speak German. Answer his/her questions in English.

Günther:
1 Do you think Günther's school is doing enough for the environment? Give 2 reasons.

Nicola:
2 Why does Nicola think that the environmental campaign in her school is working?

Nina:
3 What is the main problem in Nina's school?

Heiko:
4 Is his school a very environmentally aware place? Mention 2 things.

3

Mach Sätze wie im Beispiel.
Write sentences like the example.

Beispiel: Ich finde es gut, + Meine Schule **ist** sehr umweltfreundlich.
Ich finde es gut, **daß** meine Schule sehr umweltfreundlich **ist**.

Ich finde es eine gute Idee,	+	Der Müll soll sortiert werden.
Ich halte es für dumm,		Umwelthefte werden an Schüler verkauft.
Ich denke,		Meine Schule ist umweltfreundlich.
Ich glaube,		Es gibt auf den Toiletten Tücher aus Umweltpapier.
Ich finde es schlecht,		Die Lehrer interessieren sich für unser Schreibmaterial.
		Es gibt keine Umweltaktion.
		Das Thema Umwelt wird im Unterricht besprochen.
		Die Arbeitsbögen werden nicht auf Recycling-Papier kopiert.

4 Partnerarbeit

Füll die Lücken im Dialog aus.
Fill in the gaps in the dialogue.

Du sprichst mit einem Lehrer/einer Lehrerin in deiner Austauschschule in Deutschland. Du beginnst.

A: *Say you think it's good that the school is so environmentally friendly.*
B: Ja, wir machen seit einem Jahr hier eine Umweltaktion. Wir recyceln viel.
A: *Say you think glass, paper and aluminium foil should be recycled in your own school too.*
B: Was macht man eigentlich für die Umwelt in deiner Schule?
A: *Say not much, but the paper towels and toilet paper are recycled paper.*

5

Schreib einen kurzen Bericht über deine Schule. Ist sie umweltfreundlich? Was meinst du? Wie kann sie umweltfreundlicher werden?
Write a short report about your school. Is it environmentally friendly? What do you think? How can it be more environmentally friendly?

Die Umwelt kann zu freundlich sein!

hundertfünfundzwanzig 125

Was meinst du über Umweltfragen?

1

Schau die Bilder an und lies die Texte unten. Diese Leute sagen, was sie über verschiedene Umweltsthemen denken. Was paßt zusammen?
Look at the pictures and read the texts below. These people are saying what they think about various environmental issues. What matches up?

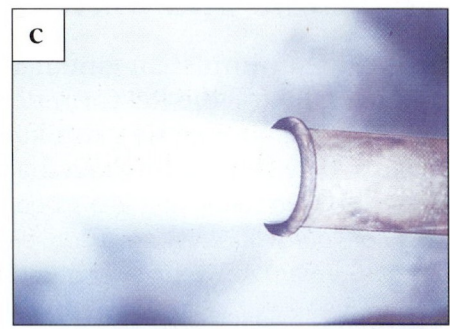

a b c
d e f

1. Ich denke, daß Lärm, besonders von Verkehr und Flugzeugen, hier das größte Problem ist.

2. Ich denke, daß Solarzellen eine gute Idee sind. Die Sonne gibt uns Energie umsonst.

3. Ich denke, daß saurer Regen kein wichtiges Problem ist. Wir müssen ja Strom haben.

4. Ich glaube, daß ich gegen Atomkraft bin. Das ist eine schwere Entscheidung. Wir müssen Energie haben, aber ich denke, daß Atomkraft zu gefährlich ist.

5. Ich glaube schon, daß Wasserverschmutzung ein Problem ist. Ich meine, daß wir mehr Respekt für die Natur haben sollen.

6. Bei uns in der Stadt stinkt's einfach wegen der Luftverschmutzung. Ich meine, daß es nicht so viele Autos geben soll.

126 hundertsechsundzwanzig

UNSERE WELT 9

2

Welche Meinungen links sind umweltfreundlich und welche nicht? Schreib 2 Listen.
Which of the opinions on the left are environmentally friendly and which are not? Write 2 lists.

3

Die Umweltsthemen unten auf englisch passen zu den deutschen Meinungen in Aufgabe 1. Finde die deutschen Ausdrücke.
The environmental issues below in English match the opinions in German in Exercise 1. Find the German expressions.

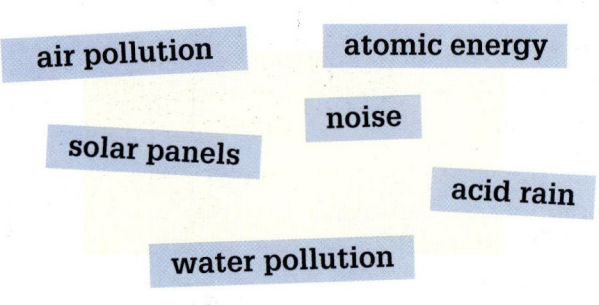

- air pollution
- atomic energy
- noise
- solar panels
- acid rain
- water pollution

4 Partnerarbeit

Was meinst du? Stell deinem Partner/deiner Partnerin Fragen über diese Themen. Dann schreib eine Meinung über jedes Thema auf.
What do you think? Ask your partner about these issues. Then write down an opinion about each issue.

Beispiel:
– Was denkst du über Atomkraft?
– Ich denke/glaube/finde, daß Atomkraft wichtig/unwichtig/interessant/ein Problem/eine gute Idee ist.

5 *Worträtsel*

Finde die folgenden Wörter im Kasten.
Find the following words in the box.

Müll	sparen	saurer Regen
Umwelt	verschwenden	Verschmutzung
Recycling	Lärm	Strom
Umweltheft	Atomkraft	Energie
Ozonschicht	Solarzellen	Auspuffgase

X	A	L	N	E	G	E	R	R	E	R	U	A	S	F
Ö	N	T	P	G	F	Ä	R	S	K	N	M	Z	G	L
N	Ü	B	O	O	Z	O	N	S	C	H	I	C	H	T
E	W	V	F	M	S	H	B	O	O	Ü	F	E	V	L
D	T	P	Z	R	K	S	K	N	P	M	X	N	F	G
N	E	L	L	E	Z	R	A	L	O	S	C	E	J	T
E	H	Ä	H	C	A	L	A	Ä	H	P	B	R	K	F
W	Q	R	T	Y	B	D	L	F	J	A	F	G	M	E
H	W	M	H	C	A	T	G	U	T	R	P	I	R	H
C	A	P	M	L	L	Ü	M	R	E	Ä	E	T	T	
S	S	Ö	O	I	M	P	O	W	P	N	L	R	S	L
R	P	S	R	N	H	L	Y	E	D	N	S	Y	Ä	E
E	T	O	T	G	R	S	F	L	R	Ö	M	L	O	W
V	E	R	S	C	H	M	U	T	Z	U	N	G	N	M
E	S	A	G	F	F	U	P	S	U	A	G	M	A	U

Jetzt kann ich

I can:
- discuss how environmentally friendly school equipment is
- discuss how to protect the environment
- talk about transport possibilities
- discuss ways of recycling and rubbish collection
- talk about air pollution and understand simple experiments
- discuss environmentally friendly behaviour
- work out how environmentally friendly school is
- discuss global environmental issues

hundertsiebenundzwanzig 127

GRAMMAR

VERBS

A verb is a 'doing word'. It gives information about what is done, who or what does it, and when the action happens, happened, or will happen.

Persons

The form of all verbs in German (as in English) is determined in part by the 'subject'. This is generally the person or thing which performs the action of the verb.

The subject can be one of three possible 'persons'.

The **first** person is used when the speaker performs the action of the verb:

ich, wir

The **second** person is used when the person being spoken to performs the action of the verb:

du, Sie, ihr

The **third** person is used when neither the speaker nor the person being spoken to is performing the action of the verb. The action is being performed by someone else:

er, sie (= she), *es, man, sie* (= they), *Fritz, die Kinder*

Weak, strong and mixed verbs

In German there are two sorts of verbs, regular (those which follow a rule) and irregular (those which do not always follow a rule and which therefore have to be learnt).

Regular verbs are often referred to as **weak** verbs in German.

Irregular German verbs are often referred to as **strong** verbs.

In any dictionary most of the verbs are weak. However, in any lengthy piece of German most of the verbs used are probably strong because common actions are often expressed by strong verbs.

Some dictionaries and grammars refer to **mixed verbs**. These are verbs which are irregular (strong), but behave in some ways like regular (weak) verbs. Nevertheless, they are still irregular, and need to be learnt specially.

Forms of German verbs

When a verb is listed in a dictionary, it is given in the infinitive.

Example: spielen – *to play*   fahren – *to travel*

In describing how tenses are formed, the infinitive will normally be the starting point.

Present tense

Example:
Ich spiele Tennis.   Ich fahre nach Hause.

The present tense is used with:

- actions which are happening now
- actions which habitually happen
- actions which will happen in the future

So *ich spiele Tennis* can mean:

- I am playing tennis (implied: now)
- I play tennis (implied: regularly)
- I am playing tennis (implied: at some point in the future)

Note that the addition of *nicht* creates an additional set of meanings in English. So *ich spiele nicht Tennis* can mean:

- I do not play tennis

as well as:

- I am not playing tennis

Formation of the present tense

(a) Weak verbs

Remove *-en* from the infinitive and add the following endings:

1st person:	ich	-e	wir	-en
2nd person:	du	-st	ihr	-t
			Sie	-en
3rd person:	er/sie/es/man	-t	sie	-en

Example: spielen – *to play*

ich spiele	wir spiel**en**
du spiel**st**	ihr spiel**t**
	Sie spiel**en**
er/sie/es/man spiel**t**	sie spiel**en**

(b) Strong verbs

Check the verb table. If there is no vowel change listed under '3rd person singular present', then the verb behaves in the same way as weak verbs. If there is a vowel change, it affects the *du* and *er/sie/es/man* forms only.

The endings are the same as for weak verbs.

Example with a vowel change: fahren – *to go*
ich fahre	wir fahren
du fährst	ihr fahrt
	Sie fahren
er/sie/es/man fährt	sie fahren

Example without a vowel change: gehen – *to go*
ich gehe	wir gehen
du gehst	ihr geht
	Sie gehen
er/sie/es/man geht	sie gehen

Verbs (strong or weak) whose infinitives end in *-den, -ten, -chnen, -cknen, -dnen, -fnen, -gnen,* or *-tnen* take the endings *-est* and *-et* in the second and third person singular in order to make pronunciation easier.

Example:

er arbei**tet** du öff**nest** sie trock**net**

> **Points to watch:**
>
> ▪ Remember that the present tense renders not only 'I play' but also 'I am playing' and 'I do (not) play'. Resist the temptation to translate the separate parts of 'I am playing' into German – it's wrong!
>
> ▪ The present tense is quite often used to give a future meaning:
>
> *Example:*
>
> Ich fahre morgen nach München.
> *I am going to Munich tomorrow.*

Future tense

Example:
Ich werde Tennis spielen.
Ich werde nach Hause fahren.

The future tense is used to show actions which will happen in the future, often some time from now.

So *ich werde Tennis spielen* can mean:

▪ I shall (will) play tennis
▪ I shall (will) be playing tennis

Formation of the future tense

The future is formed in the same way for both weak and strong verbs.

The verb is in two parts, the present tense of *werden* and, at the end of the clause or sentence, the infinitive of the verb in question.

(a) Weak verbs

spielen – *to play*

ich **werde** Tennis **spielen**
du **wirst** Tennis **spielen**
er/sie/es/man **wird** Tennis **spielen**
wir **werden** Tennis **spielen**
ihr **werdet** Tennis **spielen**
Sie **werden** Tennis **spielen**
sie **werden** Tennis **spielen**

(b) Strong verbs

fahren – *to go*

ich **werde** nach Berlin **fahren**
du **wirst** nach Berlin **fahren**
er/sie/es/man **wird** nach Berlin **fahren**
wir **werden** nach Berlin **fahren**
ihr **werdet** nach Berlin **fahren**
Sie **werden** nach Berlin **fahren**
sie **werden** nach Berlin **fahren**

> **Points to watch:**
>
> *werden* itself follows the same pattern, although it is sometimes used without the infinitive in such sentences as:
> Ich **werde** Lehrer. *I am going to be a teacher.*

Perfect tense

Example:

Ich habe Tennis gespielt.
Ich bin nach Hause gefahren.

The perfect tense is the past tense most frequently used in speech and informal writing, such as letters, to talk about actions which are over. It translates a variety of English past tenses.

So *ich habe Tennis gespielt* can mean:

▪ I played tennis
▪ I was playing tennis
▪ I have played tennis
▪ I have been playing tennis

GRAMMAR

Formation of the perfect tense

This tense is formed in two parts, with the present tense of *haben* or *sein* and, at the end of the clause or sentence, the past participle of the verb in question. The present tense of *haben* or *sein* is called the 'auxiliary' verb. Perhaps the German term *Hilfsverb* is clearer!

(a) Weak verbs

The vast majority of weak verbs, including reflexives, form the perfect tense using *haben* as the auxiliary (see *haben* or *sein*? below).

The past participle is usually formed by adding *ge-* to the infinitive, removing the *-en* and replacing it with *-t*.

Example: **ge**spiel**t**

If the infinitive ends in *-den, -ten, -chnen, -cknen, -dnen, -fnen, -gnen,* or *-tnen*, then an extra *-e* is added before the final *-t* to make the whole thing pronounceable.

Example: gearbeitet

However, if the infinitive ends in *-ieren*, then no *ge-* is added.

Example: repariert

The same applies if the verb starts with a prefix which does not separate. These prefixes are: *be-, ent-, emp-, er-, ge-, miß-, ver-* and *zer-*.

Example: **ver**kauft

If the verb has a prefix which **does** separate, it is tacked onto the past participle ahead of the *ge-*.

Example: **ab**geholt

Once the past participle has been formed, the only change in the verb is to the auxiliary.

Example: spielen – *to play*

ich **habe** … gespielt	wir **haben** … gespielt
du **hast** … gespielt	ihr **habt** … gespielt
	Sie **haben** … gespielt
er/sie/es/man **hat** … gespielt	sie **haben** … gespielt

(b) Strong and 'mixed' verbs

While many of these verbs form the perfect tense with *haben* as the auxiliary, a good number of them use *sein* as the auxiliary (see *haben* or *sein*? below).

Because these verbs are irregular, the only safe way to discover the past participle is to look the verb up in a verb table. If the verb you are looking for does not appear to be in the table, it might be a compound of another verb, with one of the prefixes mentioned above put on the front. Compounds like *abfahren* and *losfahren* behave just the same as *fahren*, for example.

Strong verbs have a past participle which ends in *-en*.

Example: essen – gegess**en**

They may or may not have a different main vowel from the infinitive.

Example: gewinnen – gew**o**nn**en**

'Mixed' verbs are verbs which follow the pattern of weak verbs BUT have a vowel change. The past participle of these verbs ends in *-t*.

Example: bringen – gebracht
wissen – gewußt

The same rules about prefixes which do or do not separate apply as for weak verbs, see above.

Example:

essen – *to eat*

ich **habe** … gegessen	wir **haben** … gegessen
du **hast** … gegessen	ihr **habt** … gegessen
	Sie **haben** … gegessen
er/sie/es/man **hat** … gegessen	sie **haben** … gegessen

kommen – *to come*

ich **bin** … gekommen	wir **sind** … gekommen
du **bist** … gekommen	ihr **seid** … gekommen
	Sie **sind** … gekommen
er/sie/es/man **ist** … gekommen	sie **sind** … gekommen

wissen – *to know*

ich **habe** … gewußt	wir **haben** … gewußt
du **hast** … gewußt	ihr **habt** … gewußt
	Sie **haben** … gewußt
er/sie/es/man **hat** … gewußt	sie **haben** … gewußt

(c) 'haben' or 'sein'?

The choice of *haben* or *sein* as auxiliary can cause some difficulty, as there is no similar distinction in English.

Either learn which verbs take *sein* (in many verb tables, those verbs which require *sein* are marked with *), or use a simple rule which works in most cases:

Verbs of motion (plus *bleiben*, *sein* and *werden*) have *sein* as an auxiliary.

Imperfect tense

Example: Ich spielte Tennis. Ich fuhr nach Hause.

The imperfect tense is also known as Simple Past or just Past.

The imperfect is the past tense most frequently used in formal writing such as books and newspapers. Some common ones are also found in speech and informal writing mixed freely with perfect tenses. Like the perfect, it translates a variety of English past tenses.

So *ich spielte Tennis* can mean:
- I played tennis
- I was playing tennis
- I used to play tennis
- I would play tennis (on Sundays)

Formation of the imperfect tense

(a) Weak verbs

Remove *-en* from the infinitive and add the following endings:

1st person:	ich	-te	wir	-ten
2nd person:	du	-test	ihr	-tet
			Sie	-ten
3rd person:	er/sie/es/man	-te	sie	-ten

Example: spielen – *to play*

ich spiel**te**	wir spiel**ten**
du spiel**test**	ihr spiel**tet**
	Sie spiel**ten**
er/sie/es/man spiel**te**	sie spiel**ten**

(b) Strong verbs

Because strong verbs are irregular, the only safe way to discover the imperfect tense is to look the verb up in a verb table. If the verb you are looking for does not appear to be in the table, it might be a compound of another verb, with one of the prefixes mentioned above put on the front. Compounds like *losfahren* and *abfahren* behave just the same as *fahren*, for example.

The form you have looked up is the 3rd (and 1st) person singular. To that, add the following endings:

1st person:	ich	NO ENDING	wir	-en
2nd person:	du	-st	ihr	-t
			Sie	-en
3rd person:	er/sie/es/man	NO ENDING	sie	-en

Example: fahren – *to go*
entry in verb table: *fuhr*

ich fuhr	wir fuhr**en**
du fuhr**st**	ihr fuhr**t**
	Sie fuhr**en**
er/sie/es/man fuhr	sie fuhr**en**

> **Points to watch:**
>
> In practice, because the imperfect tense is mainly used in books and newspapers, it is much more common in the 3rd person singular and plural than in its other forms. You still need to be sure of recognising it in the other persons if it crops up in a text, so be aware of them!

Pluperfect tense

Example:
Ich hatte Tennis gespielt.
Ich war nach Hause gefahren.

The pluperfect is used together with either the perfect or the imperfect to show actions in the past which happened before other actions in the past. This is similar to English usage.

So *ich hatte Tennis gespielt* can mean:
- I had played tennis
- I had been playing tennis

Formation of the pluperfect tense

This tense is formed in two parts, with the imperfect tense of *haben* or *sein* as auxiliaries (*Hilfsverben*) and the past participle of the verb in question at the end of the clause or sentence.

The choice of *haben* or *sein* as auxiliary follows the same rules as for the perfect tense.

The past participle is formed in the same way as for the perfect tense. Strong and mixed verbs should be looked up in the verb table, but the past participle can be worked out for weak verbs.

GRAMMAR

(a) Weak verbs

spielen – *to play*

ich **hatte** … gespielt	wir **hatten** … gespielt
du **hattest** … gespielt	ihr **hattet** … gespielt
	Sie **hatten** … gespielt
er/sie/es/man **hatte** … gespielt	sie **hatten** … gespielt

(b) Strong verbs

essen – *to eat*

ich **hatte** … gegessen	wir **hatten** … gegessen
du **hattest** … gegessen	ihr **hattet** … gegessen
	Sie **hatten** … gegessen
er/sie/es/man **hatte** … gegessen	sie **hatten** … gegessen

kommen – *to come*

ich **war** … gekommen	wir **waren** … gekommen
du **warst** … gekommen	ihr **wart** … gekommen
	Sie **waren** … gekommen
er/sie/es/man **war** … gekommen	sie **waren** … gekommen

wissen – *to know*

ich **hatte** … gewußt	wir **hatten** … gewußt
du **hattest** … gewußt	ihr **hattet** … gewußt
	Sie **hatten** … gewußt
er/sie/es/man **hatte** … gewußt	sie **hatten** … gewußt

Conditions

For GCSE you need to know about two sorts of conditions in German: open conditions and possibilities. Each sort has a *wenn*-clause and a consequence clause.

Open conditions

An open condition is really a statement of fact.

The *wenn*-clause has the present tense, the consequence clause has the future or present tense.

Example:
Wenn du auf der Autobahn schläfst, wirst du sterben. *If you sleep on the motorway you will die.*

Possibilities

This sort of condition expresses things which might – or might not – happen. It is best to learn a couple of examples of these and change them to suit circumstances. As a rule of thumb, many forms of *haben*, *werden* and *sein* will have an Umlaut.

Example:
Wenn ich reich wäre, würde ich in Hollywood wohnen. *If I was rich I would live in Hollywood.*

Wenn ich viel Geld hätte, würde ich ein Swimmingpool im Garten haben. *If I had a lot of money I would have a swimming pool in the garden.*

The modal verbs (see page 133–5) can be used in their conditional form.

dürfen	ich dürfte
können	ich könnte
mögen	ich möchte
müssen	ich müßte
sollen	ich sollte
wollen	ich wollte

Example:
Ich könnte nach Berlin kommen, wenn ich Zeit hätte. *I could come to Berlin if I had time.*

Command forms (imperatives)

Every verb has four command forms, based on the present tense.

Which form is used depends on who you are talking to.

(a) For those you would normally address as *Du*

For both weak and strong verbs, remove the *-st* from the *du-form* of the present tense, and add an exclamation mark! If there is an Umlaut on the vowel of a strong verb, remove it.

Example:

kaufen	du kaufst	Kauf!
kommen	du kommst	Komm!
fahren	du fährst	Fahr (schneller)!
nehmen	du nimmst	Nimm deine Windjacke mit!

Sometimes an *-e* is added after *-d*, *-h* or *-t*.

Example:

du findest dein Heft	Finde dein Heft!
du siehst oben	Siehe oben!

(b) For those you would normally address as *ihr*

For both weak and strong verbs, the *ihr* form of the present tense is used, but without *ihr*. Add an exclamation mark.

Example:

kaufen	ihr kauft	Kauft!
kommen	ihr kommt	Kommt!
fahren	ihr fahrt	Fahrt (schneller)!
nehmen	ihr nehmt	Nehmt eure Windjacken mit!

(c) For those you would normally address as *Sie*

For both weak and strong verbs, use the *Sie* form of the present tense, as in the examples, and add an exclamation mark.

Example:

kaufen	Sie kaufen	Kaufen Sie!
kommen	Sie kommen	Kommen Sie!
fahren	Sie fahren	Fahren Sie (schneller)!
nehmen	Sie nehmen	Nehmen Sie Ihre Windjacken mit!

(d) To express 'let's'

Use the *wir* form of the present tense as in the examples below. This applies to both weak and strong verbs.

Example:

kaufen	wir kaufen	Kaufen wir!
fahren	wir fahren	Fahren wir (schneller)!
nehmen	wir nehmen	Nehmen wir unsere Windjacken mit!

Modal verbs

There is a group of verbs in German which control the infinitive of another verb (dependent infinitive). These are known as modal verbs, and will be familiar to anyone who has learnt: *Ich kann Tennis spielen*, etc. in the first weeks of learning German. They can be used to express a whole variety of subtle meanings.

The modal verbs are:

dürfen, können, mögen, müssen, sollen, wollen

lassen can behave in much the same way as a modal verb when it means 'to have something done' (getting someone else to do something).

Formation of the present tense

The plural forms follow the pattern of the regular verbs. The singular forms are different.

ich darf	wir dürfen
du darfst	ihr dürft
	Sie dürfen
er/sie/es/man darf	sie dürfen
ich kann	sie können
du kannst	ihr könnt
	Sie können
er/sie/es/man kann	sie können
ich mag	wir mögen
du magst	ihr mögt
	Sie mögen
er/sie/es/man mag	sie mögen
ich muß	wir müssen
du mußt	ihr müßt
	Sie müssen
er/sie/es/man muß	sie müssen
ich soll	wir sollen
du sollst	ihr sollt
	Sie sollen
er/sie/es/man soll	sie sollen
ich will	wir wollen
du willst	ihr wollt
	Sie wollen
er/sie/es/man will	sie wollen

Word order

(a) In a simple sentence, the modal verb occupies the 'verb' position in the word order, and the dependent infinitive is at the end of the clause.

Example:
Ich **will** Tennis **spielen**, aber ich **muß** meine Hausaufgaben **machen**. *I want to play tennis but I have to do my homework.*

(b) In subordinate clauses, the same principle applies.

Example:
Ich komme nicht, weil ich nicht **ausgehen darf**.
I'm not coming because I'm not allowed out.

GRAMMAR

(c) In tenses other than the present, only the tense of the modal verb changes. The dependent infinitive remains the same.

Example:
Sie **konnte** nicht **kommen**. *She couldn't come.*
Sie **wird** es machen **müssen**. *She will have to do it.*

(d) Sometimes the dependent infinitive is omitted after modal verbs if it is clear from the context what it would have been. This is usually a verb of motion or *tun*.

Example:
Ich **will** nach Leipzig. *I want to go to Leipzig.*
Wir **könnten** morgen vielleicht ins Kino. *Perhaps we could go to the cinema tomorrow.*
Das **kann** ich nicht. *I can't do that.*

Meanings

The meanings of modal verbs are very subtle. In addition, their meaning sometimes changes after *nicht*. The following examples for each modal verb should provide guidance.

(a) *dürfen*

1 It most often means 'to be allowed to'.

Example: Ich darf nicht kommen. *I am not allowed to come* or *I may not come.*

2 In the negative, it means 'must not'. See also *müssen*.

Example: Hier darf man nicht rauchen. *You must not smoke here.*

3 It is frequently used as a substitute for *können* when politeness is intended.

Example: Was darf es sein? *What can I get you?*
Darf ich bitten? *Would you like to dance?*

(b) *können*

1 It most often means 'to be able to'.

Example: Ich kann Fußball spielen.
I can/am able to play football.

Ich konnte leider nicht pünktlich kommen.
I am afraid I wasn't able to arrive on time.

2 It can express possibility, like the English 'may, could, might'.

Example: Das kann sein. *That may be so.* Er könnte vielleicht krank sein. *He might perhaps be ill.*

3 It can mean 'to know how to do something'.

Example: Sie kann Deutsch. *She can speak German.*
Ich kann Gitarre spielen. *I can play the guitar.*

4 It is often substituted for *dürfen* colloquially.

Example: Kannst du ausgehen? *Are you allowed out?*

(c) *mögen*

1 It means 'to like'

Example: Ich mag schwimmen. *I like swimming.*
Ich möchte eine Banane. *I'd like a banana.*
Er mochte seine Tante Wilhelmina nicht.
He didn't like his aunt Wilhelmina.

(d) *müssen*

1 It most often means 'to have to'.

Example: Ich muß jetzt gehen. *I have to go now.*
Das mußte man sehen! *You had to see it!*
Muß das sein? *Is that **really** necessary?*

2 With *nicht*, it corresponds to 'needn't' or 'don't have to'.

Example:
Wir müssen das Buch nicht jetzt lesen. *We don't have to/needn't read the book now.*

> **Points to watch:**
> 'mustn't' is usually expressed by *darf nicht*. Germans often use *ich brauche nicht* rather than the negative of *müssen*.

(e) *sollen*

1 It most often means 'to be obliged to, to have to'. There is often an 'external' obligation.

Example: Um wieviel Uhr sollen wir bei Fritz sein?
When should we be at Fritz's place?
Du solltest Maria doch vom Bahnhof abholen, oder?
Shouldn't you have picked Maria up from the station?

2 It can often be the equivalent of a command.

Example: Er soll auf mich warten.
He is to wait for me.
Du sollst nicht töten. *Thou shalt not kill.*

3 It may express an intention, with the meaning 'are to, is supposed to'.

Example: Hier soll die neue Straße gebaut werden. *This is where the new road is to be built.*
Wann sollen wir uns treffen? *When shall we meet?*

(f) *wollen*

1 It most often means 'to want to, to wish to'.

Example:
Ich wollte früher ankommen. *I wanted to arrive earlier.*
Ich will meinem Sohn helfen. *I want to help my son.*
Machen Sie, was Sie wollen. *Do what you like.*

2 It can express willingness.

Example: Willst du mich in die Stadt fahren? *Will you drive me to town?*
Er will das Meerschweinchen nicht verkaufen. *He won't sell the guinea pig.*

3 It can express intention.

Example: Wir wollen nächstes Jahr nach Amerika fahren. *We're hoping to go to America next year.*
Er wollte gerade gehen, als das Telefon klingelte. *He was just about to go when the phone rang.*

Infinitives

The infinitive is the part of the verb listed in a dictionary, and means 'to …'

Example: kaufen – *to buy* essen – *to eat* sein – *to be*

The infinitive without 'zu'

It is found at the end of the clause (see also *Word order*, pages 157–8).

The infinitive is used without zu:

(a) The modal verbs *dürfen, können, mögen, müssen, sollen* and *wollen*

Example:
Sie will Tennis spielen. *She wants to play tennis.*
For fuller details see *Modal verbs*, pages 133–5.

(b) After some verbs of perception: *fühlen, hören, sehen, spüren*

Example:
Ich hörte ihn ankommen. *I heard him arrive.*

(c) After *lassen*, meaning 'to have someone do something for you'

Example: Ich ließ meine Uhr reparieren. Ich konnte das selbst nicht machen. *I had my watch repaired. I couldn't do it myself.*

(d) After certain verbs of motion: *fahren, gehen, kommen, schicken*

The verb in the infinitive gives the reason for going.

Example: Ich gehe jetzt schlafen. *I am going to bed.*
Er geht samstags immer tanzen. *He always goes dancing on Saturday*

(e) After *bleiben, finden* and *haben* followed by a verb of place

Example:
Er blieb plötzlich stehen. *He suddenly halted.*

Sie fand die Zeitung auf dem Tisch liegen. *She found the newspaper lying on the table.*

The infinitive with 'zu'

The infinitive is found at the end of the clause. For separable verbs, the *zu* is inserted between the separable prefix and the verb and written as a single word.

Example:
Es ist schön, hier zu sein. *It is nice to be here.*
Er hat vor, in der Stadt einzukaufen. *He intends to go shopping in town.*

The infinitive with *zu* is used:

(a) After certain prepositions

1 *um … zu* meaning 'in order to'.

Example: Sie hat ihm DM 1000 gegeben, um einen alten Wagen zu kaufen. *She gave him DM 1000 to buy an old car.*
Opa ist zu alt, um Fußball zu spielen. *Grandpa is too old to play football.*

2 *ohne … zu* meaning 'without'.

Example: Er fuhr nach Dover, ohne zu tanken. *He drove to Dover without refuelling.*

3 *statt … zu/anstatt … zu* meaning 'instead of'.

Example: Er spielte Tennis, anstatt seine Hausaufgaben zu machen. *He played tennis instead of doing his homework.*

GRAMMAR

(b) After the following verbs

bekommen	*to get*	scheinen	*to seem*
bleiben	*to stay*	versprechen	*to promise*
brauchen	*to need*	wissen	*to know*

Example:
Das bleibt noch zu sehen. *That remains to be seen.*
Das brauchst du nicht zu machen. *You needn't do that.*
Der Lehrer scheint den Jungen nicht zu kennen. *The teacher doesn't seem to know the boy.*
Gerlinde hat versprochen zu kommen. *Gerlinde has promised to come.*

(c) After the adjectives *einfach, interessant, leicht, schwer, schwierig*

Example:
Deutsch ist schwer zu lernen. *German is hard to learn.*

(d) In comparative phrases

Example: Man sollte lieber Sport treiben, als nur fernzusehen. *It is better to do sport than just to watch TV.*

(e) In small ads

Example: VW-Golf zu verkaufen. *VW Golf for sale.*

The infinitive used as a noun

(a) The infinitive of almost any German verb can be used as a noun. They are all neuter, don't normally appear in the plural, and have a capital letter. The *sich* from reflexive verbs is usually omitted.

Example: Das Wandern ist schön. *Hiking is lovely.*

(b) Infinitive nouns are used with prepositions.

1 *beim* + infinitive.

Example:
Beim Radfahren hat sie einen Schuh verloren. *While cycling she lost a shoe.*

2 *zum* + infinitive.

Example: Zum Tennisspielen ist er viel zu alt. *He's far too old to play tennis.*

3 *ins* + infinitive.

Example: Der Wagen geriet ins Schleudern. *The car went into a skid.*

Verbs followed by the nominative

The following verbs are followed by the nominative case, or by an adjective standing alone:

bleiben	*to remain*	sein	*to be*
heißen	*to be called*	werden	*to become*
scheinen	*to seem*		

Example:
Du bist mein Freund. *You are my friend.*
Sie wurde rot. *She blushed.*
Er heißt Herr Braun. *He is called Herr Braun.*

Verbs followed by the dative

The following verbs are followed by the dative case. English-speaking learners of German find this a bit strange, and the only known cure is to learn which they are!

Common verbs taking the dative include:

danken	*to thank*	helfen	*to help*
folgen	*to follow*		

Example:
Ich habe meiner Mutter im Garten geholfen. *I helped my mother in the garden.*

Impersonal verbs

A good number of verbs are used with the subject *es*. These are known as impersonal verbs, because it is not clear who *es* is. They include the following:

(a) Weather verbs

Example: Es regnet. *It is raining.*
Es schneit. *It is snowing.*

(b) Verbs referring to other natural occurrences and noises

Example: Es riecht stark nach Stinktier. *There is a strong odour of skunk.*
Es klingelt. *The bell is ringing.*

(c) With *sein* and *werden*

Example: Es ist zu spät. *It is too late.*
Es wird um 4 Uhr morgens hell. *It gets light at four in the morning.*

(d) Various idioms

Wie geht es dir?	*How are you?*
Es tut mir leid.	*I am sorry.*
Es gefällt mir.	*I like it.*
Es kommt darauf an.	*It depends.*
Es macht nichts.	*It doesn't matter.*
Es ist mir kalt.	*I am cold.*
Es schmeckt mir sehr gut.	*It tastes lovely.*

Reflexive verbs

There are three sorts of reflexive verb in German.

1 Those which have an accusative reflexive pronoun and cannot be used without it.

These include:

sich beeilen	*to hurry*
sich erkälten	*to catch a cold*
sich verabschieden	*to say goodbye*

For reference, the present tense of *sich beeilen* is given below:

ich beeile mich	wir beeilen uns
du beeilst dich	ihr beeilt euch
	Sie beeilen sich
er/sie/es/man beeilt sich	sie beeilen sich

2 Those verbs which are being used reflexively.

Example:

sich fragen	*to wonder*
sich waschen	*to wash (oneself)*
sich kämmen	*to comb (oneself)*
sich rasieren	*to shave (oneself)*

3 Those where the reflexive pronoun is dative and is additional to an accusative object.

For reference, an example is written out below:

ich habe mir die Haare gewaschen
du hast dir die Haare gewaschen
er/sie/es/man hat sich die Haare gewaschen
wir haben uns die Haare gewaschen
ihr habt euch die Haare gewaschen
Sie haben sich die Haare gewaschen
sie haben sich die Haare gewaschen

> **Points to watch:**
> Sometimes these expressions are given as *sich die Haare waschen* in vocabularies. Beware! the *sich* is dative, not accusative!

Verbs followed by a preposition

Many verbs are followed by a particular preposition. The prepositions are listed here alphabetically.

teilnehmen **an** + dative	*to take part in*
sich erinnern **an** + accusative	*to remember*
sich freuen **auf** + accusative	*to look forward to*
warten **auf** + accusative	*to wait for*
bestehen **aus** + dative	*consist of*
danken **für** + accusative	*to thank for*
halten **für** + accusative	*to consider (that)*
sich interessieren **für** + accusative	*to be interested in*
sprechen **mit** + dative	*to speak to*
telefonieren **mit** + dative	*to speak on the phone with*
sich unterhalten **mit** + dative	*to converse with*
zusammenstoßen **mit** + dative	*to collide with*
fragen **nach** + dative	*to ask after*
schmecken **nach** + dative	*to taste of (usually something bad)*
suchen **nach** + dative	*to search for*
telefonieren **nach** + dative	*to phone for (a doctor)*
sich ärgern **über** + accusative	*to be annoyed about*
sich freuen **über** + accusative	*to be pleased about*
informieren **über** + accusative	*to inform about*
schreiben **über** + accusative	*to write about*
sprechen **über** + accusative	*to discuss*
sich streiten **über** + accusative	*to argue over*
abhängen **von** + dative	*to depend on*
sich erholen **von** + dative	*to recover from*
erzählen **von** + dative	*to tell of/about*
hören **von** + dative	*to hear of*
lesen **von** + dative	*to read about*
träumen **von** + dative	*to dream of*
Angst haben **vor** + dative	*to be frightened of*
warnen **vor** + dative	*to warn about*
einladen **zu** + dative	*to invite to*

Separable and inseparable verbs

Many German verbs have prefixes. If the verb is a 'separable verb' the prefix sometimes separates from the verb and appears elsewhere in the sentence. If the verb is an 'inseparable verb', the prefix never separates.

GRAMMAR

Separable verbs

(a) The common separable prefixes are:

ab-	*fern-*	*vor-*	*zurück-*
an-	*her-*	*vorbei-*	*zusammen-*
auf-	*hin-*	*weg-*	
aus-	*mit-*	*weiter-*	
ein-	*nach-*	*zu-*	

(b) If there is only one verb in a sentence, the separable prefix is the last word in the sentence.

Example: Ich gehe gern **aus**. *I like going out.*

(c) If there are two verbs in the sentence, and the separable verb is the second one, it does not separate and comes at the end of the sentence.

Example: Ich möchte heute abend **fernsehen**.
I would like to watch TV this evening.

(d) After a subordinating conjunction, the separable verb has been sent to the end of the clause by the conjunction and does not separate.

Example: Wenn ich heute abend **fernsehe**.
When I watch TV this evening.

(e) The past participle of a separable verb is formed by putting *-ge-* between the separable prefix and the rest of the verb.

Example: fernsehen → fern**ge**sehen

(f) Because the prefix of separable verbs can separate from the rest of the verb, you may need to check strong verbs in the verb table by looking up the verb without its prefix.

Example: For: ausgehen *to go out*
Look up: gehen *to go*

(g) Common weak separable verbs are:

abholen	to fetch
anmachen	to switch on
aufmachen	to open
aufräumen	to tidy up
aufwachen*	to wake up
ausmachen	to switch off
auspacken	to unpack
einkaufen	to shop
einpacken	to pack
sich hinsetzen	to sit down
vorbereiten	to prepare
zumachen	to close

*takes *sein* in perfect tense

(h) Common strong separable verbs are:

abfahren*	to depart
ankommen*	to arrive
anrufen	to phone
anziehen	to put (clothes) on
aufstehen*	to get up
ausgehen*	to go out
aussteigen*	to get out
einladen	to invite
einsteigen*	to get on
mitnehmen	to take with
stattfinden	to take place

*takes *sein* in perfect tense

Inseparable verbs

(a) The common inseparable prefixes are:

be-	*emp-*	*er-*	*ver-*
ge-	*ent-*	*miß-*	*zer-*

Verbs which begin with these prefixes do not have *ge-* in the past participle.

Example:
Ich habe nicht verstanden. *I didn't understand.*

(b) Some prefixes can be either separable or inseparable. These prefixes are:

durch-	*über-*	*wider-*
hinter-	*um-*	*wieder-*

You have to learn whether a verb with these prefixes is separable or inseparable when you meet the verb for the first time.

Common separable strong verbs like this include:

umsteigen*	to change (train)
umziehen*	to move house

Common weak verbs with inseparable prefixes include:

übersetzen	to translate
wiederholen	to repeat
untersuchen	to investigate

Common strong verbs with inseparable prefixes include:

überfahren	to run over
unterbrechen	to interrupt
sich unterhalten	to talk

*takes *sein* in the perfect tense

138 hundertachtunddreißig

ADJECTIVES

Adjectives not followed by a noun

Adjectives which stand alone – usually after *sein*, *werden* and *scheinen* – do not have an adjective ending.

Example:
Die Frau ist groß. *The woman is tall.*

> **Points to watch:**
> Students also learning French sometimes make adjectives standing alone agree, as they do in French.
> This is WRONG.

Adjectives followed by a noun

Adjectives followed by a noun take an ending (= agree with the noun) which depends on four factors:

1 The determiner (article) or lack of one in front of the adjective.

2 The gender of the noun – masculine, feminine, or neuter.

3 Whether the noun is singular or plural.

4 The case of the noun.

If there is more than one adjective before the noun, each one has the appropriate ending. Of course, once you have worked out the ending, all the others in front of the same noun will have the same ending.

There are three sets of adjective endings, depending on which determiner is used.

(a) After *der/die/das*, etc., *dieser, jener, jeder, welcher, solcher, mancher* and *alle* (which is, of course, plural)

	Masculine Singular	Feminine Singular	Neuter Singular	Plural, all genders
Nominative	der große Mann	die große Frau	das große Kind	die großen Leute
Accusative	den großen Mann	die große Frau	das große Kind	die großen Leute
Genitive	des großen Mannes	der großen Frau	des großen Kindes	der großen Leute
Dative	den großen Mann(e)	der großen Frau	dem großen Kind(e)	den großen Leuten

> **Points to watch:**
> - All genitive and dative singular and all plural endings are *-en*.
> - Add *-es* or *-s* to masculine and neuter nouns in the genitive singular.
> - You can add *-e* to single-syllable masculine and neuter nouns in the dative singular in formal writing.
> - Add *-n* to nouns which do not already have one in the dative plural of all genders (but not to those whose plural ends in *-s* (see *Nouns* page 146–8).

GRAMMAR

(b) After *ein/eine/ein*, etc., *kein, mein, dein, sein, ihr* (= her), *sein, unser, euer, Ihr* and *ihr* (= their)

	Masculine Singular	Feminine Singular	Neuter Singular	Plural, all genders
Nominative	ein großer Mann	eine große Frau	ein großes Kind	keine großen Leute
Accusative	einen großen Mann	eine große Frau	ein großes Kind	keine großen Leute
Genitive	eines großen Mannes	einer großen Frau	eines großen Kindes	keiner großen Leute
Dative	einem großen Manne	einer großen Frau	einem großen Kind(e)	keinen großen Leuten

> **Points to watch:**
> *ein* itself, for reasons of logic, doesn't have a plural. If 'a' is plural (i.e. 'some'), it follows the plural pattern for the table in (c), given below.

(c) Adjectives which are used alone before the noun

	Masculine Singular	Feminine Singular	Neuter Singular	Plural, all genders (also after *viele, mehrere* and *einige, ein paar* and numbers)
Nominative	kalter Kaffee	kalte Milch	kaltes Wasser	kalte Getränke
Accusative	kalten Kaffee	kalte Milch	kaltes Wasser	kalte Getränke
Genitive	kalten Kaffee	kalter Milch	kalten Wassers	kalter Getränke
Dative	kaltem Kaffee	kalter Milch	kaltem Wasser	kalten Getränken

> **Points to watch:**
> In the genitive singular for masculine and neuter, the ending is *-en*, which might just seem a little unexpected.

(d) Adjectives formed from town names, which always end in *-er*

Example:
auf der Leipziger Messe *at the Leipzig trade fair*

(e) Some colours and a few other words borrowed from other languages never change.

These include: beige, lila, orange, rosa, sexy.

ADJECTIVES

Adjectives used as nouns

All adjectives and participles can be used as nouns in German. They are then written with a capital letter.

Example:
der Deutsche/die Deutsche *the German*

Adjective-type nouns take the same endings as they would if they were followed by a noun of the appropriate gender.

Example:

	Masculine Singular	Feminine Singular	Plural
Nominative	der Angestellte	die Angestellte	die Angestellten
Accusative	den Angestellten	die Angestellte	die Angestellten
Genitive	des Angestellten	der Angestellten	der Angestellten
Dative	dem Angestellten	der Angestellten	den Angestellten

	Masculine Singular	Feminine Singular	Plural
Nominative	ein Angestellter	eine Angestellte	Angestellte
Accusative	einen Angestellten	eine Angestellte	Angestellte
Genitive	eines Angestellten	einer Angestellten	Angestellter
Dative	einem Angestellten	einer Angestellten	Angestellten

Adjectives which take the dative

A number of adjectives are followed by the dative case. They are usually put after the noun to which they refer.

Example: Sie ist **dem Lehrer** sehr dankbar.
She is very grateful **to the teacher**.

The common ones are:

behilflich	*helpful to*	möglich	*possible*
dankbar	*grateful to*	peinlich	*embarrassing*
fremd	*strange*	wichtig	*important*
klar	*obvious*		

> **Points to watch:**
> Many of these can be translated with 'to me' in English – much the same idea as the dative.

Adjectives with prepositions

A large number of adjectives are linked to a noun by means of a preposition. *Auf* and *über* always take the accusative in this circumstance.

Some common adjective + preposition combinations are:

bereit zu + dative	*ready to*
böse mit + dative	*cross with*
dankbar für + accusative	*thankful for*
einverstanden mit + dative	*agreeable to*
fertig mit + dative	*to have finished with*
typisch für + accusative	*typical of*
verschieden von + dative	*different from*
warten auf + accusative	*to wait for*

'Something' and 'nothing'

After *etwas* (something) and *nichts* (nothing) the adjective is written with a capital letter and has *–es* added.

Example:
etwas Gutes *something good*
nichts Schlechtes *nothing bad*

> **Points to watch:**
> Note the idiom: alles Gute! *best wishes*

hunderteinundvierzig 141

GRAMMAR

ADVERBS

Adverbs – which 'add information to a verb' – are quite easy in German.

Most adjectives can be used as adverbs without any change.

Example:
Ingrid spielt Beethoven **schön**. *Ingrid plays Beethoven nicely.*

There are different types of adverbs: of place, direction, manner and degree, as well as question words.

Adverbs of place

1 *hier*, *dort* and *da* translate as 'here', 'there' and 'there'.

Example:
Hier im Bild ist meine Mutter, **dort** ist meine Schwester, und **da** ist mein Hund. *Here is my mother in the picture, there is my sister and there is my dog.*

2 *unten* and *oben* translate as 'downstairs' and 'upstairs'.

Example:
Unten ist er nicht. Er ist also **nach oben** gegangen. *He isn't downstairs. He has therefore gone upstairs.*

Adverbs of direction

Many adverbs and prepositions can have *hin-* or *her-* added onto the front of them. As a rule of thumb, the *hin-* prefix is used for motion away from the speaker, and the *her-* prefix is used for motion towards the speaker. *Hin* and *her* are also found used in the same way as a separable prefix to show movement.

Example:
Er ist aus Schottland hierher gekommen. *He came here from Scotland.*
Wohin gehst du? *Where are you going (to)?*
Gib das Buch her! *Hand over the book.*

Adverbs of manner

1 Quite a lot of adverbs of manner do not occur as adjectives. These include:

ebenfalls	likewise, the same to you
hoffentlich	hopefully
leider	unfortunately
möglicherweise	possibly
sicherlich	surely
sonst	otherwise
vielleicht	perhaps

2 Many adverbs are formed by adding *-weise* to a noun.

Example:
stundenweise	by the hour
teilweise	in part

3 Many adverbs are formed by adding *-erweise* to adjectives. They convey the additional notion that the speaker didn't expect matters to be as they were.

Example:
glücklicherweise	fortunately
komischerweise	funnily
normalerweise	normally

Adverbs of degree

Many students seem to know only two or three of these, namely *sehr*, *etwas* and *ganz*. This is a shame, as very little effort is needed to make your writing seem much more sophisticated. All of the following are worth learning:

besonders	especially
etwas	rather
fast	almost
ganz	quite, fairly
genug	enough
kaum	hardly
relativ	relatively
sehr	very
völlig	completely
ziemlich	fairly
zu	too

Question words

wann	when
bis wann	until when, by when
seit wann	how long for
warum	why
wie	how
wie lange	how long
wie oft	how often
wo	where
wohin	where to
woher	where from
wozu	what ... for

ARTICLES

The definite article

1 This translates as 'the' and follows this pattern:

	Masculine Singular	Feminine Singular	Neuter Singular	Plural, all genders
Nominative	der	die	das	die
Accusative	den	die	das	die
Genitive	des	der	des	der
Dative	dem	der	dem	den

- In the genitive singular, for masculine and neuter only, the noun adds an -s.
- In the dative plural the noun adds an -n unless it already has an -n or an -s.

2 Other words which follow this pattern are:

dieser	this	mancher	many a
jener	that	solcher	such a
jeder	each, every	welcher	which

3 The definite article is usually used just as you would in English. However, it is also used in some circumstances when it would not be used in English.

- Before names of countries which are feminine or plural.

Example:
in der Schweiz — in Switzerland
in den Niederlanden — in the Netherlands

- Before nouns to do with time or mealtimes

Example:
im September — in September
am Sonntag — on Sunday
im Sommer — in summer
nach dem Abendessen — after the evening meal

- With prices.

Example:
DM2 das Pfund — DM2 a pound

- In certain set phrases.

Example:
mit dem Rad — by bicycle
in der Schule — in school
ins Bett — to bed
in die Stadt — to town

The indefinite article

1 This translates as 'a' and follows this pattern:

	Masculine Singular	Feminine Singular	Neuter Singular	Plural, all genders
Nominative	ein	eine	ein	keine
Accusative	einen	eine	ein	keine
Genitive	eines	einer	eines	keiner
Dative	keinem	keiner	keinem	keinen

- In the genitive singular, for masculine and neuter only, the noun adds an -s.
- In the dative plural the noun adds an -n unless it already has an -n or an -s.

2 Other words which follow this pattern are:

mein	my	unser	our
dein	your	euer	your
sein	his	Ihr	your
ihr	her	ihr	their
sein	its	kein	no, not a

hundertdreiundvierzig 143

GRAMMAR

Leaving out the article

Sometimes the article is not used in German where it would be used in English.

1 Before nouns of nationality or profession.

Example:
Frau Krautschneider ist Lehrerin.
Frau Krautschneider is a teacher.
Sie ist Schottin. *She is Scottish.*

2 In some common expressions.

Example:
Andrew hat Kopfschmerzen. *Andrew has a headache.*

ein Zimmer mit Dusche *a room with a shower*

Ich habe Hunger. *I am hungry.*
Es ist schade. *It's a pity.*

CASES AND THEIR USE

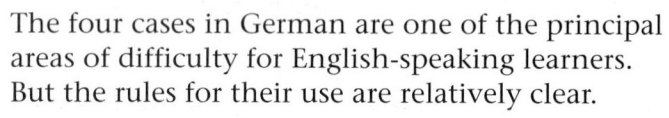

The four cases in German are one of the principal areas of difficulty for English-speaking learners. But the rules for their use are relatively clear.

The nominative case

1 Used for the subject of a verb.

Example:
Ich heiße Egon. *My name is Egon.*
Heute schmeckt **der Fisch** gut. *The fish is good today.*

2 Used after the verbs *sein, werden, bleiben, heißen* and *scheinen*.

Example:
Jürgen Klinsmann ist **mein Lieblingfußballspieler**.
Jürgen Klinsmann is my favourite footballer.
Er scheint **ein wunderbarer Mensch**. *He seems a wonderful human being.*

The accusative case

1 Used for the direct object (the thing that suffers the action of the verb) of active, transitive verbs.

Example:
Ich habe **den Mann** gesehen. *I saw the man.*

2 Used after certain prepositions. Some of them may take the dative in certain circumstances (see *Prepositions*, pages 151–2).

3 Used for expressions of definite time.

Example:
nächste Woche *next week*
Es hat **den ganzen Monat** geregnet. *It rained all month.*
Donnerstag, **den 20. August 1998** *Thursday 20th August 1998*

4 Used for greetings and wishes.

Example:
Guten Abend! *Good evening!*
Herzlichen Glückwünsche! *Congratulations!*
Gute Besserung! *Get well soon!*

von + dative

Note that *von* + dative is used increasingly in preference to the genitive.

Example: Ich bin die Deutschlehrerin **von dieser Klasse**. *I am this class's German teacher.*

The genitive case

1 Used to denote 'of' or possession.

Example: das Auto **meiner Eltern** *my parents' car*
das Dach **des Hauses** *the roof of the house*

2 A different form of the genitive is used with the names of people, towns or countries. It is similar to English usage.

Example:
Frau Krechels Mercedes *Frau Krechel's Mercedes*

Note that there is NO apostrophe in German.

3 Used to show indefinite time (time you couldn't find accurately on a calendar).

Example:
eines schönen Sommertages *one fine summer's day*

4 Used after certain prepositions (see *Prepositions*, pages 151–2).

5 Used in some set phrases.

Example: Einmal **erster Klasse** nach Berlin, bitte.
A single first-class ticket to Berlin, please.

CASES AND THEIR USE

The dative case

1 Used for the indirect object of a verb.

Example: Er gab **dem Mann** das Buch. *He gave the book **to the man**.*

> **Points to watch:**
> Be careful not to miss the fact that the dative is needed as it is not always immediately obvious from the English. The example above could be translated as: *He gave the man the book.*

2 Used after certain prepositions. Some of them may take the accusative in certain circumstances (see *Prepositions*, pages 151–2).

3 Used after certain verbs which always take the dative. The most frequent are *danken*, *folgen* and *helfen*.

Example: Kann ich **dir** helfen? *Can I help you?*

4 Used after certain adjectives (see *Adjectives*, page 139–41).

Example:
Es ist **dem Schüler** klar. *It is clear **to the student**.*

5 Used to express advantage or disadvantage for someone.

Example:
Sie kaufte **ihm** eine Banane. *She bought a banana **for him**/She bought **him** a banana.*
Man hat **mir** meinen Wagen gestohlen. *They stole my car from me.*

6 Used to show possession, especially with parts of the body or with clothing.

Example:
Ich putze **mir** die Zähne. *I clean my teeth.*
Ich ziehe **mir** den grünen Pullover an. *I put on my green pullover.*

Note when it is NOT used:

Ich putzte mein Zimmer. *I cleaned my room.*

7 Used in certain impersonal constructions expressing sensations.

Example:
Mir ist warm. *I am hot.*

COMPARISONS

Adverbs and adjectives can be used in comparative forms (for example, bigger, faster, more beautiful) and superlative forms (for example, biggest, fastest, most beautiful), even when English speakers use more/most.

Example:
schnell *fast*
schnell**er** *faster*
der/die/das schnell**ste*** *the fastest*
am schnellsten *in the fastest manner*

*takes the same endings as any other adjective

Common exceptions

1 A number of common adjectives form comparatives in the usual way, but add an Umlaut.

Example:
arm *poor*
ärmer *poorer*
der ärmste *the poorest*

These include:

alt	old	krank	ill	schwach	weak
dumm	stupid	kurz	short	schwarz	black
groß	large	lang	long	stark	strong
jung	young	oft	frequent	warm	warm
kalt	cold	scharf	sharp		

2 Some adjectives and adverbs have very irregular comparative and superlative forms.

gern	lieber	am liebsten	*willingly*
gut	besser	der beste	*good*
hoch	höher	der höchste	*high*
nah	näher	der nächste	*near*
viel	mehr	der meiste	*much*

Comparative sentence patterns

Note the ways of expressing positive and negative comparisons.

Example: Ich bin aber intelligenter **als** du. *But I am more intelligent than you.*
Ich bin **nicht so** intelligent **wie** Albert Einstein. *I am not as intelligent as Albert Einstein.*

hundertfünfundvierzig 145

GRAMMAR

Superlative sentence patterns

Example:
Ich spiele am besten Tennis. *I play tennis best of all.*
Ich bin der beste (Tennisspieler). *I am the best (tennis player).*

CONJUNCTIONS

Conjunctions are words which join two clauses, such as 'and', 'that', 'because'. In German, conjunctions are divided into two groups, known as **co-ordinating** conjunctions and **subordinating** conjunctions.

Co-ordinating conjunctions

These join two clauses which could otherwise stand as two German sentences in their own right without any alteration. Five of them are very common.

Co-ordinating conjunctions have no effect on the word order. They do NOT send the verb to the end of the clause, and they do NOT count in the '1–2–3' rule (see *Word order*, pages 157–8).

Most of them can also link single words or phrases in lists.

The 'famous five' co-ordinating conjunctions are:

und	*and*	sondern	*but not*
aber	*but*	denn	*for*
oder	*or*		

Example:
Er wohnt in Hamburg, aber er arbeitet in Bremen.
He lives in Hamburg but he works in Bremen.

Subordinating conjunctions

These are conjunctions which add a subordinate clause (one which could not stand on its own as a German sentence without alteration) onto a main clause.

They send the verb to the end of the clause. If the verb is an auxiliary it usually comes after the past participle. A subordinate clause always has a comma before the conjunction and after the verb, except at the beginning or end of a sentence. The comma has nothing to do with taking breath, as in English, but merely marks the fact that it is a subordinate clause.

Example:
Wenn Liverpool gewinnt, bin ich glücklich.
Ich bin glücklich, **wenn** Liverpool gewinnt.
I am happy if Liverpool wins.
Ich bin unglücklich, **weil** Liverpool verloren hat.
I am unhappy because Liverpool lost.

The most common subordinating conjunctions are:

als	*when (single occasion in the past)*
bis	*until*
da	*as*
nachdem	*after (he had done that)*
obwohl	*although*
sobald	*as soon as*
während	*while, whilst*
was für + accusative	*what sort of*
weil	*because*
wenn	*if, when, whenever*
wie	*how*

NOUNS

Gender

All German nouns are grammatically masculine, feminine, or neuter. This presents a real problem for English-speaking learners in knowing which is which. The only real solution is to note the gender and the plural form when you first meet a word. The gender is decided either by the meaning of the word, or by the last few letters. The following guidelines may help.

Masculine by meaning

(a) Male persons and animals.

Example: der Lehrer *teacher* der Kater *tomcat*

(See also *Unhelpful genders of names of human beings*, page 147.)

(b) Seasons, months and days of the week.

Example: der Frühling *spring*
der Januar *January*
der Montag *Monday*

146 hundertsechsundvierzig

(c) Points of the compass, winds, most sorts of weather.

Example: der Norden *the North* der Wind *wind* der Frost *frost*

Exceptions: das Eis, das Gewitter, das Wetter.

(d) Most alcoholic drinks.

Example: der Rotwein *red wine* der Schnaps *schnapps*

(e) Makes of car.

Example: der Audi der Mercedes der VW

Feminine by meaning

(a) Female persons and animals.

Example: die Mutter *mother* die Katze *cat*

(See also *Unhelpful genders of names of human beings*, below)

(b) Aeroplanes, motorcycles and ships.

Example: die Boeing die Triumph
die 'TS Hanseatic'

Exception: der Airbus.

(c) Names of numerals.

Example: die Eins *one* die Million *million* die Milliarde *thousand million*

Neuter by meaning

(a) Young persons and animals.

Example: das Baby *baby* das Kind *child* das Kalb *calf*

(See also *Unhelpful genders of names of human beings*, below)

(b) Physical units.

Example: das Atom *atom* das Pfund *pound*

(c) Letters of the alphabet.

Example: ein großes A *capital A*

(d) Infinitives of verbs used as nouns.

Example: das Essen *food* das Spielen *playing*

(e) Colours and languages.

Example: das Rot *red* das Deutsch *German*

(f) 'International' words.

Example: das Café *café* das Taxi *taxi* das Telefon *telephone*

Unhelpful genders of names of human beings

Example: das Fräulein *young lady, 'miss'* das Mädchen *girl* das Mitglied *member* die Person *person*

Masculine by form

Nouns with the following endings are masculine:

-ant (en)	der Passant	*passer-by*
-ig (e)	der Honig	*honey*
-or (en)	der Motor	*motor*
-ast (e)	der Kontrast	*contrast*
-ismus (no pl)	der Kommunismus	*communism*
-us (en)	der Rhythmus	*rhythm*
-ich (e)	der Teppich	*carpet*
-ling (e)	der Liebling	*darling*

Feminine by form

Nouns with the following endings are feminine:

-a (en)	die Villa	*villa*
-anz (no pl)	die Eleganz	*elegance*
-ei (en)	die Metzgerei	*butcher's shop*
-enz (en)	die Tendenz	*tendency*
-heit (en)	die Freiheit	*freedom*
-ie (n)	die Technologie	*technology*
-ik (en)	die Musik	*music*
-in (nen)	die Lehrerin	*teacher*
-keit (en)	die Freundlichkeit	*friendliness*
-schaft (en)	die Freundschaft	*friendship*
-sion (en)	die Explosion	*explosion*
-tion (en)	die Situation	*situation*
-tät (en)	die Aktivität	*activity*
-ung (en)	die Landung	*landing*

Exceptions: der Atlantik, der Katholik, der Papagei, der Pazifik, das Sofa.

Neuter by form

Nouns with the following endings are neuter:

-chen (–)	das Mädchen	*girl*
-il (e)	das Krokodil	*crocodile*

GRAMMAR

-lein	das Büchlein	*little book*
-ment (s)	das Apartment	*apartment*
-tel	das Zehntel	*tenth*

Compound words

These take the gender and the plurals of the last part:

Example: **der** Stunden**plan** *timetable*
die Straßenbahnhalte**stelle** *tram stop*
das Frei**bad** *open-air pool*

Recent English loan words

These are mainly masculine, with neuter being the next most common:

Masculine:
der Compact Disc
der Computer
der Hit
der Job
der Sex
der Streß
der Trend

Neuter:
das Make-up
das Mountainbike
das Poster

Feminine:
die Bar
die Party

Some nouns have more than one gender with different meanings

Some of the common ones are listed here:

der Band (die Bände)
volume, book

das Band (die Bänder)
ribbon
die Band (die Bands)
pop group

der Pony (no pl)
fringe

das Pony (die Ponys)
pony

der See (die Seen)
lake

die See (no pl)
sea

Plural forms

Many attempts have been made to explain how German plural forms work. Here is a simplified version listing rules which always apply, and making some recommendations about what to do if you have to guess. Sadly, the only way to be sure of plural forms is to note them with each new word. Examples have not been given here – the safest way is to check individual words.

Masculine nouns

(a) The majority of masculine nouns form their plural with *-e* or *¨-e*. The Umlaut is added in about half the cases.

(b) Virtually all masculine nouns ending in *-el*, *-en* or *-er* do not change in the plural.

Feminine nouns

(a) Over 90% of feminine nouns form their plural using *-en* or *-n*.

(b) Only *die Mutter* and *die Tochter* form their plural using an Umlaut only.

(c) NO feminine nouns form their plural with *-¨er*

(d) NO feminine nouns have plurals which do not change at all.

Neuter nouns

(a) About 75% of neuter nouns form their plural with *-e*.

(b) Most of the remainder form their plural with *¨-er*.

Loan words from English or French

Most of these form their plural using *-s*.

Declension of nouns

German nouns have slight spelling changes in the following cases:

1 In the genitive singular, masculine and neuter nouns add an *-s*, or, if single syllable words, often *-es*.

Example:
wegen des schlechten Wetter**s** *due to bad weather*
trotz des Wind**es** *despite the wind*

2 In the dative plural (in all genders) an *-n* is added if one is not already present (unless the plural ends in *-s*).

Example: mit den Schüler**n** *with the school students*

NUMBERS

Cardinal numbers

0	null	10	zehn
1	eins	11	elf
2	zwei	12	zwölf
3	drei	13	dreizehn
4	vier	14	vierzehn
5	fünf	15	fünfzehn
6	sechs	16	sechzehn (NB spelling)
7	sieben	17	siebzehn (NB spelling)
8	acht	18	achtzehn
9	neun	19	neunzehn

20 zwanzig
21 einundzwanzig
22 zweiundzwanzig, etc.
30 dreißig (NB spelling)
40 vierzig
50 fünfzig
60 sechzig (NB spelling)
70 siebzig (NB spelling)
80 achtzig
90 neunzig
100 hundert
101 hunderteins
102 hundertzwei
131 hunderteinunddreißig
200 zweihundert
999 neunhundertneunundneunzig
1000 tausend
1002 tausendzwei
1100 tausendeinhundert/elfhundert/
 eintausendeinhundert
654 321 sechshundertvierundfünfzig
 tausenddreihunderteinundzwanzig
1 000 000 eine Million (NB spaces every 3 digits, no commas)
53 500 400 dreiundfünfzig Millionen
 fünfhunderttausendvierhundert
 (NB new word after *Millionen*)
1 000 000 000 eine Milliarde
2 000 000 000 zwei Milliarden

The finer points

(a) In practice, complex numbers are never written out in full. Use figures instead.

(b) *zwo* is used instead of *zwei* where there is any danger of confusion. It is common in public announcements, and on the telephone.

(c) Longer numbers – such as telephone numbers after dialling codes – are written and read in pairs.

Example:
02264/54 65 07 is pronounced as: Null zwo zwo sechs vier, vierundfünfzig fünfundsechzig null sieben

(d) Years are usually stated in hundreds.

Example:
1998 = neunzehnhundertachtundneunzig

(e) Cardinal numbers can be used as nouns, particularly when discussing school grades.

Example:
Ich habe eine Sechs in Englisch. *I have a 6 in English.*

(f) 7 is usually written with a cross, to distinguish it from 1.

Example:

1   7
one   seven

Ordinal numbers

1 Virtually all ordinal numbers are formed as follows:

(a) 2nd, 4th, 6th and 8th – 19th add *-te* to the cardinal number.

Example:
vier → der vier**te**
sechzehn → der sechzehn**te**

Exceptions are:
der erste *1st*   der siebte *7th*
der dritte *3rd*

(b) 20th and upwards add *–ste* to the cardinal number.

Example:
zwanzig → der zwanzigste
dreißig → der dreißigste
hundert → der hundertste
tausend → der tausendste
million → der millionste

GRAMMAR

However, if the number above 20 is a compound number ending with a number less than 20, the endings in (1) apply.

Example:
der hunderterste
der tausenddritte
der zweihundertsechzehnte

2 The use of ordinal numbers is straightforward.

(a) They are normally used as adjectives, and take the usual endings.

(b) In writing, they are usually written as an abbreviation which must have a full stop.

Example:
am 1.10. (pronounced: am ersten zehnten) *on the first of the tenth*
der 324. Versuch *the 324th attempt*

Fractions

1 Most fractions – except 'half' – are formed by adding *-el* to the ordinal.

Example:
ein Viertel (–) *a quarter*
ein Zehntel (–) *a tenth*
ein Drittel (–) *a third*

2 'Half' can be either the noun *die Hälfte* or the adjective *halb*.

(a) *die Hälfte* is used as follows:

Ich habe nur die Hälfte gelesen. *I have only read half of it.*

(b) *halb* is used like this:

Ich aß eine halbe Banane. *I ate half a banana.*

(c) 'One and a half' is *anderthalb* or *eineinhalb*.

The principle of *eineinhalb* continues with *zweieinhalb, dreieinhalb,* etc.

3 Decimals are written with a comma and not a point in German.

Example:
Ich habe eine Durchschnittsnote von 2,3. (pronounced zwei Komma drei) *I have an average mark of 2.3.*

PREPOSITIONS

Prepositions show a relationship between one noun and another, often of position.

In German, prepositions are followed by different cases. For the majority of prepositions, it is merely a matter of knowing what they 'take'. For example, *mit* 'takes' the dative. However, some common prepositions take either accusative or dative according to their meaning.

Prepositions which always take the accusative

bis	*as far as, until*
durch	*through, throughout*
für	*for*
gegen	*against, towards, about*
ohne	*without*
um	*at + clock times, round, about, concerning*
pro	*per*
wider	*against*

Example:
für meinen Vater *for my father*
durch die Stadt *through the town*

Prepositions which always take the dative

aus	*out of, made of*
außer	*except for, out of (use)*
bei	*by, at, at the house of*
gegenüber*	*opposite, towards*
mit	*with, by*
nach	*to, towards, after + time*
seit	*since, for (uses a more recent tense than in English)*
von	*from, of*
zu	*to, for, as, at, towards, at + price*

*may come before or after the noun

PREPOSITIONS

> **Points to watch:**
>
> ■ *aus* and *zu* both look as though they might take the accusative because they imply motion (see 1 on page 151). They NEVER take the accusative.
>
> ■ In the dative plural, most nouns add an *-n* if they do not already have one. It's easy to forget it.

Prepositions which take either accusative or dative

Ten common prepositions take either accusative or dative.

Two basic rules apply to most instances.

1 If the preposition expresses 'position', then the dative is used. If it expresses 'motion towards', the accusative is used.

A useful pair of mnemonic sentences is:

"Dative is stationary or movement at
Accusative is movement to"

Example:
Ich gehe in die Stadt. (in + accusative – motion)
I go into town.
Ich wohne in der Stadt. (in + dative – position)
I live in the town.

Verbs of arriving, appearing and disappearing are usually used with the dative.

Example:
Ich bin am Bahnhof angekommen. *I arrived at the station.*

2 If the preposition expresses something which would be impossible to make a model of (something figurative) it often takes the accusative.

Example:
Er weiß viel **über die Stadt**. *He knows a lot about the town.*

Although the above rules can apply to most of the accusative/dative prepositions, in practice the majority of them are most frequently found taking the cases shown in brackets in the following list. It is really *an, auf, in* and *über* which most often require careful thought.

an	on (the side of), at, of
auf	on (top of), at, in
entlang* (usually + accusative)	along
hinter (usually + dative)	behind
in	in, inside
neben (usually + dative)	next to
über	over, about, more than
unter (usually + dative)	under, below, among
vor (usually + dative)	in front of, before
zwischen (usually + dative)	between

*follows the noun

Prepositions which take the genitive

The following prepositions take the genitive:

anstatt	instead of
außerhalb	outside (of)
innerhalb	within
statt	instead of
trotz	despite, in spite of
während	during
wegen	because of

> **Points to watch:**
>
> Remember that masculine singular and neuter singular nouns add an *-s* in the genitive.

hunderteinundfünfzig 151

GRAMMAR

PRONOUNS

Pronouns stand in the place of a noun, and are used to avoid repetition. The case is determined by the pronoun's function in the sentence.

Personal pronouns

Nominative		Accusative		Dative	
ich	*I*	mich	*me*	mir	*to me*
du	*you (singular, familiar)*	dich	*you*	dir	*to you*
Sie	*you (singular, formal)*	Sie	*you*	Ihnen	*to you*
er	*he or it*	ihn	*him or it*	ihm	*to him or it*
sie	*she or it*	sie	*her or it*	ihr	*to her or it*
es	*it*	es	*it*	ihm	*to it*
man	*one*	einen	*one*	einem	*to one*
wir	*we*	uns	*us*	uns	*to us*
ihr	*you (plural, familiar)*	euch	*you*	euch	*to you*
Sie	*you (plural, formal)*	Sie	*you*	Ihnen	*to you*
sie	*they*	sie	*them*	ihnen	*to them*

Reflexive pronouns

1 The accusative reflexive pronouns are as in the example below:

ich wasche mich	*I wash myself*
du wäschst dich	*you wash yourself*
Sie waschen sich	*you wash yourself*
er wäscht sich	*he washes himself*
sie wäscht sich	*she washes herself*
es wäscht sich	*it washes itself*
man wäscht sich	*one washes oneself*
wir waschen uns	*we wash ourselves*
ihr wascht euch	*you wash yourselves*
Sie waschen sich	*you wash yourselves*
sie waschen sich	*they wash themselves*

2 The dative reflexive pronouns are as follows:

ich wasche mir die Haare	*I wash my hair*
du wäschst dir die Haare	*you wash your hair*
Sie waschen sich die Haare	*you wash your hair*
er wäscht sich die Haare	*he washes his hair*
sie wäscht sich die Haare	*she washes her hair*
es wäscht sich die Haare	*it washes its hair*
man wäscht sich die Haare	*one washes one's hair*
wir waschen uns die Haare	*we wash our hair*
ihr wascht euch die Haare	*you wash your hair*
Sie waschen sich die Haare	*you wash your hair*
sie waschen sich die Haare	*they wash their hair*

Points to watch:

Note that these are only different after *ich* and *du*.

du and Sie, ihr and Sie

Germans are very anxious to use the correct form for 'you' for reasons of politeness.

Here are the main rules concerning choice of 'you'.

1 *du* is used:
- for speaking to a child (up to about age 15) and an animal
- between children, students, relatives and close friends

2 *ihr* is used for speaking to a group of two or more people of which at least some would be addressed as *du*.

3 *Sie* is used in all other cases, and particularly between adult strangers.

PRONOUNS

er, sie and es

1 Remember that 'it' may refer to a masculine or feminine noun in German, and that *er* or *sie*, *ihn* or *sie*, *ihm* or *ihr* may be required. *er* and *sie* do not refer solely to biological gender.

Example:
Hier ist die Banane. Ich habe **sie** gestern gekauft. *Here is the banana. I bought **it** yesterday.*

2 Occasionally there is conflict between biological and grammatical gender, particularly with *das Mädchen* and *das Fräulein*. They can be referred to as either *es* or *sie*.

3 After prepositions, special rules apply.
es is never used after a preposition. Instead the preposition has the prefix *da(r)* – attached to give *darauf, danach*, etc.

Example:
Hier ist endlich der Bus. Wir haben lang genug darauf gewartet. *Here is the bus at last. We've been waiting for it long enough.*

Relative pronouns

Relative pronouns correspond to 'who, whom, whose, which or that' in English. It is important to know the test for whether 'that' is in fact a relative pronoun or best translated by *daß*: if 'who' or 'which' can be substituted for 'that' without changing the meaning, it is a relative pronoun. If the substitution cannot be made without generating nonsense, use *daß*.

Example:
This is the house **that** Jack built.
Substitute which:
This is the house **which** Jack built.
Therefore the original 'that' is a relative pronoun.

I think **that** you should go.
Substitute which:
I think **which** you should go.
This is nonsense, and 'that' should be *daß*.

A further complication is that the relative pronoun is often missed out in English, for example, 'This is the book I am reading at the moment'. This NEVER happens in German.

The form of the relative pronoun

Agreement

The relative pronoun agrees with the noun to which it refers in number (singular or plural) and in gender (masculine, feminine or neuter), but NOT in case. The case of the relative pronoun is determined by its function in the relative clause.

Case

If the suggested English translations of the relative pronoun are kept in mind, it is quite easy to sort out which case to choose.

Nominative
Ich bin eine Lehrerin, **die** oft nach Deutschland fährt.
*I am a teacher **who/that** often travels to Germany.*

Accusative
Ich bin ein Lehrer, **den** man oft in der Stadt sieht.
*I am a teacher **(that/who/whom)** you can often see in town.*

Genitive
Ich bin ein Mann, **dessen** Kinder artig sind. *I am a man **whose** children are well behaved.*

Dative
Seefahrer sind Leute, **mit denen** ich nichts anfangen kann. *Seamen are people **with whom** I don't get on.*

	Masculine Singular	Feminine Singular	Neuter Singular	Plural	Meaning
Nominative	der	die	das	die	who, which, that
Accusative	den	die	das	die	who(m), which, that
Genitive	dessen	deren	dessen	deren	whose, of which
Dative	dem	der	dem	denen	to whom, to which

hundertdreiundfünfzig 153

GRAMMAR

was

After *alles*, *nichts*, *etwas* and the less frequent *einiges*, *folgendes*, *manches* and *vieles*, the relative pronoun is always *was*.

Example:
Alles, **was** ich habe, ist mein Hund. *All I have left is my dog.*

The idiomatic use of *das*, *was*

Example:
Ich habe nur **das, was** ich mitgebracht habe.
I only have what I have brought with me.

> **Points to watch:**
> In German the punctuation rules require that relative pronouns have a comma in front of them. This is unlike many English relative clauses – beware!

Interrogative pronouns

These are question words which change according to case. The case is determined by their function in the sentence.

wer

wer (who) declines as follows:

Nominative	wer	who
Accusative	wen	who(m)
Genitive	wessen	whose
Dative	wem	to whom

Example:
Wessen Fahrrad ist das? *Whose bike is that?*
Wen hast du gesehen? *Who(m) did you see?*

'What' as a question word

Where '*what*' is used as a question word in combination with a preposition, the preposition has *wo(r)*- added to the front of it. This has the advantage that you don't have to work out which case it should be!

Example:
Womit habt ihr gespielt? *What did you play with?*

welcher

welcher (which) declines as follows:

	Masculine Singular	Feminine Singular	Neuter Singular	Plural	Meaning
Nominative	welcher	welche	welches	welche	which
Accusative	welchen	welche	welches	welche	which
Genitive	welches	welcher	welches	welcher	of which
Dative	welchem	welcher	welchem	welchen	to which

It agrees with the noun to which it refers.

Example:
Welches Kind hat die Stinkbombe geworfen? *Which child threw the stinkbomb?*

Demonstrative pronouns

These agree with the noun to which they refer, and decline like this:

	Masculine Singular	Feminine Singular	Neuter Singular	Plural
Nominative	dieser	diese	dieses	diese
Accusative	diesen	diese	dieses	diese
Genitive	dieses	dieser	dieses	dieser
Dative	diesem	dieser	diesem	diesen

These demonstrative pronouns also follow this pattern:

dieser *this*
jener *that*
solcher *such a*

SPELLING AND PUNCTUATION

Spelling

The Umlaut

A common mistake is 'Umlaut blindness', that is, assuming that they have no significance or are mere decoration. In fact, they convey important subtleties of meaning. So an Umlaut mistake is a serious one.

ss or ß?

Learn whether a word is spelt with *ss* or *ß* when you first come across it.

Punctuation

English punctuation often has a good deal to do with where to breathe, or in separating sense groups. In German there are strict rules which have little to do with either breathing or sense groups.

Capital letters

- at the start of sentences
- for all nouns, wherever they occur
- for the 'polite' personal pronouns except *sich* and their related possessives (*Sie, Ihnen, Ihr*)
- in letters, for the 'familiar' personal pronouns and their related possessives (*Du, Dir, Dein, Ihr, Euch, Euer*)
- in titles of books, films, etc.

They are not used for nationalities which are adjectives or adverbs.

Example:
Ein **britisches** Schiff hatte ein Poster auf **deutsch**. *A British ship had a poster in German.*

Commas

- in lists, but not just before the *und*

Example:
Er hatte zwei Hunde, eine Katze und einen Hamster. *He had two dogs, a cat and a hamster.*

- where there are two main clauses linked by a co-ordinating conjunction

Example:
Mein Vater wohnt in Hamburg, und meine Mutter wohnt in Berlin. *My father lives in Hamburg and my mother lives in Berlin.*

- where there is a subordinate clause

Example:
Ich wohnte in Flensburg, als ich zweiundzwanzig war. *I lived in Flensburg when I was twenty-two.* Als ich zweiundzwanzig war, wohnte ich in Flensburg. *When I was twenty-two I lived in Flensburg.*

The second example shows the word order sequence verb – comma – verb which is very common.

Exclamation marks

- after commands (even whispered ones!)

Example:
Setzen Sie sich! *Sit down!*

- after interjections

Example:
Ach! Verdammt! *Oh! Bother!*

- often after the opening of a letter

Example:
Lieber Herr Braun!
 Wie geht es Ihnen?

Dear Mr Brown,
 How are you?

This usage is rapidly being replaced by the following punctuation:

Lieber Herr Braun,
 wie geht es Ihnen?

Note that the *w* on *wie* is NOT a capital.

Direct speech

This is written as follows:

Ich sagte: „Wie heißt du?"

hundertfünfundfünfzig 155

GRAMMAR

DAYS, MONTHS, DATES AND TIMES

Days

All the days are masculine.

Montag	*Monday*
Dienstag	*Tuesday*
Mittwoch	*Wednesday*
Donnerstag	*Thursday*
Freitag	*Friday*
Samstag	*Saturday*
Sonnabend	*Saturday*
Sonntag	*Sunday*

Note the usage: Am Sonntag *on Sunday*

> **Points to watch:**
> Be wary of missing the correct meaning of *Sonnabend*.

Months

All the months are masculine.

Januar	*January*
Februar	*February*
März	*March*
April	*April*
Mai	*May*
Juni	*June*
Juli	*July*
August	*August*
September	*September*
Oktober	*October*
November	*November*
Dezember	*December*

Note the following usages:

1 im März *in March*

2 *Juni* and *Juli* are often pronounced *Juno* and *Julei* on the telephone to reduce confusion.

Dates

The major public holidays

Neujahr	*New Year's Day*
zu Ostern	*at Easter*
Pfingsten	*Whitsun*

(NB usually the week **after** the British Spring Bank Holiday)

der Tag der deutschen Einheit	*German Unification Day (3.10)*
der Heilige Abend	*Christmas Eve*
der erste Weihnachtstag	*Christmas Day*
Silvester	*New Year's Eve*

Asking about and giving the date

(a) The following patterns are used in speech:

Den wievielten haben wir heute? Heute ist der 1. September 1998. *What is the date today? It's the 1st September 1998.*

Am wievielten beginnt das Schuljahr? Am 8. September. *When does the school year begin? On the 8th September.*

(b) In letters, the date is written on the top right of the page.

                              Hamburg, den 1.10.98

(c) The year is given as follows:
Either: 1998
Or: im Jahre 1998

> **Points to watch:**
> Beware of using the English structure of 'in 1998' in German – it's wrong!

Times of the clock

There are two ways of telling the time, the everyday way and using the 24-hour clock.

The everyday way

1.00	Es ist ein Uhr.
3.00	Es ist drei Uhr.
4.05	Es ist fünf (Minuten) nach vier.
4.15	Es ist Viertel nach vier.
4.30	Es ist halb fünf.
4.45	Es ist Viertel vor fünf.
4.55	Es ist fünf (Minuten) vor fünf.
12.00	Es ist Mittag/Mitternacht.

> **Points to watch:**
> Note that *halb fünf* means 'half past four' NOT 'half past five'.

156 hundertsechsundfünfzig

The 24-hour clock

1.00 Es ist ein Uhr.
3.00 Es ist drei Uhr.
14.05 Es ist vierzehn Uhr fünf.
14.15 Es ist vierzehn Uhr fünfzehn.
14.30 Es ist vierzehn Uhr dreißig.
14.45 Es ist vierzehn Uhr fünfundvierzig.
14.55 Es ist vierzehn Uhr fünfundfünfzig.
12.00 Es ist zwölf Uhr.
00.01 Es ist null Uhr eins.

Definite and indefinite time

Definite time

Time which could be found on a calendar, if necessary, is shown by using the accusative case:

(a) To show duration.

Example:
Ich war den ganzen Tag im Auto. *I was in the car all day.*

(b) To show a specific time.

Example:
letzte Woche *last week*
nächsten Monat *next month*

Indefinite time

Time which would be impossible to find exactly on a calendar is shown by using the genitive case:

Example:
eines Morgens *one morning*
eines schönen Sommertages *one fine summer's day*

Some times are expressed by adverbs, generally ending in *-s*

Example:
morgens *in the mornings*
werktags *on working days*

DAYS, MONTHS, DATES AND TIMES

WORD ORDER

Word order in German, or more exactly the order of certain groups of words, follows a number of rules.

Verbs

1–2–3 rule

The verb is the second idea in a simple sentence. It may come after the subject, after another element, or after a subordinate clause. In compound tenses, the auxiliary occupies the position of second idea in the sentence, while the remainder of the sentence is sandwiched between the auxiliary and the past participle or infinitive. This is often called the '1–2–3 rule'.

Example:
Ich **kaufe** immer Kleidung mit meiner Mutter.
I always buy clothing with my mother.
Mit meiner Mutter **kaufe** ich immer Kleidung.
Immer **kaufe** ich Keidung mit meiner Mutter.

Als ich jung war, **habe** ich in London gewohnt.
When I was young I lived in London.

Starting a sentence with an element other than the subject does not change the basic meaning. However, an element other than the subject at the beginning of the sentence is usually being stressed.

Co-ordinating conjunctions

If two sentences are joined by a co-ordinating conjunction (for example, *und, aber, oder*) the conjunction does not count in the word order and has no effect on it.

Example:
Mein Vater spielt Karten, aber meine Mutter spielt Klavier. *My father is playing cards but my mother is playing the piano.*

Subordinating conjunctions

Where a clause is joined by a subordinating conjunction, the verb or the auxiliary goes to the end of that clause.

GRAMMAR

Example:
Meine Mutter bringt mich zur Schule, wenn es um 8 Uhr kalt **ist**. *My mother brings me to school if it is cold at 8 o'clock.*
Helmut weiß, daß er zu spät angekommen **ist**. *Helmut knows he arrived too late.*
Man kann sehen, was in zwei Jahren passieren **wird**. *You can see what will happen in a couple of years.*

Separable verbs

If there is only one verb in a sentence or main clause and it is separable, the verb separates. The verb part takes the expected position in the sentence, and the separable prefix goes to the end of the sentence.

Example:
Ich **sehe** oft im Wohnzimmer **fern**. *I often watch TV in the living room.*

If the separable verb is the second verb in a sentence, it does not separate and goes to the end of the sentence.

Example:
Ich will heute nicht **fernsehen**. *I don't wish to watch TV today.*

In a subordinate clause, where the verb is sent to the end of the sentence, the two parts of the verb are joined together.

Example:
Als ich gestern **fernsah**, ... *When I watched TV yesterday ...*
Als sie hier **angekommen ist**, ... *When she arrived here ...*

Modal verbs

Modal verbs follow the same rules as the auxiliary verbs *haben* and *sein*.

Example:
Ich **kann** nicht **schwimmen**. *I cannot swim.*
... , weil ich nicht **schwimmen kann**. *... , because I can't swim.*

Question words

In questions with a question word the verb comes second.

Example:
Wie **heißt** du? *What is your name?*

In any other questions the verb comes first.

Example:
Heißt sie Sandra oder Brenda? *Is her name Sandra or Brenda?*

Time, Manner, Place

In German, time usually comes as early as possible in a sentence, more or less the opposite of the English habit.

1 The order of adverbs or adverbial phrases which are next to each other is usually **Time** before **Manner** (how) before **Place**.

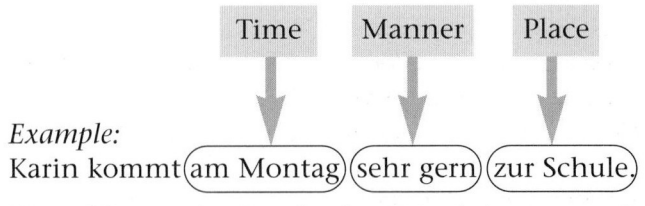

Example:
Karin kommt (am Montag) (sehr gern) (zur Schule).
Karin likes coming to school on Mondays very much.

2 If there is more than one expression of a particular type, the more general one comes first.

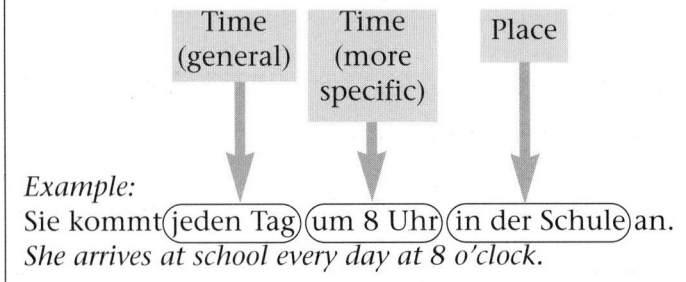

Example:
Sie kommt (jeden Tag) (um 8 Uhr) (in der Schule) an.
She arrives at school every day at 8 o'clock.

158 hundertachtundfünfzig

VERB TABLES

REGULAR (WEAK) VERBS

These verbs all follow the same pattern as *spielen* (See pages 128–31).

abholen (sep)	to fetch			sagen	to say
abräumen (sep)	to clear away	gucken	to look	sammeln	to collect
anmachen (sep)	to switch on	sich hinsetzen (sep)	to sit down	schauen	to look
antworten	to answer			schicken	to send
arbeiten	to work	hoffen	to hope	schmecken	to taste
aufmachen (sep)	to open	hören	to hear	schneien	to snow
aufräumen (sep)	to tidy up	kaufen	to buy	sparen	to save
aufwachen (sep)	to wake up	klingeln	to ring	stecken	to put (in)
ausmachen (sep)	to switch off	kriegen	to get	stellen	to put (upright)
auspacken (sep)	to unpack	lachen	to laugh	suchen	to look for
sich beeilen	to hurry	legen	to put (down)	telefonieren	to phone
besichtigen	to visit	lernen	to learn	turnen	to do gym
bestellen	to order	machen	to make, to do	üben	to practise
besuchen	to visit	meinen	to think, to say	verkaufen	to sell
bezahlen	to pay	mieten	to rent	vermieten	to rent out
brauchen	to need	öffnen	to open	versuchen	to try
buchen	to book	organisieren	to organise	vorbereiten (sep)	to prepare
danken	to thank	parken	to park	warten	to wait
decken	to set (table)	planen	to plan	(sich) waschen	to wash (oneself)
drücken	to push, press	putzen	to clean	wechseln	to change money
einkaufen (sep)	to shop	prüfen	to check	wiederholen	to repeat
einpacken (sep)	to pack	rauchen	to smoke	wohnen	to live
fragen	to ask	regnen	to rain	wünschen	to wish
sich freuen	to be pleased	reisen*	to travel	zeigen	to show
glauben	to believe, to think	reparieren	to repair	*takes *sein* in the perfect tense	

IRREGULAR (STRONG) VERBS

Infinitive	3rd Person Singular Present	Imperfect	Perfect	Meaning
aufstehen(sep)	steht auf	stand auf	ist aufgestanden	to get up
beginnen	beginnt	begann	hat begonnen	to begin
bekommen	bekommt	bekam	hat bekommen	to receive, to get
beschreiben	beschreibt	beschrieb	hat beschrieben	to describe
bleiben	bleibt	blieb	ist geblieben	to stay
brechen	bricht	brach	hat gebrochen	to break
bringen	bringt	brachte	hat gebracht	to bring
denken	denkt	dachte	hat gedacht	to think
dürfen	darf	durfte	hat gedurft	to be allowed to
essen	ißt	aß	hat gegessen	to eat
fahren	fährt	fuhr	ist gefahren	to travel

hundertneunundfünfzig 159

VERB TABLES

Infinitive	3rd Person Singular Present	Imperfect	Perfect	Meaning
fallen	fällt	fiel	ist gefallen	*to fall*
finden	findet	fand	hat gefunden	*to find*
fliegen	fliegt	flog	ist geflogen	*to fly*
geben	gibt	gab	hat gegeben	*to give*
gefallen	gefällt	gefiel	hat gefallen	*to please*
gehen	geht	ging	ist gegangen	*to go*
haben	hat	hatte	hat gehabt	*to have*
halten	hält	hielt	hat gehalten	*to stop, to hold*
heißen	heißt	hieß	hat geheißen	*to be called*
helfen	hilft	half	hat geholfen	*to help*
kennen	kennt	kannte	hat gekannt	*to know*
kommen	kommt	kam	ist gekommen	*to come*
können	kann	konnte	hat gekonnt	*to be able to*
lassen	läßt	ließ	hat gelassen	*to leave*
laufen	läuft	lief	ist gelaufen	*to run*
lesen	liest	las	hat gelesen	*to read*
liegen	liegt	lag	hat gelegen	*to lie*
mögen	mag	mochte	hat gemocht	*to like to*
müssen	muß	mußte	hat gemußt	*to have to*
nehmen	nimmt	nahm	hat genommen	*to take*
rufen	ruft	rief	hat gerufen	*to call*
scheinen	scheint	schien	hat geschienen	*to seem, to shine*
schlafen	schläft	schlief	hat geschlafen	*to sleep*
schreiben	schreibt	schrieb	hat geschrieben	*to write*
schwimmen	schwimmt	schwamm	ist geschwommen	*to swim*
sehen	sieht	sah	hat gesehen	*to see*
sein	ist	war	ist gewesen	*to be*
singen	singt	sang	hat gesungen	*to sing*
sitzen	sitzt	saß	hat gesessen	*to sit*
sollen	soll	sollte	hat gesollt	*to be supposed to*
sprechen	spricht	sprach	hat gesprochen	*to speak*
stehen	steht	stand	hat gestanden	*to stand*
stehlen	stiehlt	stahl	hat gestohlen	*to steal*
tragen	trägt	trug	hat getragen	*to wear, to carry*
trinken	trinkt	trank	hat getrunken	*to drink*
tun	tut	tat	hat getan	*to do*
verbringen	verbringt	verbrachte	hat verbracht	*to spend time*
vergessen	vergißt	vergaß	hat vergessen	*to forget*
verlieren	verliert	verlor	hat verloren	*to lose*
verstehen	versteht	verstand	hat verstanden	*to understand*
waschen	wäscht	wusch	hat gewaschen	*to wash*
werden	wird	wurde	ist geworden	*to become*
wissen	weiß	wußte	hat gewußt	*to know*
wollen	will	wollte	hat gewolt	*to want to*
ziehen	zieht	zog	hat gezogen	*to pull*

STUDY SKILLS FOR THE EXAM

This section focuses on two important aspects of preparing for success at GCSE German:

Study skills:
- revision planning
- revision techniques

Improving your performance in:
- speaking
- listening
- reading
- writing

There is also a more detailed section on the Speaking Test.

Performance in German is a skill. It is improved by practice – and any good musician or sporting star will confirm that the best forms of practice contain variety.

STUDY SKILLS

Revision planning

Try the following tips for efficient revision:

1 Count the weeks

Work out how many weeks there are left before the examination. For German, the various examinations are often spread over several weeks, so time the run-up to each one individually.

2 Make a revision planner

Write down the topics you wish to revise, week by week and skill by skill. Allow a week near the end for time to catch up on what you have missed. Make sure you have sufficient variety, and don't be over-ambitious about what you can get done. Prioritise!

3 Know what the examinations involve

Make sure you know what you will have to do. Your teacher will have full details. This prevents you wasting time on irrelevant material.

4 Question-spot

Make sure you have seen the sample papers and past papers, and that you have worked out what is likely to come up.

5 Analyse your own performance

Pinpoint your weaknesses and do something about them. A mock examination should help you work out where your weaknesses are. If you are uncertain where to begin, consult your teacher who, after all, knows your abilities best.

Directed revision pays off. Revise early and revise often!

Revision techniques

The key to effective revision is to *do* something. Activity aids concentration. In a skill-based subject like German, you will improve your performance by practice.

Try some or all of the following techniques:

1 Write notes

Make skeleton notes of grammar or vocabulary. Writing down a word or phrase with its gender and meaning will help to fix it in your memory.

2 Work with a friend

Pick a friend who is about the same standard as you are and test each other.

Remember to include written testing – the ultimate proof of whether you know things.

3 Set yourself tests

While learning, make a note of things you found hard and test yourself later – at the end of your session, then the following day, then the following week.

4 Tick off what you've done

Using your revision planner, tick off the topics you have dealt with. Do NOT tick off ones you have missed out! The more you have dealt with, the better you will feel.

5 Set realistic targets

Don't try to do too much in one session – you'll end up frustrated and become more and more depressed. Far better to learn, say, ten irregular verbs and succeed than to try to learn 36 and fail miserably.

hunderteinundsechzig 161

STUDY SKILLS FOR THE EXAM

6 Take short breaks at regular intervals

45–50 minutes is probably the longest session most people can concentrate for without a break – even if it's only to stretch your legs briefly.

7 Vary your revision

Vary the skills and subjects you revise. Three spells of 45–50 minutes on three different subjects will be more productive than a 3-hour 'slog' in one area.

IMPROVING YOUR PERFORMANCE

As the GCSE Examination in German tests the four language skills separately, they will take place on several different days over a period of several weeks. This means you can prepare for each of the four skills as they are tested in turn. Allow for this when filling in your programme on your revision planner.

Preparing Speaking

The first test you will do is Speaking. The Examiner will usually be your own teacher, who knows what you can do and should be attempting to help you to show off your knowledge.

Here are some practical things you can do to improve your performance in the Speaking Test.

1 Make sure you know what the requirements are for the Speaking Test. There will probably be a role-play, some general conversation, a prepared topic and perhaps an article, story, or picture in German to react to. Your teacher will know. Make sure he or she has told you!

2 Most Speaking Tests will be recorded on cassette. So, some time beforehand, practise speaking into a cassette recorder in order to get used to the whirring noise it makes, the sight of the microphone and the sound of your own voice on cassette. Many good candidates who haven't tried this are overcome by shyness on the day and do badly.

3 For role-play type exercises, you can work out with your teacher what situations could be set. There are, for example, only a few things that you might want to do at a petrol station – ask for petrol, say what grade you need, perhaps ask for air, oil and water to be checked, and pay. Once you have worked out the German for that lot, you shouldn't have anything to worry about. You could do this with a friend, making up role-play questions for each other to do. Over time, you could build up quite a range of these to practise from.

4 Your teacher can help you work out what you are likely to be asked in the general conversation. Prepare a few sentences to say about, for example, your actual hobbies. This will help the conversation flow, which is one of the things Examiners are looking for. A good way to approach speaking for a couple of minutes in German is to start with simple questions and answers and then build them into longer sequences

There is a list of likely topics on page 166.

5 If your teacher offers you a practice Speaking Test on your own, be sure to take advantage of it. Nothing is quite like the experience of actually doing the Speaking Test, on your own, to show you what it will be like. It's an especially valuable opportunity as your teacher will be your Examiner for the Speaking Test.

6 As well as practising with your teacher, you should also practise with a friend from your class. Your friend could, for example, ask you some questions you had prepared and work a cassette recorder for you.

7 Ask your teacher to play you recordings of previous oral examinations, or of sample oral examinations provided by the Examining Group, with both good and bad performances. It's very helpful to discuss good and bad features.

Preparing Listening

This is the most difficult skill to revise on your own, because it isn't always easy to come by suitable materials. However, if you take a little trouble it is surprising how much German you can hear without ever setting foot in Germany. Let us try to list these opportunities.

1 The *Ja!* course has cassettes which go with it. You could ask your teacher to make them available

IMPROVING YOUR PERFORMANCE

to you so you can re-work Listening exercises done in class. You could also ask your school librarian to stock the cassettes.

2 If you have access to satellite TV at home or at school, the news and sport in German make good viewing. You might also enjoy children's cartoon programmes. If you watch British bulletins for the same day you will find the main points of the news easier to follow.

3 Also on TV, there are beginners' and intermediate courses in German. These are ideal for you. The simpler ones will be well within your grasp, while the more difficult ones may well be at a level comparable with what you are doing in school. Times are in TV magazines. Your teacher may also know when schools programmes are on and may well have them recorded. You could ask your teacher to make them available to you in the lunch-hour if they are not already included in your lessons. It may also be possible to find recordings of older broadcasts in school.

4 If there are German-speaking visitors in your locality (for example, an exchange with younger students), you will probably find that the young German people are pleased to talk to you in German. Ask them about such things as schools and their family and their journey as a starting point. The teachers accompanying such parties, too, are worth approaching.

5 If your school is fortunate enough to have a German Assistant, be sure to take his or her sessions seriously.

The most important thing is to try to hear as much German as you can as often as you can, and not to be put off by the apparent speed at which Germans speak. The more practice you have, the easier it gets. Use your common sense to help you work out what is being said, and remember to listen out for words that you do understand to help you to make an intelligent guess about the rest.

Preparing Reading

Reading should not be a skill which is too difficult to practise. The more you read, the better. For GCSE, you need to read a variety of texts ranging from train timetables to articles in teenage magazines, so it is unwise to stick to just one sort of reading material. I have given some suggested sources below.

1 The obvious starting point is *Ja!* It has a large amount of material in it, specifically chosen to meet the range of topics set for GCSE. You will certainly benefit from spending time working through texts you have previously done in class, or those which your teacher has decided to miss out. Use the vocabulary at the back to help you. Make a note of words you don't know without looking up and learn them.

2 Your school or local library may well have a variety of easy books in German. Some are available with English translations of the same stories. Look out for:

- Asterix
- The Mr Men

3 Your teacher may have back numbers of magazines designed for learners of German, or you could subscribe to them direct.

4 German newspapers are available in larger towns and cities, often from a newsagent near the railway station. Buy an occasional edition of *Bild* or the new magazine *Neue Revue*. (Warning: *Bild* can sometimes be a bit rude.) Read not only the stories, but also the adverts, large and small. They're very popular with question-setters.

STUDY SKILLS FOR THE EXAM

Preparing Writing

For the Writing Test there is no doubt that a good standard of accuracy will improve your marks no end. However, accuracy can be difficult to improve unless you are systematic.

Make sure that you know the fundamentals of grammar, for example, how verbs are formed in all tenses and persons, when to use the different tenses and how to make adjectives agree. Revise a grammar topic a week in the run-up to the examination.

The other area to make sure of is vocabulary. Learn not only the word, but also its spelling, its gender and its plural form.

Use this checklist for your written work:

1 Check genders
- by looking up individual words
- by applying gender rules

2 Check cases
- is there an accusative after each verb?
- if not, do you know why?
- are they right after each preposition?

3 Check adjectives
- if they are not followed by a noun, they should not have an ending
- if they are followed by a noun, do they have the correct ending for: *der*, *ein* or *kein*, the case of the noun, the gender of the noun, singular or plural?

4 Check verbs
- is the tense right in each instance?
- is it regular or irregular?
- is the form of the verb right?
- does it need *haben* or *sein*?

5 Check word order
- is the verb in the right place?
- time before manner before place

6 Check spelling
- capital letters on nouns
- *e* and *i* always the right way round?
- Umlauts where needed (but never over *e* or *i*)
- *Sch-* always with a *c*?

As well as accuracy, Examiners award marks for 'getting the message across'. So it is vitally important to do exactly what the question tells you. You should also be sure to write at least the number of words you have been told to.

You should make sure you know how to begin and end letters, and that you know the sorts of phrases which commonly occur in such letters as booking accommodation, inviting a penfriend to stay, and so on.

Finally, look back at any written work you have done during your course. Try doing some of the questions again after noting the mistakes you made last time and making your mind up to avoid making them again.

164 hundertvierundsechzig

GUIDE TO THE SPEAKING TEST

COMPONENTS OF THE SPEAKING TEST

Your GCSE Speaking Test will have some or all of the following elements:

- role-play
- prepared topic
- general conversation
- narration of a story
- account of a film or book

Make sure you have agreed with your teacher which tasks you will be doing. Don't leave it to chance.

ROLE-PLAY

Role-plays are of two types. They will either have pictures which tell you what to do, or they will have instructions in German. You will have a few minutes to prepare the role-play, and you are likely to be allowed a dictionary. You will not be allowed to take notes into the test room.

Picture stimulus role-plays

The picture stimulus role-plays will be quite simple.
Here is an example:

CANDIDATE'S CARD

Situation: You are shopping for a picnic lunch. Your teacher will play the part of the shop assistant and will begin the conversation

1. cheese ?
2. cheese 250g
3. apple x4
4. Limo bottle
5. DM10 DM5 ?

Example: Im Lebensmittelgeschäft

Situation You are shopping for a picnic lunch.

Your teacher will play the part of the shop assistant and will begin the conversation.

For this role-play the conversation might sound like this:

Teacher: Was darf es sein?
Student: Haben Sie Käse?
Teacher: Wieviel möchten Sie?
Student: Zweihundertfünfzig Gramm, bitte.
Teacher: Sonst noch etwas?
Student: Vier Äpfel, bitte.
Teacher: DM 2 das Kilo.
Student: Und eine Flasche Limonade, bitte
Teacher: Sonst noch etwas?
Student: Danke. Was macht das?
Teacher: Also, das macht zusammen DM 6,20.

hundertfünfundsechzig

GUIDE TO THE SPEAKING TEST

Role-plays with instructions in German

Role-plays with instructions in German may look something like this:

Example: An der Sparkasse

> **Situation** You go into a bank in Germany. You want to change some money.
> Your teacher will play the part of the bank clerk and will begin the conversation.
>
> 1 Sie möchten Geld wechseln. Was sagen Sie?
> 2 Sagen Sie wieviel Geld Sie haben.
> 3 Beantworten Sie die Frage.
> 4 Sie haben Ihren Paß vergessen. Sagen Sie, wo er ist.
> 5 Fragen Sie, wann die Sparkasse zumacht.

For this role-play the conversation might sound like this:

Teacher: Kann ich Ihnen helfen?
Student: Ich möchte Geld wechseln.
Teacher: Welche Sorte? Und wieviel?
Student: Ich habe fünfzig Pfund.
Teacher: Wo wohnen Sie hier in Deutschland?
Student: Bei meinem Austauschpartner.
Teacher: Ihr Paß, bitte.
Student: Ich habe ihn nicht. Er ist zu Hause.
Teacher: Sie müssen mit dem Paß zurückkommen. Ohne Paß geht es nicht.
Student: Wann macht die Sparkasse zu?
Teacher: Um 16 Uhr.

Tip! Note that the unpreparable question for task 3 is not a very difficult one.

Role-play topics

The topics covered by role-plays will include:

- directions
- shopping for food
- shopping for clothes
- cafés and *Imbißstuben*
- restaurants
- hotels
- youth hostels
- campsites
- trains
- buses and trams
- air travel
- banks
- post office
- tourist office
- petrol stations
- garages
- cinema/theatre
- party
- staying with a family/ receiving a guest
- school
- minor illness
  (a) at the doctor's
  (b) at the dentist's
  (c) at the chemist's
- lost property
- repairs
- complaints
  (a) shopping
  (b) eating out
- telephoning
- accidents

ROLE-PLAY

Role-play phrases

Most of the role-play situations are predictable. There are only so many things you need to know when asking the way, for example. Listed below are essential phrases for every likely role-play situation.

General phrases

These can be used in many situations. The first four are the most common.

Ich möchte (gern) …	I would like …	Kann ich …?	Can I …?
Was kostet das?	How much is it?	Ich kann nicht …	I can't …
Um wieviel Uhr …?	At what time …?	Ich will …	I want to …
Gibt es …?	Is there/Are there …?	Ich will nicht …	I don't want …
Ein Moment!	Wait a moment!	Es tut mir leid	I'm sorry
Bitte sehr	It's a pleasure	Wo ist …?	Where is …?
In Ordnung	OK	Wie komme ich am besten zum/zur/nach …?	How do I get to …?
Entschuldigen Sie	Excuse me		
Ich brauche …	I need …	Können Sie mir helfen?	Can you help me?
Ich muß …	I need to …	Können Sie mir sagen …?	Can you tell me …?

Question words

Warum?	Why?	Wer?	Who?
Wann?	When?	Wieviel/Wie viele?	How much/How many?
Wo?	Where?	Wie?	How?
Was?	What?	Wie ist …?	What is … like?

Directions

Wie komme ich am besten zum Bahnhof, bitte?	How do I get to the station please?
Ist hier in der Nähe eine Bank?	Is there a bank near here?
An der Ampel gehen Sie nach rechts	Turn right at the lights
Das ist auf der linken Seite nach dem Museum	It's on your left after the museum
Gehen Sie geradeaus (bis zur Kreuzung)	Go straight on (as far as the crossroads)
Nehmen Sie die erste/zweite/dritte Straße links	Take the first/second/third on the left
Das ist zehn Minuten zu Fuß	It's a ten minute walk
Sie können mit dem Bus dahin fahren	You can get there by bus
Das ist drei Kilometer von hier	It's three kilometres from here
Das ist im ersten/zweiten Stock	On the first/second floor

Shopping for food

Was darf es sein?	Can I help you?
Ich möchte drei Äpfel, bitte	I'd like three apples please
Sonst noch etwas?	Anything else?
ein Kilo Kartoffeln	a kilo of potatoes
ein Pfund Tomaten	half a kilo of tomatoes
eine Schachtel/eine Packung Kekse	a tin/box/packet of biscuits
eine Scheibe Schinken	a slice of ham
ein Stück Kuchen	a piece of cake
Was kosten die Apfelsinen?	How much are the oranges?
Die Apfelsinen kosten 60 Pfennig das Stück	The oranges cost 60 Pfennigs each
Das wäre es, danke	That's all, thank you
Können Sie 100 Mark wechseln?	Have you change for 100 marks?

hundertsiebenundsechzig

GUIDE TO THE SPEAKING TEST

Shopping for clothes (see also 'Shopping for food')

Ich sehe mich nur um	*I'm just looking*
Was kostet dieses T-Shirt, bitte?	*How much does that T-shirt cost?*
Haben Sie eine andere Farbe?	*Do you have a different colour?*
Darf ich den blauen Pullover anprobieren, bitte?	*May I try on the blue pullover please?*
Das ist zu klein/groß/teuer	*It's too small/big/expensive*
Welche Größe haben Sie?	*What is your size?*

Cafés and *Imbißstuben*

Ich lade dich ein	*It's my treat*
Was nimmst du?	*What will you have?*
Ich möchte einen Apfelsaft, bitte	*I would like an apple juice please*
Haben Sie sonst noch einen Wunsch?	*Anything else?*
Haben Sie Bockwurst?	*Do you sell frankfurters?*
Was kostet eine Bockwurst?	*How much is a frankfurter?*
Was kostet das?	*How much do I owe you?*
Ist das inklusive Bedienung?	*Is service included?*

Restaurants

Haben Sie einen Tisch für drei?	*Have you a table for three?*
Ich möchte einen Tisch am Fenster, bitte	*I'd like a table near the window, please*
Ich habe einen Tisch im Namen Dexter reserviert	*I've reserved a table in the name of Dexter*
Die Speisekarte, bitte	*I'd like to see the menu please*
Haben Sie sich entschieden?	*Have you decided?*
Ich möchte jetzt bestellen	*I'd like to order now*
Ich nehme das Tagesgericht	*I'll take the dish of the day*
Als Vorspeise nehme ich eine klare Suppe	*As a starter I'll have clear soup*
Möchten Sie Pommes Frites oder Kartoffelsalat?	*Would you like chips or potato salad?*
Als Nachtisch nehme ich ein gemischtes Eis	*For dessert I'll have a mixed ice cream*
Welche Eissorten haben Sie?	*Which flavours do you have?*
Ich trinke Mineralwasser dazu	*I'll have mineral water to drink with it*
Zahlen, bitte	*May I have the bill, please?*

Hotels

Haben Sie Zimmer frei?	*Have you any rooms available?*
Es tut mir leid, wir sind voll besetzt	*I'm sorry, the hotel is full*
Gibt es ein anderes Hotel in der Nähe?	*Is there another hotel nearby?*
Ich möchte ein Einzelzimmer	*I would like a single room*
Ich möchte ein Doppelzimmer	*I would like a double room*
Mit Dusche/Bad	*With shower/bathroom*
Für wie viele Nächte?	*For how many nights?*
Wir bleiben drei Nächte	*We shall be staying for three nights*
Was kostet eine Übernachtung?	*What is the price per night?*
Ist das mit Frühstück?	*Is breakfast included?*
Um wieviel Uhr gibt es Frühstück?	*When is breakfast?*
Frühstück gibt es von 7 Uhr bis 9 Uhr	*You can have breakfast between 7.00 and 9.00 a.m.*
Wann gibt es Abendessen?	*When is the evening meal?*
Abendessen gibt es von 18 Uhr bis 21 Uhr	*Dinner is served from 6.00 until 9.00 p.m.*
Ich möchte Handtücher und Seife für Zimmer 3, bitte	*May I have towels and soap for Room 3 please?*
Die Rechnung, bitte	*The bill, please*

ROLE-PLAY

Youth hostels (see also 'Hotels')

Wo ist die Jugendherberge, bitte?	*Where is the youth hostel please?*
Ich möchte den Herbergsvater/die Herbergsmutter sehen, bitte	*May I see the Warden please?*
Haben Sie für heute Betten frei?	*Have you any beds available for tonight?*
Wir sind vier, zwei Mädchen und zwei Jungen	*There are four of us, two girls and two boys*
Was kostet eine Übernachtung?	*How much is it per night?*
Kann ich Bettwäsche leihen?	*Can I hire sheets?*
Wo ist der Jungenschlafraum/der Mädchenschlafraum, bitte?	*Where is the boys'/girls' dormitory please?*
Der Mädchenschlafraum ist im zweiten Stock	*The girls' dormitory is on the 2nd floor*
Der Tagesraum ist im Erdgeschoß	*The day room is on the ground floor*

Campsites (see also 'Hotels' and 'Youth Hostels')

Haben Sie Platz frei für ein Zelt/einen Wohnwagen?	*Have you room for a tent/caravan?*
Für wie viele Personen?	*How many people are there?*
Fünf: zwei Ewachsene und drei Kinder	*There are five of us, 2 adults and 3 children*
Die Toiletten sind in der Mitte des Campingplatzes	*The toilet block is in the middle of the site*
Die Mülltonnen sind neben den Toiletten	*The dustbins are next to the toilet block*
Was kostet der Stromanschluß für einen Wohnwagen?	*How much is electric connection for caravans?*
Wo kann ich Gas kaufen?	*Where can I buy gas?*

Trains

Wann fährt der nächste Zug nach Berlin?	*When does the next train leave for Berlin?*
Wann kommt er dort an?	*What time does it arrive there?*
Wo fährt er ab?	*Which platform does it leave from?*
Muß ich umsteigen?	*Do I have to change?*
Wann kommt der Zug aus München an?	*When does the train from Munich arrive?*
Einmal einfach nach Dresden, bitte	*A single ticket to Dresden, please*
Einmal zweiter Klasse hin und zurück nach Ulm, bitte	*A second class return to Ulm, please*
Ich möchte einen (Nichtraucher-) Platz reservieren	*I'd like to reserve a (non-smoking) seat*
Wie lange fährt man?	*How long does the journey take?*
Sie haben den Zug verpaßt	*You have missed the train*

Buses and trams (see also 'Trains')

Wo ist die Bushaltestelle?	*Where is the bus stop?*
Eine Streifenkarte, bitte	*A strip of tickets please*
Wie oft fahren die Busse?	*How often do the buses run?*
Ich warte schon 15 Minuten	*I've been waiting 15 minutes already*
Vergessen Sie nicht, Ihre Fahrkarte zu entwerten	*Don't forget to stamp your ticket*
Fährt dieser Bus zum Bahnhof?	*Is this the right bus for the station?*
Sie steigen am Museum aus	*You get off at the museum*

hundertneunundsechzig 169

GUIDE TO THE SPEAKING TEST

Air travel (see also 'Trains')

Wann fährt die nächste Maschine nach Birmingham?	When does the next plane for Birmingham leave?
Gibt es einen Flug nach Berlin heute morgen/heute nachmittag/heute abend/heute?	Is there a flight to Berlin this morning/this afternoon/this evening/today?
Ich möchte ein Ticket der Touristenklasse	I'd like a tourist class ticket
Ich möchte morgen fliegen	I would like to leave tomorrow
Ich möchte meinen Flug umbuchen	I'd like to change flights
Es gibt keine Plätze mehr frei	There are no more seats available
Schnallen Sie sich bitte an	Fasten your seat belts

Banks

Wo kann ich Geld wechseln?	Where can I change money?
Ich möchte bitte Reiseschecks wechseln	I would like to change some traveller's cheques please
Gibt es eine Provision?	Is there a commission?
Wie steht das Pfund?	What is the exchange rate for the pound?
Haben Sie einen Ausweis?	Have you any ID?
Wo muß ich unterschreiben?	Where do I have to sign?
Den wievielten haben wir heute?	What is today's date?
Wann macht die Bank zu?	When does the bank close?

Post office (see also 'Shopping for food')

Was kostet eine Postkarte nach Großbritannien, bitte?	How much does a postcard to Britain cost, please?
Ich möchte dieses Paket nach London schicken	I would like to send this parcel to London
Könnten Sie dieses Paket wiegen, bitte?	Will you weigh this parcel please?
Wie lange braucht es nach Großbritannien?	How long will it take to get to Britain?
Briefe brauchen normalerweise vier Tage	Letters usually take four days
Sechs Briefmarken zu einer Mark zwanzig, bitte	Six stamps at DM 1,20 please
Wo ist der Briefkasten?	Where is the letter box?
Rechts von der Telefonzelle	On the right of the phone box

Tourist office

Ich möchte einen Stadtplan/eine Karte der Gegend	I would like a town plan/a map of the area
Ich möchte einen Busfahrplan	May I have a bus timetable?
Haben Sie eine Liste der Campingplätze/Hotels, bitte?	Can you give me a list of campsites/hotels?
Wo kann ich ein Fahrrad leihen?	Where can I hire a bike?
Haben Sie eine Stadtbroschüre?	Have you a brochure about the town?
Gibt es Stadtführungen?	Do you do guided tours of the town?
Wir bleiben nur zwei Tage hier	We are only spending two days here
Was sollte man in der Stadt sehen?	What should we see in the town?

Petrol stations

Zwanzig Liter Super, unverbleit, bitte	Twenty litres of super unleaded, please
Volltanken, bitte	Fill her up please
Könnten Sie den Luftdruck/das Öl/das Wasser nachsehen, bitte	Please check the tyres/oil/water
Nehmen Sie Kreditkarten?	Do you take credit cards?
Verkaufen Sie Getränke/Straßenkarten?	Do you sell drinks/road maps?
Gibt es hier Toiletten?	Are there any toilets here?

ROLE-PLAY

Garages

Ich habe eine Panne	*My car has broken down*
Ich habe eine Reifenpanne	*I've got a flat tyre*
Der Motor ist kaputt	*The engine won't work*
Die Scheinwerfer/die Bremsen funktionieren nicht	*The lights/brakes are not working*
Die Batterie ist leer	*The battery is dead*
Welche Marke ist das Auto?	*What make of car is it?*
Es ist ein rote Ford Escort Combi	*It's a red Ford Escort estate*
Wie ist Ihr Kennzeichen?	*What is your registration number?*
Wo sind Sie genau?	*Where are you exactly?*
Ich bin auf der B7, 5 km von Kassel	*I'm on the B7, 5 km from Kassel*

Cinema/theatre

Wie wäre es mit dem Kino/Theater?	*How about going to the cinema/theatre?*
Was gibt's?	*What's on?*
Ist es auf englisch?	*Is it in English?*
Nein, aber es ist mit Untertiteln	*No, but there are sub-titles*
Gibt es Schülerermäßigung?	*Is there a reduction for students?*
Was kostet es im Parkett/im Rang?	*How much is it in the stalls/balcony?*
Wann beginnt der Film/das Stück?	*What time does the film/play start?*
Wie lange dauert das Stück?	*How long does the play last?*
Wann ist der Film zu Ende?	*What time does the film end?*
Wie hast du den Film/das Stück gefunden?	*What did you think of the film/play?*
Der Film/das Konzert war ausgezeichnet/ interessant/langweilig/furchtbar	*The film/concert was excellent/ interesting/boring/awful*

Party

Am Samstag gibt es eine Party bei Chris	*Chris is having a party on Saturday*
Willst du mit mir zur Party gehen?	*Will you come to the party with me?*
Ja, gern	*Yes, I'd love to*
Ich muß meinen Brieffreund fragen	*I must ask my penfriend*
Es tut mir leid, aber ich gehe mit Sam dahin	*Sorry, I'm going with Sam*
Leider muß ich meine Hausaufgaben machen	*Unfortunately I have to do my homework*

Staying with a family/receiving a guest

Hast du eine gute Reise gehabt?	*Have you had a good journey?*
Die Überfahrt war ruhig/stürmisch	*The crossing was calm/stormy*
Ich war seekrank	*I was sea-sick*
Ich bin müde	*I am tired*
Ich habe meine Zahnbürste vergessen	*I have forgotten my toothbrush*
Hier bist du zu Hause	*Make yourself at home*
Möchtest du fernsehen/ein Video sehen?	*Would you like to watch TV/a video?*
Möchtest du heute abend ausgehen?	*Would you like to go out this evening?*
Was gibt es in Köln zu tun?	*What is there to do in Cologne?*
Soll ich den Tisch decken/abräumen?	*Shall I set/clear the table?*
Ich muß mein Zimmer aufräumen	*I have to tidy up my room*
Ich mache meine Hausaufgaben	*I am going to do my homework*
Vielen Dank für alles	*Thank you for everything*
Ich habe viel Spaß gehabt	*I've had a wonderful time*
Bis bald/bis nächstes Jahr	*See you soon/next year*

hunderteinundsiebzig

GUIDE TO THE SPEAKING TEST

School

Um wieviel Uhr verläßt du morgens das Haus?	What time do you leave home in the morning?
Ich verlasse das Haus um halb neun	I leave home at 8.30 a.m.
Wie kommst du zur Schule?	How do you come to school?
Mit dem Bus/Zug/Wagen/Rad	By bus/car/train/bike
Zu Fuß	On foot
Wir wohnen 2 km von der Schule	We live 2 km from school
Ich brauche 20 Minuten zu Fuß	It takes me 20 minutes to walk there
Um wieviel Uhr beginnt die Schule?	What time does school start?
Um wieviel Uhr ist die Schule aus?	What time is school over?
Die Schule ist um 20 vor 4 aus	School finishes at 3.40 p.m.
Wie viele Stunden hast du pro Tag?	How many lessons do you have a day?
Wir haben fünf Stunden pro Tag	We have five lessons a day
Wie lange dauert eine Stunde?	How long do your lessons last?
Unsere Stunden dauern 55 Minuten	Our lessons last 55 minutes
Was ist dein Lieblingsfach?	What is your favourite subject?
Mein Lieblingsfach ist Deutsch, natürlich	My favourite lesson is German, of course
Welches Fach lernst du nicht gern?	Which subject don't you like?
Ich finde Englisch sehr schwer	I find English very hard
Ißt du mittags in der Kantine?	Do you eat in the canteen at midday?
Wie viele Wochen Sommerferien hast du?	How many weeks holiday do you have in summer?
Wir haben fünf Wochen sommerferien	We have five weeks holiday in summer
Wann beginnt das Schuljahr?	When does the school year begin?
Es beginnt im September	It starts in September
Hast du viele Hausaufgaben?	Do you have a lot of homework?
Ja, ich habe jeden Tag zwei Stunden Hausaufgaben	Yes, I have two hours homework every day

Minor illness

(a) at the doctor's

Was hast du?	What's the matter?
Ich bin krank	I am ill
Ich habe Kopfschmerzen/Ohrenschmerzen/Magenschmerzen	I've got a headache/earache/stomach-ache
Meine Hand tut weh	I have hurt my hand
Ich möchte etwas gegen Schmerzen	I'd like something for the pain
Ich habe einen Bienenstich/Wespenstich	I've been stung by a bee/wasp
Ich bin allergisch gegen Käse/Wespen	I'm allergic to cheese/wasps
Ich habe Fieber	I have a temperature
Hier ist ein Rezept über Tabletten	Here is a prescription for some tablets
Meine Mutter ist krank geworden	My mother has been taken ill
Können Sie sie besuchen, bitte	Will you come and see her please
Das passiert mir zum estern mal	It's the first time that this has happened to me
Ich habe mich (eben) erbrochen	I've (just) been sick

(b) at the dentist's

Ich möchte einen Termin	I'd like an appointment
Ich habe Zahnschmerzen	I have toothache
Ich habe eine Plombe verloren	I've lost a filling
Zahlen Sie an der Kasse, bitte	Pay at reception please

(c) at the chemist's

Haben Sie etwas gegen eine Erkältung?	*Have you something for a cold?*
Ich brauche Tempotaschentücher	*I need some paper hankies*
Mein Bruder hat einen Sonnenbrand	*My brother is suffering from sunburn*
Ich möchte Watte/Hansaplast	*I would like some cotton wool/plasters*
Ich möchte etwas Hustensaft	*I would like some cough mixture*
Eine große oder eine kleine Flasche?	*A large bottle or a small one?*
Nein, das ist nichts Ernstes	*No, it is not serious*

Lost property

Ich habe meinen Paß/meinen Fotoapparat verloren	*I've lost my passport/camera*
Wo haben Sie Ihre Tasche verloren?	*Where did you lose your bag?*
Ich habe sie im Bus liegenlassen	*I left it on the bus*
Wo haben Sie sie gesucht?	*Where have you looked for it?*
Wann haben Sie Ihr Portemonnaie verloren?	*When did you lose your purse?*
Mein Geld ist gestohlen worden	*My money has been stolen*
Du mußt zur Polizei gehen	*You must go to the police*

Repairs

Ich habe Öl auf meiner Hose	*I've got oil on my trousers*
Können Sie sie für mich reinigen, bitte?	*Can you clean them for me, please?*
Meine Uhr ist kaputt, können Sie sie reparieren?	*My watch is broken, can you repair it?*
Können Sie am Freitag zurückkommen?	*Can you come back on Friday?*
Das geht nicht	*That's not possible*
Ich fahre morgen nach Hause nach Großbritannien	*I go home to Britain tomorrow*

Complaints

(a) shopping

Ich habe das gestern/letzte Woche hier gekauft	*I bought this yesterday/last week*
Es funktioniert nicht	*It doesn't work*
Ich möchte mein Geld zurückbekommen	*I'd like my money back*
Hier ist die Quittung	*Here's the receipt*

(b) eating out

Leider habe ich ein Problem	*I'm sorry, I have a problem*
Die Gabel ist schmutzig	*The fork is dirty*
Ich möchte eine andere, bitte	*I'd like another, please*
Der Fisch ist kalt	*The fish is cold*
Ich möchte dem Wirt sprechen	*I'd like to speak to the landlord*

GUIDE TO THE SPEAKING TEST

Telephoning

Watson	Hello, Watson here
Hier bei Prankel	This is the Prankel's house
Ich bin der britische Austauschpartner von Heino	I am Heino's British penfriend
Kann ich etwas ausrichten?	Can I take a message?
Wiederholen Sie, bitte. Ich habe nicht verstanden	Say that again, please. I didn't understand
Wie schreibt man das, bitte?	Will you spell that please
Kann ich von hier telefonieren?	Can I phone from here?
Ich muß nach Großbritannien anrufen. Was muß ich machen?	I need to phone Britain. What do I have to do?
Warten Sie auf das Amtszeichen	Wait for the dialling tone
Bleiben Sie am Apparat	Hold the line
Können Sie mir die Telefonnummer des Krankenhauses sagen, bitte?	Can you tell me the number of the hospital, please?

Accidents

Hilfe!	Help!
Es hat einen Unfall gegeben	There has been an accident
Es gibt Verletzte	There are injured people
Rufen Sie den Krankenwagen/einen Arzt!	Ring the ambulance/doctor
Holen Sie die Polizei!	Fetch the police

PREPARED TOPICS

PREPARED TOPICS

You may have to present a prepared topic. Using only skeleton notes you will introduce the topic for a minute or so, and then your teacher will ask questions on the topic area. Preparing for this may well overlap with preparing the general conversation.

GENERAL CONVERSATION

Teachers will ask questions on several topics. The questions will either be:
- closed, that is, a question which has one answer such as *Wie alt bist du?*
- open, that is, a question you could talk about for some time such as *Beschreibe deine Familie.*

Closed questions

For **closed** questions, the best advice is to avoid one-word answers such as *ja* and *nein* or the name of a British TV Programme (*Eastenders*). Look for opportunities to say at least one sentence in reply to each question.

Your teacher should be asking you questions which do not have a yes/no answer. However, because the ideal situation is for you to 'show off' a little of what you can do, it is possible to avoid the pitfall of the one-word answer. So, for example, if you are asked: *Hast du einen Bruder?* it is much more sensible to reply: *Nein, aber ich habe eine Schwester* than just plain *Nein*.

Another important thing to remember is that your teacher is a great deal more interested in your German than in the strict truth. He or she is hardly likely to send a private detective round to check whether or not you own a cat if he or she asks you about pets. If you are asked about something and you don't have the specialist vocabulary ready (for example, you keep a budgie at home but you can only remember *Katze*), then fib a little. Many candidates stumble over such details, clam up and do less well than they should. That said, of course, it is even better if you **do** know the German for your budgie (*der Wellensittich*).

Open questions

When you are asked **open-ended** questions like *Beschreibe deine Schule*, this should be the signal for you to launch into a full description of your school, your subjects, times, likes and dislikes, your opinions about such matters as uniform, etc. This is relatively straightforward for those candidates who have prepared it and have learned the vocabulary that they need to deal with their specialist interests. You are very unlikely to say too much. If you do, your teacher will interrupt and move on to the next topic he or she wishes to discuss, duly impressed by your fluency.

GUIDE TO THE SPEAKING TEST

It is also worth learning to spot when your teacher is trying to find out if you can demonstrate your knowledge of particular tenses. If you are asked a question in the perfect, for example, *Was hast du gestern gemacht?*, then answer it using the perfect tense. Mirror the tense of the question you have been asked.

It sometimes happens that a teacher does not ask enough open-ended questions after completing the straightforward closed questions to allow a candidate to shine. Take the initiative if this happens. To a simple question like *Hast du Geschwister?* you could answer:

Ja. Wir sind fünf in der Familie. Ich habe einen Bruder Wayne, der zehn Jahre alt ist und der sich sehr für Informatik interessiert, und eine Schwester Mandy, die 13 Jahre alt ist. Sie ist meistens freundlich. Meine Mutter …
Show what you can do.

The topics your teacher chooses might include:
- self, family and friends
- home life
- house and home
- shopping
- free time
- school routine
- future plans
- further education and training
- geographical surroundings
- travel and transport
- holidays
- tourism at home and abroad
- life in other countries

Make sure you have prepared about a minute's worth of things to say on each of them.

Example: School

Teacher: Beschreibe deine Schule.
Student: Meine Schule ist ziemlich groß. Wir haben tausend Schüler und Schülerinnen. Sie ist eine Gesamtschule – die normale Schulform in Großbritannien.

Die Schule ist relativ alt, aber es gibt ein neues Physiklabor und einen großen Sportplatz. Wir müssen eine Uniform tragen. Wir tragen schwarze Schuhe, blaue Socken oder eine blaue Strumpfhose, eine blaue Hose oder einen blauen Rock, einen blauen Pullover und ein weißes Hemd. Die Jungen tragen einen rot und gelb gestreiften Schlips. Ich mag die Uniform nicht. Im Winter ist sie zu kalt und im Sommer zu heiß.

Jeden Tag haben wir fünf Stunden. Der Unterricht beginnt um 9 Uhr, und die Schule ist um 4 Uhr aus. Aber wir haben auch Hausaufgaben.

Ich lerne gern Englisch und Biologie, weil ich diese Fächer interessant finde. Ich lerne nicht sehr gern Mathe. Der Lehrer ist nicht sehr freundlich.

Nächstes Jahr werde ich in der Oberstufe weitermachen. Ich will Erdkunde, Biologie und Englisch lernen. Ich finde diese Fächer interessant. In zwei Jahren werde ich Abitur machen.

NARRATION OF A STORY

Some GCSE boards may ask you to tell a story suggested by a series of notes in German, or by pictures and notes combined. This task is usually intended to be done using past tenses, particularly the perfect tense. Normally you will have to keep going for about five minutes. This is easier with practice!

NARRATION OF A STORY

As well as making sure of common verbs in the past tenses, you need to have a repertoire of things you can say in order to keep going.

Prepare:
- a description of the weather
- a variety of reasons for doing something
- descriptions of people
- a description of a picnic and a restaurant meal
- opinions about how good something was or was not and why
- a number of things you did when visiting a town/spending a day in the country/spending a day by the seaside
- some summing-up phrases

Phrases for telling stories

Time phrases

später als gewöhnlich	*later than usual*
sobald wie möglich	*as soon as possible*
etwas später	*a little later*
in diesem Augenblick	*at that moment*
an dem Morgen/Nachmittag/Abend	*that morning/that afternoon/that evening*
am nächsten Tag	*the next day*
letzten Freitag	*last Friday*
letzte Woche	*last week*
während der Sommerferien	*during the summer holidays*
am Ende des Tages	*at the end of the day*
eine halbe Stunde/drei Tage später	*half an hour/three days later*
zwei Stunden lang	*for two hours*
(sofort) nach dem Mittagessen	*(immediately) after lunch*
während er im Krankenhaus war	*while he was in hospital*

How

schnell	*quickly*
so schnell wie möglich	*as quickly as possible*
langsam	*slowly*
ohne zu zögern	*without hesitation*
ohne etwas zu sagen	*without speaking*
leider	*unfortunately*
glücklicherweise	*fortunately*
ohne einen Augenblick zu verlieren	*without wasting any time*
zum ersten/zweiten/dritten Mal	*for the first/second/last time*
als alles fertig war	*when everything was ready*
zufällig	*by chance*
plötzlich	*suddenly*

GUIDE TO THE SPEAKING TEST

Sequences

zuerst	at first
dann	then
danach	after that
nach einiger Zeit	after a while
ein paar Minuten später	a few minutes later
später am Abend	later that evening
am ersten/letzten Ferientag	on the first/last day of the holiday
um halb zwei	at half past one
im Laufe des Morgens/des Nachmittags/des Abends	during the morning/afternoon/evening
in der Nacht	during the night
am Ende des Tages/des Ausflugs/der Vorstellung	at the end of the day/outing/show
schließlich	finally
endlich	at last

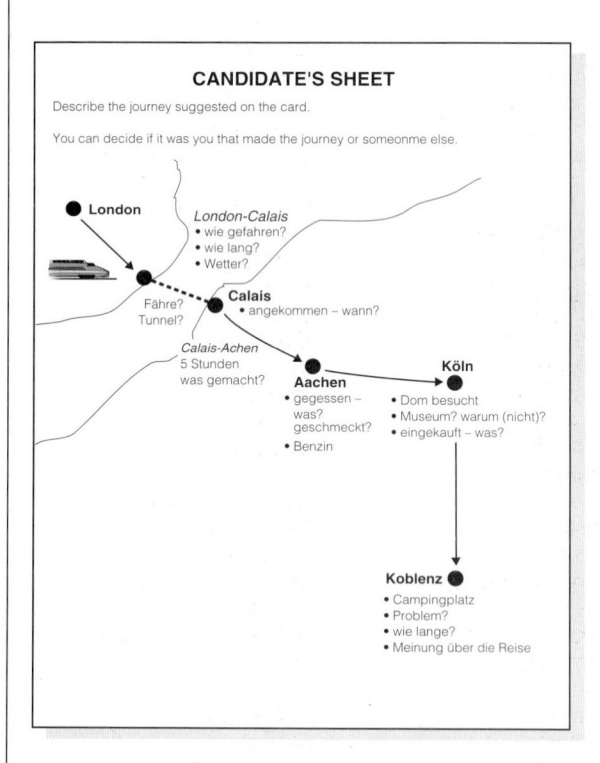

CANDIDATE'S SHEET

Describe the journey suggested on the card.

You can decide if it was you that made the journey or someonme else.

- **London–Calais**
  - wie gefahren?
  - wie lang?
  - Wetter?
- Fähre? Tunnel?
- **Calais**
  - angekommen – wann?
- **Calais–Achen** 5 Stunden was gemacht?
- **Aachen**
  - gegessen – was? geschmeckt?
  - Benzin
- **Köln**
  - Dom besucht
  - Museum? warum (nicht)?
  - eingekauft – was?
- **Koblenz**
  - Campingplatz
  - Problem?
  - wie lange?
  - Meinung über die Reise

Example:

Describe the journey suggested on the card. You can decide if it was you that made the journey or someone else.

London – Calais	wie gefahren?
	wie lang?
	Wetter?
Calais	angekommen – wann?
Calais – Aachen	5 Stunden
	was gemacht?
Aachen	gegessen – was? geschmeckt?
	Benzin
Köln	Dom besucht
	Museum? warum (nicht)?
	eingekauft – was?
Koblenz	Campingplatz
	Problem?
	wie lange?
	Meinung über die Reise

ACCOUNT OF A FILM OR BOOK

Some GCSE boards may ask you to narrate the story of a book you have read or a film you have seen, or talk about some event you have attended. If you are going to attempt this task, you will need to be at home with past tenses, particularly the perfect tense, and with techniques of story-telling. Clearly it will be necessary to prepare such tasks carefully, making sure you know any specialised vocabulary beforehand. The techniques needed are similar to the narration of a story.

Viel Glück!

GERMAN – ENGLISH

	ab und zu	now and then
	abends	in the evening
	abfahren* (sep) **strong**	to arrive
gut	abgeschnitten (sep)	done well
	abhängen von + Dat	to depend on
das	Abitur	A level (equivalent)
die	Abteilung (en)	department
	achten auf + Acc **weak**	to pay attention to
	aktuell	about current affairs
	alles	everything
das	Alltagsleben	daily life
das	Alter	age
	andauernd	persistent
as	Angebot (e)	offer
	angeln **weak**	to fish
	ankommen*(sep) **strong**	to arrive
die	Ankunft	arrival
das	Anmeldeformular (e)	registration form
die	Annonce (n)	advert
	anprobieren (sep) **weak**	to try on (clothes)
	anrufen (sep) **strong**	to phone, ring up
die	Anschrift (en)	address
die	Anzeige (n)	advert
sich	anziehen (sep) **strong**	to get dressed
die	Apfelsine (n)	orange
die	Apotheke (n)	chemist's
der	Arbeitsbogen (¨)	worksheet
der	Ärmel (-)	sleeve
der	Arzt (¨e)	doctor
	atmen **weak**	to breathe
	ätzend	a pain
	aufdrehen (sep) **weak**	to turn up
	aufgeben (sep) **strong**	to give up
	aufpassen (sep) **weak**	to be careful
	ausgeben (sep) **strong**	to spend (money)
	ausgehen (sep) **strong**	to go out
die	Auskunft	information
im	Ausland	abroad
	ausmachen (sep) **weak**	to arrange
die	Aussage (n)	statement
	ausschalten (sep) **weak**	to switch off
der	Austausch (e)	exchange
der	Austauschpartner (-)	exchange partner (male)
	austeilen (sep) **weak**	to give out
	austragen (sep) **strong**	to deliver
der	Backofen (¨)	oven
	baden **weak**	to bathe
das	Badezimmer (-)	bathroom
	bald	soon
der	Bankraub	bank robbery
	bar	cash
der	Bart (¨e)	beard
der	Bauarbeiter (-)	male building worker
	bauen **weak**	to build
der	Bauer (n)	male farmer
der	Bauernhof (¨e)	farm
aus	Baumwolle	made of cotton
	bedeckt	overcast
die	Bedienung	service
	bekommen **strong**	to get
	belasten **weak**	to be a burden
	benutzen **weak**	to use
	beobachten **weak**	to observe
der	Beruf (e)	professsion
die	Berufsschule (n)	technical college
	berühmt	famous
	beschädigt	damaged
sich	beschäftigen **weak**	to occupy oneself
	besetzt	occupied (toilet, etc)
	besonders	especially
die	Besserung	recovery
	bestehen aus + Dat **strong**	consist of
in	Betrieb	on
der	Beutel (n)	bag
	bewölkt	cloudy
	Bier vom Faß	draught beer
der	Bildschirm (e)	screen
die	Birne (n)	pear
	bleifrei	lead-free
der	Bleistift (e)	pencil
	blitzen **weak**	lightening
die	Bluttat (e)	violent crime
die	Bohne (n)	bean
die	Bratkartoffeln (plural)	fried potatoes
die	Bremse (n)	brake
der	Briefkasten	letter box
die	Brieftasche (n)	wallet
der	Briefträger (-)	postman
das	Brötchen (-)	bread roll
die	Bundesliga	German national league
	bunt	brightly coloured
das	Butterbrot (e)	sandwich, "butty"
der	CD-Wechsler (-)	CD changer
die	Chemie	chemistry
die	Chips (plural)	crisps
	dankbar	thankful
	daß	that
das	Datum (Daten)	date
	dauern **weak**	to last
	denken **strong**	to think
	deshalb	that's why
das	Dialog (e)	dialogue
	dick	fat, polluted (air)
	diesig	hazy
der	Dom	cathedral
	donnern **weak**	to thunder
	doof	stupid
das	Doppelhaus (¨er)	semi-detached house
die	Dose (n)	tin
	draußen	outside
das	Drogenopfer (-)	drugs victim
	drüben	over there
	durchfahren* (sep) **strong**	to go direct (trains)
	durchnehmen (sep) **strong**	to do (learn at school)
	echt	real, genuine
die	Ecke (n)	corner
das	Ei (Eier)	egg
	eigen	own
	eigentlich	actually
	einfach	simple, single (ticket)
das	Einfamilienhaus (¨er)	detached house
	eingestellt	minded (environmentally-minded)
die	Einkaufsstraße (n)	shopping street
die	Einladung (en)	invitation
	einmal	once
	einsehen (sep) **strong**	to understand (a point of view)

hundertneunundsiebzig 179

GERMAN – ENGLISH

	Einwurf	post letters here
	eklig	revolting
	empfindlich	sensitively
die	Endsumme (n)	total
	engagiert	keen on
	entdecken **weak**	to discover
	Entschuldigung!	sorry!
die	Entspannung	relaxation
	erbeuten **weak**	to escape with
die	Erbse (n)	pea
im	Erdgeschoß	on the ground floor
	erdrosseln **weak**	to strangle
die	Erfüllung	fulfilment
	ergänzen **weak**	to complete
das	Ergebnis (se)	result
	ergreifen	seize
	erhalten **strong**	to receive
die	Erkältung (en)	cold (common)
	erlauben **weak**	to allow
	erreichen **weak**	to catch (bus)
	erschiessen **strong**	to shoot dead
	erwähnen **weak**	to mention
	erzeugt	produced
die	Erziehungslehre	child care
	etwas	something
die	Fabrik (en)	factory
mit der	Fähre	by ferry
die	Farbskala (-skalen)	colour scale
	faul	lazy
das	Federmäppchen (-)	pencil case
der	Feiertag (e)	public holiday
	Ferngespräche	long distance calls
der	Fernseher (-)	TV set
das	Fernsehprogramm (e)	TV channel
	feststellen (sep) **weak**	to establish
die	Flasche (n)	bottle
das	Fleisch	meat
	fleißig	hard-working
das	Flugzeug (e)	aircraft
	folgendes	the following
das	Formular (e)	form
	fortgehen (sep) **strong**	to go out
der/die	Franzose	French person
der	Frauenarzt	gynaecologist
	frech	cheeky
das	Freibad (¨er)	open air pool
die	Freizeitsbeschäftigung (en)	free time activity
der	Freund (e)	boy-friend
die	Freundin (nen)	girl-friend
	frisch	fresh
der	Friseur (e)	hairdresser
	früher	earlier
	frühmorgens	early in the morning
	frühstücken **weak**	to have breakfast
der	Führerschein (e)	driving licence
der	Füller (-)	fountain pen
	funktionieren **weak**	to work, function
	furchtbar, fürchterlich	awful, terrible
die	Fußgängerzone (n)	pedestrian zone
	ganz	quite
die	Ganztagsschule (n)	all-day school
	geehrt	honoured
	gefährlich	dangerous
das	Gegenstand (¨e)	object

	geil	excellent (slang)
gut	gelaunt	in a good mood
	Geldwechsel	exchange bureau
die	Gemeinschaftskunde	social studies
das	Gemüse	vegetable
	genau	exactly
	genug	enough
die	Gesamtschule (n)	comprehensive school
das	Geschäft (e)	shop
der	Geschäftsmann (¨er)	businessman
die	Geschichte	history
das	Gesicht (er)	face
	gestreift	striped
die	Gesundheit	health
das	Getränk (e)	drink
das	Gewitter (-)	thunderstorm
	giftig	poisonous
der	Gips	plaster (for broken leg)
	gleichaltrig	of the same age
	Grad (-)	degrees C
die	Grenze (n)	border
die	Größe (n)	size
der	Gruselroman (e)	horror novel
der	Gulasch	stew
der	Gürtel (n)	belt
	hageln **weak**	to hail
das	Hähnchen (-)	chicken
die	Handarbeiten (plural)	craft work
	handeln **weak**	to act
	hassen **weak**	to hate
	häßlich	ugly
das	Hauptgericht (e)	main course
die	Hauptschule (n)	non-selective school
die	Hauptstadt (¨e)	capital city
die	Hausarbeit	housework
die	Hausaufgabe (n)	homework
zu	Hause	at home
der	Haushalt (¨e)	household
die	Haushaltslehre	home economics
das	Haustier (e)	pet
	heiß	hot
	heiter	sunny
die	Heizung (en)	heating system
der	Herbst	autumn
das	Herd (e)	stove
der	Heuschnupfen	hay fever
die	Hilfe (n)	help
der	Hinweis (e)	information
	hochachtungsvoll	yours faithfully
der	Höchsttemperatur (en)	maximum temperature
	höchstwahrscheinlich	very probably
	holen **weak**	to fetch
die	Hose (n)	pair of trousers
der	Hund (e)	dog
der	Husten	cough
	ihr	her, their
	Ihr	your (polite)
	immer	always
die	Informatik	IT
das	Jahr (e)	year
	jetzt	now
das	Jugendklub	youth club
der	Junge (e)	boy
die	Kabine (n)	changing room

180 hundertachtzig

GERMAN – ENGLISH

der	Kaffeesatz	coffee grounds
	kalt	cold
	kämmen **weak**	to comb
	kaputt	broken
das	Karo (s)	check (pattern)
die	Kartoffel (n)	potato
aus	Karton	made of cardboard
der	Käse	cheese
	Kasse	cash desk
	kaum	hardly
die	Kirsche (n)	cherry
die	Kiste (n)	case
der	Klassenkamarad (en)	classmate
	kleben **weak**	to stick
die	Klebeseite (n)	sticky side
das	Kleid (er)	dress, clothes
das	Kleidergeschäft (e)	clothes shop
der	Kleiderschrank ("e)	wardrobe
die	Kleinanzeige (n)	small ad
	knackig	crunchy
der	Knoblauch	garlic
der	Koffer (-)	suitcase
die	Kommode (n)	chest of drawers
die	Konditorei (en)	cake shop & café
	kostbar	valuable
das	Kostüm (e)	costume, suit
das	Krankenhaus ("er)	hospital
der	Krankenwagen	ambulance
die	Krawatte (n)	tie
das	Kreisdiagram (me)	pie chart
die	Kreuzung (en)	crossroads
der	Kuchen (-)	cake
sich	kümmern um + Acc **weak**	to be concerned with
die	Kunsterziehung	art
aus	Kunststoff	made of plastic
die	Kunststoffabfälle (plural)	plastic rubbish
der	Kuß ("e)	kiss
die	Küste (n)	coast, seaside
	lächerlich	ridiculous
	langsam	slow
der	Lärm	noise
	lecker	tasty, good
aus	Leder	made of leather
	leer	flat (battery)
das	Lehrerzimmer (-)	staff room
der	Lehrraum ("e)	classroom
	leicht	slightly
	leider	unfortunately, sadly
das	Licht (er)	light
	lieber, liebe	dear...
die	Liebesgeschichte (n)	love story
das	Lieblingsfach ("er)	favourite lesson
die	Liga (Ligen)	league
das	Losziehen	drawing of lots
die	Lücke (n)	gap
die	Luft	air
die	Luftverschmutzung	air pollution
die	Lupe (n)	magnifying glass
	Lust haben **strong**	to feel like (doing something)
	Magenschmerzen (plural)	stomach ache
die	Mahlzeit (en)	meal
	man	one
	manchmal	sometimes
	männlich	male
die	Mannschaft (en)	team
der	Marktplatz ("e)	market square
die	Meinung (en)	opinion
	meistens	generally
die	Meldung (en)	report
der	Metzger (-)	butcher
	Mietgesuche (plural)	wanted to rent
	mindestens	at least
	mitbringen (sep) **strong**	to bring (with you)
der	Mittelpunkt	central point
die	Mode (n)	fashion
das	Mofa (s)	moped
	möglich	possible
der	Mond (e)	moon
	müde	tired
die	Mühe (n)	trouble
	munter	cheerful
die	Muttersprache (n)	first language
	nachher	afterwards
die	Nachhilfestunde (n)	extra lesson
die	Nachrichten (plural)	news
	nachsitzen (sep) **strong**	to do detention
der	Nachtisch (e)	dessert
	naß	wet
	neblig	foggy
	nennen **strong**	to call
die	Nerven (plural)	nerves
	neu	new
	nichts	nothing
das	Nichtstun	idleness
	nie	never
	normalerweise	normally
der	Notruf	emergency number
die	Nudeln (plural)	pasta
	oben	above
das	Obst	fruit
	offenbar	obviously
	offenhalten (sep) **strong**	to keep (eyes) open
das	Ohr (en)	ear
die	Ohrenschmerzen (plural)	earache
	ökonomisch	economically
in	Ordnung	OK
die	Ostsee	Baltic
ein	paar	a few
	packen **weak**	to pack
der	Papiercontainer (s)	paper collection container
	passen **weak**	to fit, suit
	passieren* **weak**	to happen
so ein	Pech	bad luck
der	Pfand	deposit (on bottle)
das	Pfund	pound (500 grammes)
der	Pizzataxi	pizza delivery service
die	Polizei (singular)	police
das	Portemonnaie (s)	purse
das	Porto	postage
die	Postleitzahl	post code
	Postwertzeichen	stamps
die	Praxis (Praxen)	surgery
der	Preis (e)	price
	pro	per
das	Pudding	milk whip
die	Puppe (n)	doll
der	Putzdienst	cleaning duty

hunderteinundachtzig 181

GERMAN – ENGLISH

der	Quatsch	nonsense
die	Quittung (en)	receipt
die	Quizsendung (en)	quiz programme
das	Rätsel (n)	puzzle
	reagieren auf + Acc **weak**	to react to
die	Realschule (n)	technical school
die	Rechnung (en)	bill
in der	Regel	as a rule
der	Regenmantel (¨e)	raincoat
die	Regie	direction (of film)
die	Reifenpanne (n)	flat tyre
an der	Reihe	turn
das	Reihenhaus (¨er)	terraced house
	rein	pure
das	Reisebüro (s)	travel agency
	reiten* **strong**	to ride
die	Reste (plural)	remains
das	Rindfleisch	beef
der	Rock (¨e)	skirt
der	Roman (e)	novel
die	Rubrik (en)	column
die	Rückenschmerzen (plural)	back ache
	ruhig	quiet
	runterdrehen (sep) **weak**	to turn down
der	Saft	juice
die	Salbe (n)	cream
	salzig	salty
die	Sammelstelle (n)	collection point
der	Satz (¨e)	sentence
	sauber	clean
	sauer	sour
die	Schadstoffe (plural)	harmful substances
der	Schalter	ticket office
	scharf	spicy
	schiefgehen* (sep) **strong**	to go wrong
	schießen **strong**	to shoot
der	Schinken	ham
das	Schlafzimmer (-)	bedroom
	schlecht	bad
	schließlich	finally
	schlimm	bad
das	Schloß (¨er)	stately home
der	Schmutz	dirt
	schneiden **strong**	to cut
	schnell	quick, fast
das	Schreibmaterial	writing materials
die	Schule (n)	school
der	Schüler (-)	school student
die	Schulregel (n)	school rule
auf dem	Schulweg	on the way to school
	Schütze	Sagittarius
	schwach	weak
	schwänzen **weak**	to skive off school
das	Schweinefleisch	pork
	schwer	bad
	schwierig	difficult
das	Schwimmbad (¨er)	swimming bath
die	Seite (n)	side, page
	selbst	myself, ourselves, etc
	selbstbewußt	self-confident
	selten	seldom
die	Sendung (en)	programme (TV/radio)
	siegen **weak**	to win
	sinnvoll	sensible
	sofort	immediately
	sogar	even
die	Sommerferien (plural)	summer holidays
der	Sonderangebot (e)	special offer
die	Sorte (n)	sort, kind
	sowieso	anyway
	spannend	exciting
	Sparkasse	bank
	sparsam	economical
der	Spaß	fun
	später	later
	spazierengehen (sep) **strong**	to go for a walk
die	Speisekarte (n)	menu
der	Spiegel (n)	mirror
die	Sportmöglichkeit (en)	sporting facilitiy
das	Sportzentrum	sports centre
die	Sprechstunde (n)	surgery time
der	Sprudel	fizzy water, lemonade
der	Stadion (Stadien)	stadium
der	Stadtbummel	wander round town
die	Stadtrundfahrt (en)	trip around town
das	Stadtzentrum	town centre
	stark	strong
der	Staub	dust
	Stellenangebote (plural)	job offers
die	Stereoanlage (n)	stereo
das	Stickoxid (e)	sulphuric oxide
im ersten	Stock	on the first floor
	stören **weak**	to disturb
die	Straße (n)	street, road
die	Straßenbahn	tram
der	Strom	electricity
der	Stromzähler (-)	electricity meter
der	Stuhl (¨e)	chair
	stumpf	stumpy
der	Sturm (¨e)	high wind
die	Synchronisierung	dubbing
der	Tagesablauf	daily routine
	täglich	daily
	tags darauf	next day
	tanzen **weak**	to dance
die	Tasse (n)	cup
	teilen **weak**	to share
die	Teilzeit	part-time
der	Termin (e)	appointment
das	Teststäbchen (-)	test sticks
das	Tier (e)	animal
der	Tintenlöscher (-)	ink killer
die	Torte (n)	flan
das	Toto	National Lottery
	träge	lazy
der	Trainingsanzug (¨e)	track suit
der	Trainingsschuh (e)	trainers
die	Traube (n)	grape
die	Treppe	staircase
das	Tresor	safe
	trüb	dull
die	Tube (n)	tube
der	Turm (¨e)	tower
die	Tüte (n)	bag
die	Überdosis	overdose
	überfallen	to hold up, attack

GERMAN – ENGLISH

	German	English
	übernachten **weak**	to stay overnight
die	Überraschung (en)	surprise
die	Uhrzeit (en)	time of day
die	Umfrage (n)	survey
	umgehen (sep) mit + Dat **strong**	to have dealings with
	umsonst	free, in vain
	umsteigen* (sep) **strong**	to change (trains)
die	Umwelt	environment
	umweltbelastend	environmentally undesirable
	umweltfreundlich	environmentally friendly
der	Umweltschutz	environmental protection
	umziehen* (sep) **strong**	to move house
der	Unfall (¨e)	accident
	ungefähr	approximately
	ungewiß	uncertain
	untergehen (sep) **strong**	to go down (sun)
die	Unterkunft	accommodation
der	Unterricht	tuition
	unterschreiben **strong**	to sign
	unterstützen **weak**	to support
	ununterbrochen	uninterruptedly
	unwichtig	unimportant
der	Urlaub (e)	holiday
	usw.	etc.
	verdienen **weak**	to earn
	vergangen	previous
die	Vergangenheit	past
	Verkäufe (plural)	for sale
die	Verkäuferin (nen)	sales assistant
der	Verkehr öffentliche	traffic
	öffentliche Verkehrsmittel (plural)	public transport
	verlassen **strong**	to leave
die	Verletzung (en)	injury
sich	verlieben in + Acc **weak**	to fall in love with
	vermeiden **strong**	to avoid
	Vermietungen (plural)	to let
	verpflichtet	obliged
	versäumen **weak**	to miss (lesson)
	verschieden	different
die	Verschmutzung	pollution
	verschreiben **strong**	to prescribe
	verschwenderisch	wasteful
sich	verstehen **strong**	to get on with someone
	verwelkt	shrivelled up
	vielleicht	perhaps
	vorbei	over
	vorhaben (sep) **strong**	to intend
	vorhanden	available
	Vorsicht!	careful!
die	Vorspeise (n)	starter
sich	vorstellen (sep) **weak**	to introduce oneself
	vorziehen (sep) **strong**	to prefer
	während	while
die	Währung (en)	currency
der	Wald (¨er)	wood, forest
das	Warenhaus (¨er)	department store
	warm	warm
der	Wassertropfen (-)	water droplets
	Wechselkurs	rate of exchange
	Wechselstube	exchange bureau
	weh tun **strong**	to hurt
	weiblich	female
der	Wein	wine
	weiterstudieren (sep)	to continue studying
die	Welt (en)	world
die	Weltmeisterschaft (en)	world championship
	wenn	if, whenever
	werden* **strong**	to become
das	Wetter	weather
	wieder	again
	Wien	Vienna
die	Windschutzscheibe (n)	windscreen
	wirklich	really
	wissen **strong**	to know
die	Woche (n)	week
	wöchentlich	weekly
	wohin	where (to)
der	Wohnblock (¨e)	block of flats
der	Wohnort (e)	place of residence
die	Wohnung (en)	flat
das	Wohnzimmer (-)	living room
	wolkenlos	cloudless
aus	Wolle	made of wool
	zäh	tough
der	Zählerstand	meter reading
der	Zahn (Zähne)	tooth
die	Zahnschmerzen (plural)	toothache
	Zeitschrift (en)	magazine
die	Zeitung (en)	newspaper
	ziemlich	fairly
das	Zucker	sugar
	zuerst	first of all
	zufällig	by chance
	zuhören (sep) **weak**	to listen to
	zuletzt	most recently
	zunächst	first of all
	zusammen	together
der	Zuschlag	supplement (to fare)
der	Zustand (¨e)	condition
das	Zweifamilienhaus (¨er)	semi-detached house
	zweitgrößte	second biggest
der	Zwiebel (n)	onion
	zwingen **strong**	to force
das	Zwischenzeugnis (se)	mid-year report

ENGLISH – GERMAN

	A level (equivalent)	das Abitur
	about current affairs	aktuell
	above	oben
	abroad	im Ausland
	accident	der Unfall (¨e)
	accommodation	die Unterkunft
to	act	handeln **weak**
	actually	eigentlich
	address	die Anschrift (en)
	advert	die Annonce (n)
	advert	die Anzeige (n)
	afterwards	nachher
	again	wieder
	age	das Alter
	air	die Luft
	air pollution	die Luftverschmutzung
	aircraft	das Flugzeug (e)
to	allow	erlauben **weak**
	always	immer
	ambulance	der Krankenwagen
	animal	das Tier (e)
	anyway	sowieso
	appointment	der Termin (e)
	approximately	ungefähr
to	arrange	ausmachen (sep) **weak**
	arrival	die Ankunft
to	arrive	abfahren* (sep) **strong**
	art	die Kunsterziehung
to	ask	fragen **weak**
	at home	zu Hause
	at least	mindestens
	autumn	der Herbst
	available	vorhanden
to	avoid	vermeiden **strong**
	awful, terrible	furchtbar, fürchterlich
	back ache	Rückenschmerzen (plural)
	bad	schlecht
	bad	schlimm
	bad	schwer
	bad luck	so ein Pech
	bag	der Beutel (n)
	bag	die Tüte (n)
	Baltic	die Ostsee
	bank	Sparkasse
	bank robbery	der Bankraub
to	bathe	baden **weak**
	bathroom	das Badezimmer (-)
to	be a burden	belasten **weak**
to	be careful	aufpassen (sep) **weak**
to	be concerned with	sich kümmern um + Acc **weak**
	bean	die Bohne (n)
	beard	der Bart (¨e)
to	become	werden* **strong**
	bedroom	das Schlafzimmer (-)
	beef	das Rindfleisch
	before	bevor
	belt	der Gürtel (n)
	bill	die Rechnung (en)
	block of flats	der Wohnblock (¨e)
	border	die Grenze (n)
	bottle	die Flasche (n)
	boy	der Junge (e)
	boy-friend	der Freund (e)

	brake	die Bremse (n)
	bread roll	das Brötchen (-)
to	breathe	atmen **weak**
	brightly coloured	bunt
to	bring (with you)	mitbringen (sep) **strong**
	broken	kaputt
to	build	bauen **weak**
	building worker	der Bauarbeiter (-)
	businessman	der Geschäftsmann (¨er)
	butcher	der Metzger (-)
	by and large	im großen und ganzen
	by chance	zufällig
	by ferry	mit der Fähre
	cake	der Kuchen (-)
	cake shop & café	die Konditorei (en)
to	call	nennen
	capital city	die Hauptstadt (¨e)
made of	cardboard	aus Karton
	careful!	Vorsicht!
	case	die Kiste (n)
	cash	bar
	cash desk	Kasse
to	catch (bus)	erreichen **weak**
	cathedral	der Dom
	CD changer	der CD-Wechsler (-)
	central point	der Mittelpunkt
	chair	der Stuhl (¨e)
to	change (trains)	umsteigen* (sep) **strong**
	changing room	die Kabine (n)
	check (pattern)	das Karo (s)
	cheeky	frech
	cheerful	munter
	cheese	der Käse
	chemist's	die Apotheke (n)
	chemistry	die Chemie
	cherry	die Kirsche (n)
	chicken	das Hähnchen (-)
	child care	die Erziehungslehre
	classmate	der Klassenkamarad (en)
	classroom	der Lehrraum (¨e)
	clean	sauber
	cleaning duty	der Putzdienst
	clothes shop	das Kleidergeschäft (e)
	cloudless	wolkenlos
	cloudy	bewölkt
	coast, seaside	die Küste (n)
	coffee grounds	der Kaffeesatz
	cold	kalt
	cold (common)	die Erkältung (en)
	collection point	die Sammelstelle (n)
	colour scale	die Farbskala (-skalen)
	column	die Rubrik (en)
to	comb	kämmen **weak**
to	complete	ergänzen **weak**
	comprehensive school	die Gesamtschule (n)
	condition	der Zustand (¨e)
to	consist of	bestehen aus + Dat **strong**
	corner	die Ecke (n)
	costume, suit	das Kostüm (e)
made of	cotton	aus Baumwolle
	cough	der Husten
	craft work	die Handarbeiten (plural)
	cream	die Salbe (n)
	crisps	die Chips (plural)

184 hundertvierundachtzig

ENGLISH – GERMAN

	crossroads	die Kreuzung (en)
	crunchy	knackig
to	cut	schneiden **strong**
	daily	täglich
	daily life	das Alltagsleben
	daily routine	der Tagesablauf
	damaged	beschädigt
	date	das Datum (Daten)
next	day	tags darauf
	dear...	lieber, liebe
	degrees C	Grad (-)
to	deliver	austragen (sep) **strong**
to	depart	ankommen*(sep) **strong**
	department	die Abteilung (en)
	department store	das Warenhaus (¨er)
to	depend on	abhängen von + Dat
to	depend on	abhängen (sep) von +
	deposit (on bottle)	der Pfand
	dessert	der Nachtisch (e)
	detached house	das Einfamilienhaus (¨er)
	dialogue	das Dialog (e)
	different	verschieden
	difficult	schwierig
	direction (of film)	die Regie
	dirt	der Schmutz
to	discover	entdecken **weak**
to	disturb	stören **weak**
to	do (learn at school)	durchnehmen (sep) **strong**
to	do detention	nachsitzen (sep) **strong**
	doctor	der Arzt (¨e)
	dog	der Hund (e)
	doll	die Puppe (n)
	done well	gut abgeschnitten (sep)
	draught beer	Bier vom Faß
	drawing of lots	das Loseziehen
	dress, clothes	das Kleid (er)
	drink	das Getränk (e)
	driving licence	der Führerschein (e)
	drugs victim	das Drogenopfer (-)
	dubbing	die Synchronisierung
	dull	trüb
	dust	der Staub
	ear	das Ohr (en)
	earache	die Ohrenschmerzen (plural)
	earlier	früher
	early in the morning	frühmorgens
to	earn	verdienen **weak**
	economical	sparsam
	economically	ökonomisch
	egg	das Ei (Eier)
	electricity	der Strom
	electricity meter	der Stromzähler (-)
	emergency number	der Notruf
	enough	genug
	environment	die Umwelt
	environmental protection	der Umweltschutz
	environmentally friendly	umweltfreundlich
	environmentally undesirable	umweltbelastend
to	escape with	erbeuten **weak**
	especially	besonders
to	establish	feststellen (sep) **weak**
	etc.	usw.
	even	sogar

	everything	alles
	exactly	genau
	excellent (slang)	geil
	exchange	der Austausch (e)
	exchange bureau	Geldwechsel
	exchange bureau	Wechselstube
	exchange partner	der Austauschpartnerin (-)
	exciting	spannend
	extra lesson	die Nachhilfestunde (n)
	face	das Gesicht (er)
	factory	die Fabrik (en)
	fairly	ziemlich
to	fall in love with	sich verlieben in + Acc **weak**
	famous	berühmt
	farm	der Bauernhof (¨e)
	farmer	der Bauer (n)
	fashion	die Mode (n)
	fat, polluted (air)	dick
	favourite lesson	das Lieblingsfach (¨er)
to	feel like (doing something)	Lust haben **strong**
	female	weiblich
to	fetch	abholen (sep) **weak**
to	fetch	holen **weak**
a	few	ein paar
	finally	schließlich
	first language	die Muttersprache (n)
	first of all	zuerst, zunächst
to	fish	angeln **weak**
to	fit, suit	passen **weak**
	fizzy water, lemonade	der Sprudel
	flan	die Torte (n)
	flat	die Wohnung (en)
	flat (battery)	leer
	flat tyre	die Reifenpanne (n)
on the	first floor	im ersten Stock
	foggy	neblig
	for sale	Verkäufe (plural)
to	force	zwingen **strong**
	form	das Formular (e)
	fountain pen	der Füller (-)
	free, in vain	umsonst
	free time activity	die Freizeitsbeschäftigung
	French person	der/die Franzose
	fresh	frisch
	fried potatoes	die Bratkartoffeln (plural)
	fruit	das Obst
	fulfilment	die Erfüllung
	fun	der Spaß
	gap	die Lücke (n)
	garlic	der Knoblauch
	generally	meistens
	German national league	die Bundesliga
to	get	bekommen **strong**
to	get dressed	sich anziehen (sep) **strong**
to	get on with someone	sich verstehen **strong**
	girl-friend	die Freundin (nen)
to	give out	austeilen (sep) **weak**
to	give up	aufgeben (sep) **strong**
to	go direct (trains)	durchfahren* (sep) **strong**
to	go down (sun)	untergehen (sep) **strong**
to	go for a walk	spazierengehen (sep) **strong**
to	go out	ausgehen (sep) **strong**
to	go out	fortgehen (sep) **strong**
to	go somewhere (by car)	hinfahren (sep) **strong**

hundertfünfundachtzig 185

ENGLISH – GERMAN

to	go wrong	schiefgehen* (sep) **strong**
	grape	die Traube (n)
on the	ground floor	im Erdgeschoß
	gynaecologist	die Frauenarzt
to	hail	hageln **weak**
	hairdresser	der Friseur (e)
	ham	der Schinken
to	happen	passieren* **weak**
	hard-working	fleißig
	hardly	kaum
	harmful substances	die Schadstoffe (plural)
to	hate	hassen **weak**
to	have breakfast	frühstücken **weak**
to	have dealings with	umgehen (sep) mit + Dat **strong**
	hay fever	der Heuschnupfen
	hazy	diesig
	health	die Gesundheit
	heating system	die Heizung (en)
	help	die Hilfe (n)
	her, their	ihr
	high wind	der Sturm ('e)
	history	die Geschichte
to	hold up, attack	überfallen
	holiday	der Urlaub
	home economics	die Haushaltslehre
	homework	die Hausaufgabe (n)
	honoured	geehrt
	horror novel	der Gruselroman (e)
	hospital	das Krankenhaus ('er)
	hot	heiß
	household	der Haushalt ('e)
	housework	die Hausarbeit
to	hurt	weh tun **strong**
	idleness	das Nichtstun
	if, whenever	wenn
	immediately	sofort
	in the evening	abends
	inexpensive	günstig
	information	die Auskunft
	information	der Hinweis (e)
	injury	die Verletzung (en)
	ink killer	der Tintenlöscher (-)
to	intend	vorhaben (sep) **strong**
to	introduce oneself	sich vorstellen (sep) **weak**
	invitation	die Einladung (en)
	IT	die Informatik
	job offers	Stellenangebote (plural)
	juice	der Saft
	keen on	engagiert
to	keep (eyes) open	offenhalten (sep) **strong**
	kiss	der Kuß ('e)
to	know	wissen **strong**
to	last	dauern **weak**
	later	später
to	laze about	faulenzen **weak**
	lazy	faul
	lazy	träge
	lead-free	bleifrei
	league	die Liga (Ligen)
made of	leather	aus Leder
to	leave	verlassen **strong**
	letter box	der Briefkasten
	light	das Licht (er)
	lightening	blitzen **weak**
to	listen to	zuhören (sep) **weak**
	living room	das Wohnzimmer (-)
	long distance calls	Ferngespräche
	love story	die Liebesgeschichte (n)
	magazine	Zeitschrift (en)
	magnifying glass	die Lupe (n)
	main course	das Hauptgericht (e)
	male	männlich
	market square	der Marktplatz ('e)
	maximum temperature	der Höchsttemperatur (en)
	meal	die Mahlzeit (en)
	meat	das Fleisch
to	mention	erwähnen **weak**
	menu	die Speisekarte (n)
	meter reading	der Zählerstand
	mid-year report	das Zwischenzeugnis (se)
	milk whip	das Pudding
	minded (environmentally -minded)	eingestellt
	mirror	der Spiegel (n)
to	miss (lesson)	versäumen **weak**
in a good	mood	gut gelaunt
	moon	der Mond (e)
	moped	das Mofa (s)
	most recently	zuletzt
to	move house	umziehen* (sep) **strong**
	myself, ourselves, etc	selbst
	National Lottery	das Toto
	nerves	die Nerven (plural)
	never	nie
	new	neu
	news	die Nachrichten (plural)
	newspaper	die Zeitung (en)
	noise	der Lärm
	non-selective school	die Hauptschule (n)
	nonsense	der Quatsch
	normally	normalerweise
	nothing	nichts
	novel	der Roman (e)
	now	jetzt
	now and then	ab und zu
	object	das Gegenstand ('e)
	obliged	verpflichtet
to	observe	beobachten **weak**
	obviously	offenbar
	occupied (toilet, etc)	besetzt
to	occupy oneself	sich beschäftigen **weak**
	offer	as Angebot (e)
	OK	in Ordnung
	on	in Betrieb
	once	einmal
	one	man
	onion	der Zwiebel (n)
	open air pool	das Freibad ('er)
	opinion	die Meinung (en)
	orange	die Apfelsine (n)
	outside	draußen
	oven	der Backofen (')
	over	vorbei
	over there	drüben
	overcast	bedeckt
	overdose	die Überdosis

ENGLISH – GERMAN

	own	eigen
to	pack	packen **weak**
a	pain	ätzend
	pair of trousers	die Hose (n)
	paper collection container	der Papiercontainer (s)
	part-time	die Teilzeit
	past	die Vergangenheit
	pasta	die Nudeln (plural)
to	pay attention to	achten auf + Acc **weak**
	pea	die Erbse (n)
	pear	die Birne (n)
	pedestrian zone	die Fußgängerzone (n)
	pencil	der Bleistift (e)
	pencil case	das Federmäppchen (-)
	per	pro
	perhaps	vielleicht
	persistent	andauernd
	pet	das Haustier (e)
to	phone, ring up	anrufen (sep) **strong**
	pie chart	das Kreisdiagram (me)
	pizza delivery service	der Pizzataxi
	place of residence	der Wohnort (e)
	plaster (for broken leg)	der Gips
made of	plastic	aus Kunststoff
	plastic rubbish	die Kunststoffabfälle (plural)
	poisonous	giftig
	police	die Polizei (singular)
	pollution	die Verschmutzung
	pork	das Schweinefleisch
	possible	möglich
	post letters here	Einwurf
	post code	die postleitzahl
	postage	das Porto
	postman	der Briefträger (-)
	potato	die Kartoffel (n)
	pound (500 grammes)	das Pfund
to	prefer	vorziehen (sep) **strong**
to	prescribe	verschreiben **strong**
	previous	vergangen
	price	der Preis (e)
	produced	erzeugt
	profession	der Beruf (e)
	programme (TV/radio)	die Sendung (en)
	public holiday	der Feiertag (e)
	pure	rein
	purse	das Portemonnaie (s)
	puzzle	das Rätsel (n)
	quick, fast	schnell
	quiet	ruhig
	quite	ganz
	quiz programme	die Quizsendung (en)
	raincoat	der Regenmantel ("e)
	rate of exchange	Wechselkurs
to	react to	reagieren auf + Acc **weak**
	real, genuine	echt
	really	wirklich
	receipt	die Quittung (en)
to	receive	erhalten **strong**
	recovery	die Besserung
	registration form	das Anmeldeformular (e)
	relaxation	die Entspannung
	remains	die Reste (plural)
	report	die Meldung (en)
	result	das Ergebnis (se)

	revolting	eklig
to	ride	reiten* **strong**
	ridiculous	lächerlich
as a	rule	in der Regel
	safe	das Tresor
	sales assistant	die Verkäuferin (nen)
	salty	salzig
	sandwich, "butty"	das Butterbrot (e)
all-day	school	die Ganztagsschule (n)
	school	die Schule (n)
	school rule	die Schulregel (n)
	school student	der Schüler (-)
	screen	der Bildschirm (e)
	second biggest	zweitgrößte
	seize	ergreifen
	seldom	selten
	self-confident	selbstbewußt
	semi-detached house	das Doppelhaus ("er)
	semi-detached house	das Zweifamilienhaus ("er)
	sensible	sinnvoll
	sensitively	empfindlich
	sentence	der Satz (¨e)
	service	die Bedienung
to	share	teilen **weak**
to	shoot	schießen **strong**
to	shoot dead	erschiessen **strong**
	shop	das Geschäft (e)
	shopping street	die Einkaufsstraße (n)
	shrivelled up	verwelkt
	side, page	die Seite (n)
to	sign	unterschreiben **strong**
	simple, single (ticket)	einfach
	size	die Größe (n)
	skirt	der Rock ("e)
to	skive off school	schwänzen **weak**
	sleeve	der Ärmel (-)
	slightly	leicht
	slow	langsam
	small ad	die Kleinanzeige (n)
	social studies	die Gemeinschaftskunde
	something	etwas
	sometimes	manchmal
	soon	bald
	sorry!	Entschuldigung!
	sort, kind	die Sorte (n)
	sour	sauer
	special offer	der Sonderangebot (e)
to	spend (money)	ausgeben (sep) **strong**
	spicy	scharf
	sporting facilitiy	die Sportmöglichkeit (en)
	sports centre	das Sportzentrum
	stadium	der Stadion (Stadien)
	staff room	das Lehrerzimmer (-)
	staircase	die Treppe
	stamps	Postwertzeichen
	starter	die Vorspeise (n)
	stately home	das Schloß ("er)
	statement	die Aussage (n)
to	stay overnight	übernachten **weak**
	stereo	die Stereoanlage (n)
	stew	der Gulasch
to	stick	kleben **weak**
	sticky side	die Klebeseite (n)
	stomach ache	Magenschmerzen (plural)

hundertsiebenundachtzig 187

ENGLISH – GERMAN

	English	German
	stove	das Herd (e)
to	strangle	erdrosseln **weak**
	street, road	die Straße (n)
	striped	gestreift
	strongly	stark
	stumpy	stumpf
	stupid	doof
	sugar	das Zucker
	suitcase	der Koffer (-)
	sulphuric oxide	das Stickoxid (e)
	summer holidays	die Sommerferien (plural)
	sunny	heiter
	supplement (to fare)	der Zuschlag
to	support	unterstützen **weak**
	surgery	die Praxis (Praxen)
	surgery time	die Sprechstunde (n)
	surprise	die Überraschung (en)
	survey	die Umfrage (n)
	swimming bath	das Schwimmbad ('er)
to	switch off	ausschalten (sep) **weak**
	tasty, good	lecker
	team	die Mannschaft (en)
	technical college	die Berufsschule (n)
	technical school	die Realschule (n)
	terraced house	das Reihenhaus ('er)
	test sticks	das Teststäbchen (-)
	thankful	dankbar
	that	daß
	that's why	deshalb
	the following	folgendes
to	think	denken **strong**
to	thunder	donnern **weak**
	thunderstorm	das Gewitter (-)
	ticket office	der Schalter
	tie	die Krawatte (n)
	time of day	die Uhrzeit (en)
	tin	die Dose (n)
	tired	müde
	to let	Vermietungen (plural)
	together	zusammen
	tooth	der Zahn (Zähne)
	toothache	die Zahnschmerzen (plural)
	total	die Endsumme (n)
	tough	zäh
	tower	der Turm ('e)
	town centre	das Stadtzentrum
	track suit	der Trainingsanzug ('e)
	traffic	der Verkehr
	trainers	der Trainingsschuh (e)
	tram	die Straßenbahn
public	transport	öffentliche Verkehrsmittel (plural)
	travel agency	das Reisebüro (s)
	trip around town	die Stadtrundfahrt (en)
	trouble	die Mühe (n)
to	try on (clothes)	anprobieren (sep) **weak**
	tube	die Tube (n)
	tuition	der Unterricht
	turn	an der Reihe
to	turn down	runterdrehen (sep) **weak**
to	turn up	aufdrehen (sep) **weak**
	TV channel	das Fernsehprogramm (e)
	TV set	der Fernseher (-)
	ugly	häßlich
	umbrella	der Regenschirm (e)
	uncertain	ungewiß
to	understand (a point of view)	einsehen (sep) **strong**
	unfortunately, sadly	leider
	unimportant	unwichtig
	uninterruptedly	ununterbrochen
to	use	benutzen **weak**
	valuable	kostbar
	vegetable	das Gemüse
	very probably	höchstwahrscheinlich
	Vienna	Wien
	violent crime	die Bluttat (e)
	wallet	die Brieftasche (n)
	wander round town	der Stadtbummel
	wanted to rent	Mietgesuche (plural)
	wardrobe	der Kleiderschrank ('e)
	warm	warm
	wasteful	verschwenderisch
	water droplets	der Wassertropfen (-)
on the	way to school	auf dem Schulweg
	weak	schwach
	weather	das Wetter
	week	die Woche (n)
	weekly	wöchentlich
	wet	naß
	where (to)	wohin
	while	während
to	win	siegen **weak**
	windscreen	die Windschutzscheibe (n)
	wine	der Wein
	without	ohne + Acc
	wood, forest	der Wald ('er)
made of	wool	aus Wolle
to	work, function	funktionieren **weak**
	worksheet	der Arbeitsbogen (')
	world	die Welt (en)
	world championship	die Weltmeisterschaft (en)
	writing materials	das Schreibmaterial
	year	das Jahr (e)
	your (polite)	Ihr
	yours faithfully	hochachtungsvoll
	youth club	das Jugendklub